Ruth Reichl

Die Heldin am Herd

Ruth Reichl

Die Heldin am Herd

Kulinarische Abenteuer einer leidenschaftlichen Köchin

Aus dem Amerikanischen
von Susanne Dahmann

Marion von Schröder

Die Originalausgabe erschien 1998 unter dem Titel Tender at the Bone
bei Random House, Inc., New York.

*Der Marion von Schröder Verlag ist ein Unternehmen der
Verlagsgruppe Econ Ullstein List GmbH & Co. KG*

ISBN 3-547-77673-2

*Gesetzt aus der Sabon und der Charme
bei Franzis print & media, München
Druck und Bindung: GGP Media GmbH*

Für Michael

Inhalt

Wie man eine Geschichte erzählt

Das Erzählen von Geschichten wurde in meiner Familie hoch geschätzt. Während mein Vater von der Arbeit nach Hause lief, ordnete er die Ereignisse seines Tages so, daß sie unterhaltsamer wirkten, und meine Mutter konnte einen Gang zum Supermarkt wie ein Abenteuer klingen lassen. Wenn man dabei ein paar Fakten etwas anpassen mußte, so machte das niemandem etwas aus. Das war auf jeden Fall besser, als sein Publikum zu langweilen.

Die guten Geschichten wurden natürlich immer und immer wieder erzählt, bis sie ein Eigenleben entwickelten. Eine der Geschichten, mit denen ich aufwuchs, war eine Familienlegende über mich selbst. Sie sollte meine außergewöhnliche Reife demonstrieren, die ich schon im Alter von nur zwei Jahren an den Tag legte. Mein Vater erzählte die Geschichte so:

»Eines Sonntags im Frühherbst saßen wir in unserem Haus auf dem Lande und bewunderten die Blätter draußen vor dem Erkerfenster. Plötzlich klingelte das Telefon: Es war Miriams Mutter in Cleveland, die berichtete, daß ihr Vater ernsthaft erkrankt sei. Sie mußte sofort hinfahren und ließ mich mit Ruthie allein, die am darauffolgenden Tag ihren ersten Tag im Kindergarten haben sollte.

Ich mußte natürlich am Montag morgen im Büro sein. Und noch schlimmer: Ich hatte einen Termin, den ich nicht absagen konnte, ich mußte einfach den Zug um 7:07 Uhr nach

New York nehmen. Aber der Kindergarten öffnete nicht vor acht Uhr, und obwohl ich stundenlang herumtelefonierte, war es mir unmöglich, eine der Erzieherinnen zu erreichen. Ich wußte einfach nicht, was ich tun sollte.

Am Ende machte ich das einzige, was mir einfiel. Um sieben Uhr brachte ich Ruthie zum Kindergarten, setzte sie draußen auf eine Schaukel und sagte ihr, wenn die Erzieherinnen kämen, sollte sie ihnen sagen, daß sie Ruth Reichl sei und daß sie gekommen sei, um in den Kindergarten zu gehen. Sie saß dort und winkte tapfer, als ich verschwand. Ich wußte, daß sie klarkommen würde, denn schon damals war sie sehr verantwortungsvoll.« Er endete immer, indem er stolz in meine Richtung lächelte.

Es hat niemals jemand diese Geschichte in Frage gestellt. Auch ich nicht. Erst als ich selbst ein Kind hatte, wurde mir klar, daß niemand, nicht einmal mein Vater, eine Zweijährige eine Stunde lang allein auf einer Schaukel an einem fremden Ort lassen würde. Hatte er bei meinem Alter übertrieben? Bei der Uhrzeit? Bei beidem? Aber damals stand mein Vater für Rückfragen nicht mehr zur Verfügung, und ich bin sicher, daß er, hätte man ihn fragen können, darauf bestanden hätte, daß die Geschichte wahr sei. Für ihn war sie das.

Dieses Buch ist ganz und gar in dieser Familientradition geschrieben. Alles hier ist wahr, aber es ist vielleicht nicht ganz korrekt. Manchmal habe ich Ereignisse zusammengezogen, an anderen Stellen habe ich aus zwei Personen eine gemacht. Hier und da habe ich etwas verziert.

Ich habe früh gelernt, daß eine gute Story das Wichtigste im Leben ist.

1
Die Königin des Schimmels

Dies ist eine wahre Geschichte.

Stellen Sie sich ein Apartment in New York City um sechs Uhr in der Frühe vor. Es handelt sich um eine bescheidene Wohnung in Greenwich Village. Der Kaffee blubbert auf einem elektrischen Stövchen. Auf dem Tisch stehen ein Korb mit Roggenbrot, ein ganzer Teekuchen, ein paar Käsesorten, eine Platte mit kaltem Braten. Meine Mutter hat das Frühstück gemacht – eine wichtige Mahlzeit in unserem Haus, bei der wir uns jeden Morgen zu frischem Orangensaft setzten, mit unseren Gläsern anstießen, als enthielten sie Wein, und einander »Prost! Einen schönen Tag!« zuriefen.

Noch ist sie die einzige, die auf ist, und sie wird langsam ungeduldig, der Tag soll endlich beginnen. Sie dreht den Militärsender im Radio ein wenig lauter und hofft, daß der Lärm alle anderen wecken wird. Aber Dad und ich sind gute Schläfer, und als die Klänge von Marschmusik keinen Erfolg zeigen, stürzt sie ins Schlafzimmer und rüttelt meinen Vater wach.

»Liebling«, sagt sie, »ich brauche dich. Steh auf und komm in die Küche.«

Mein Vater, ein freundlicher und zuvorkommender Mensch, schlurft verschlafen durch die Diele. Er trägt einen weiten Pyjama, und das Büschel Haare, das er stets über die kahle Stelle auf seinem Kopf kämmt, steht in die Höhe. Er lehnt sich ans

Spülbecken, hält sich ein wenig daran fest und öffnet gehorsam den Mund, als meine Mutter sagt: »Probier das mal.«

Wenn er die Geschichte später erzählte, versuchte er immer, die Scheußlichkeit dessen, was sie ihm gegeben hatte, zu beschreiben. Das erste Mal sagte er, es hätte nach Katzenzehen und verfaulter Gerste geschmeckt, aber im Laufe der Jahre wurde die Beschreibung immer besser. Zwei Jahre später war es zu Schweineschnauze und Schlamm geworden, und fünf Jahre darauf hatte er den Geschmack in eine Mischung von antiker Anchovis und schimmeliger Schokolade verwandelt.

Wonach es auch immer schmeckte – er sagte, es sei das Schlimmste gewesen, was er je in seinem Mund gehabt habe, so furchtbar, daß er es nicht herunterschlucken konnte, so furchtbar, daß er sich nach vorn beugte und es in das Spülbecken spuckte und sich dann die Kaffeekanne griff, die Tülle in den Mund steckte und versuchte, den Geschmack auszulöschen.

Meine Mutter stand dabei und beobachtete das alles. Als mein Vater schließlich die Kaffeekanne abstellte, lächelte sie und sagte: »Das habe ich mir gedacht. Verdorben!«

Und dann warf sie die Schweinerei in den Mülleimer und setzte sich hin, um ihren Orangensaft zu trinken.

Lange Zeit glaubte ich, ich hätte mir diese Geschichte ausgedacht. Aber mein Bruder besteht darauf, daß mein Vater sie oft erzählte, und das mit einem gewissen Stolz. Soweit ich weiß, war meine Mutter nie peinlich berührt davon, daß die Geschichte erzählt wurde, ja sie wußte nicht einmal, daß sie es hätte sein sollen. So war sie eben.

Sie hatte keinen Geschmack und keine Angst vor Verdorbenem. »Ach, es ist nur ein wenig schimmelig«, hörte ich sie sagen, und dann kratzte sie wieder einmal das flauschig-blaue Zeug von irgendeinem Gemisch, ehe sie die Reste servierte. Sie hatte einen eisernen Magen, und es war ihr nicht begreiflich zu machen, daß andere Menschen nicht so veranlagt waren.

Ich habe dadurch viel gelernt. Zunächst einmal, daß Essen

gefährlich sein kann, vor allem für diejenigen, die gern essen. Das habe ich sehr ernst genommen. Meine Eltern luden häufig ein, und noch ehe ich zehn Jahre alt war, hatte ich mich selbst zum Schutzpatron der Gäste erhoben. Es war meine Aufgabe, Mom daran zu hindern, irgend jemanden, der zum Essen kam, umzubringen.

Ihren Freunden schien erstaunlicherweise gar nicht bewußt zu sein, daß sie jedesmal, wenn sie bei uns aßen, mit ihrem Leben spielten. Sie führten ihre Unpäßlichkeiten auf das Wetter, die Grippe oder eines der ungewohnten Gerichte meiner Mutter zurück. »Ich esse besser keine Seeigel mehr«, stellte ich mir vor, daß Burt Langner nach einem Essen bei uns zu seiner Frau Ruth sagte, »ich vertrage sie einfach nicht.« Er ahnte dabei nicht, daß es nicht die Seeigel waren, die ihn krank gemacht hatten, sondern das Fleisch aus dem Sonderangebot, das meine Mutter so unwiderstehlich gefunden hatte.

»Ich kann aus allem eine Mahlzeit machen«, sagte Mutter stolz zu ihren Freundinnen. Sie brüstete sich gern mit ihrem »Alles Durcheinander«, einem Gericht, das sie erfunden hatte, indem sie eine Kasserolle aus dem zwei Wochen alten Gerippe eines Truthahns zusammenstellte. (Die Tatsache, daß meine Mutter offen zugab, einen zwei Wochen alten Truthahn zu verarbeiten, sagt alles über sie.) Sie tat den Truthahn und eine halbe Dose Pilzsuppe in den Topf. Dann begann sie im Kühlschrank zu wühlen. Sie fand ein paar Brokkolireste und warf sie hinein. Ein paar Karotten kamen dazu und dann ein halber Becher Sauerrahm. Wie immer in Eile, rührte sie noch grüne Bohnen und Preiselbeersoße unter. Und dann geriet irgendwie ein halber Apfelkuchen in den Topf. Mom schaute einen Moment lang entsetzt. Dann zuckte sie die Schultern und sagte: »Wer weiß? Vielleicht schmeckt es ja.« Und sie begann, alles, was noch im Kühlschrank war, in den Topf zu werfen – Pastetenreste, ein paar Käserinden, einige matschige Tomaten.

An diesem Abend baute ich mich wachsam im Eßzimmer auf. Vor allem um die begeisterten Esser machte ich mir Sorgen, und als meine Lieblingsgäste sich ans Büffet machten, ließ ich sie nicht aus den Augen, um sie rechtzeitig von der Kasserolle ablenken zu können. Tatsächlich stellte ich mich direkt vor Burt Langner, damit er nicht an die Truthahn-Katastrophe herankommen konnte. Ich liebte ihn, und ich wußte, daß er Essen liebte.

Ohne es zu merken, hatte ich angefangen, die Menschen nach ihren Vorlieben beim Essen zu unterscheiden. Wie ein Kind von tauben Eltern war ich durch das Handicap meiner Mutter geprägt und entdeckte so, daß Essen ein Weg war, die Welt mit Sinn zu erfüllen.

Zunächst befaßte ich mich nur mit Geschmack. Ich stellte fest, daß mein Vater Salziges liebte, während meine Mutter Süßigkeiten vorzog. Mein Bruder mochte schickes Essen in gediegener Atmosphäre, meinem Vater ging es einzig und allein um die Gesellschaft, und Mom aß alles, wenn nur die Umgebung einigermaßen exotisch war. Ich entdeckte allmählich, daß man, wenn man die Menschen beim Essen beobachtete, herausfinden konnte, wer sie waren.

Dann begann ich darauf zu achten, wie die Leute vom Essen redeten, und versuchte so, etwas über ihre Persönlichkeit zu erfahren. »Was will sie in Wirklichkeit sagen?« fragte ich mich, wenn Mom mit der Erfindung ihres berühmten Corned-Beef-Schinkens prahlte.

»Ich wollte eine Party geben«, pflegte sie zu beginnen, »und wie immer habe ich erst in der letzten Minute mit den Vorbereitungen angefangen.« An dieser Stelle schaute sie ihr Publikum an und lachte leise über sich selbst. »Ich bat Ernst, einkaufen zu gehen, aber ihr wißt ja, wie abwesend er ist! Anstatt einen Schinken mitzubringen, kam er mit Corned Beef zurück.« Sie blickte dann streng zu Dad hinüber, der die angemessene Schafsmiene auflegte.

»Was blieb mir anderes übrig?« fragte Mom. »In ein paar Stunden würden die Leute kommen. Ich hatte keine Wahl. Ich tat einfach so, als wäre es ein Schinken.« An dieser Stelle pflegte Dad meine Mutter bewundernd anzuschauen und dann sein Sägemesser zu ergreifen, um mit dem Servieren des Meisterstücks zu beginnen.

Miriam Reichls Corned-Beef-Schinken

Für 6 Personen

ca. 2 Kilo ganzes Corned Beef
1/4 Tasse[1] brauner Zucker
5 Lorbeerblätter
1 Zwiebel, gehackt
1 Eßlöffel Senf
Ganze Knoblauchzehen
1 Dose Pfirsiche

Bedecken Sie das Corned Beef in einem großen Topf mit Wasser. Fügen Sie die Lorbeerblätter und die Zwiebel hinzu. Auf mittlerer Hitze ungefähr 3 Stunden lang kochen, bis das Fleisch sehr zart ist.

Während das Fleisch kocht, mischen Sie Senf und braunen Zucker.

Den Ofen auf 175° vorheizen.

Nehmen Sie das Fleisch aus dem Wasser und entfernen Sie alles sichtbare Fett. Drücken Sie die Knoblauchzehen in das Fleisch, als ob es Schinken wäre. Bestreichen Sie das Fleisch mit der Senf-Mischung und backen Sie es 1 Stunde im Ofen, wobei Sie es regelmäßig mit dem Pfirsichsaft bepinseln.

Umgeben Sie das Fleisch mit den gewürzten Pfirsichen und servieren Sie es.

[1] Eine Tasse in der amerikanischen Küche enthält 1/4 Quart, was 0,275 Liter, und einem normalgroßen Kaffeebecher, entspricht (Anm.d.Ü.).

Meist stieg ich morgens aus dem Bett und ging zum Kühlschrank, um zu sehen, wie meine Mutter sich fühlte. Das konnte man sofort sagen, indem man einfach die Tür öffnete. An einem Tag im Jahre 1960 starrte mich dort ein ganzes Ferkel an. Ich schrak zurück und schlug die Tür wieder fest zu. Dann öffnete ich sie erneut. Ich hatte noch nie zuvor ein ganzes Tier in unserem Kühlschrank gesehen, sogar die Hühner kamen in Portionen. Das Ferkel war von kleinen Holzäpfeln (»Damenäpfel«, korrigierte mich meine Mutter später) und einem ganzen Bündel seltsamer Gemüse umgeben.

Das war kein schlechtes Zeichen: Je mehr seltsame und interessante Dinge im Kühlschrank waren, desto besser war meine Mutter wahrscheinlich gelaunt. Und doch war ich verwirrt – der Kühlschrank in unserer kleinen Küche war nahezu leer gewesen, als ich zu Bett gegangen war.

»Woher hast du all dieses Zeug?« fragte ich. »Die Geschäfte haben noch nicht einmal auf.«

»Oh«, erwiderte Mom vergnügt und strich sich über ihr widerspenstiges graues Haar, »ich bin früh aufgewacht und habe einen Spaziergang gemacht. Du kannst dir gar nicht vorstellen, was in Manhattan um vier Uhr früh los ist. Ich bin zum Fischmarkt in Fulton gegangen. Und ich habe einen sehr interessanten Laden auf der Bleecker Street entdeckt.«

»Er hatte geöffnet?« fragte ich.

»Nun«, gab sie zu, »nicht richtig.« Sie stellte einen Korb mit Brot auf den Tisch. »Aber ich sah jemanden dort drin, und deshalb habe ich geklopft. Ich suchte nach Ideen für die Party.«

»Party?« fragte ich vorsichtig. »Welche Party?«

»Dein Bruder hat sich doch entschlossen zu heiraten«, sagte sie so nebenbei, als hätte ich das irgendwie intuitiv im Schlaf erfahren müssen. »Und natürlich wird es eine Party geben, um die Verlobung zu feiern und die Familie von Shelly kennenzulernen!«

Ich wußte, daß mein Bruder diese Nachricht nicht gern hören würde. Er war dreizehn Jahre älter als ich und sah es als ein mittleres Wunder an, das Alter von fünfundzwanzig erreicht zu haben. »Ich weiß nicht, wie ich ihre Kochkünste überlebt habe«, sagte er, als er mir von den Jahren erzählte, in denen er und Mom allein lebten, nachdem sie sich von seinem Vater hatte scheiden lassen und darauf wartete, meinen kennenzulernen. »Sie ist eine Gefahr für die Gesellschaft.«

Gleich nachdem ich geboren worden war, siedelte Bob zu seinem Vater in Pittsburgh über, aber er kam in den Ferien immer zu uns. Wenn er da war, half er mir, die Gäste zu schützen, indem er sie taktvoll daran zu hindern versuchte, die gefährlicheren Dinge zu essen.

Ich ging die Sache direkter an. »Iß das nicht«, befahl ich meiner besten Freundin Jeanie, als diese ihren Löffel in eines der kreativeren Mittagessen von Mom senkte. Meine Mutter bestand darauf, jeden Feiertag angemessen zu begehen: Anläßlich des St. Patrick-Tages brachte sie Bananen mit grünem Sauerrahm auf den Tisch.

»Die Farbe macht mir nichts aus«, sagte Jeanie, eine gutgläubige Seele, deren Mutter nicht im Traum darauf kommen würde, einem ein durch und durch orangefarbenes Halloween-Meisterwerk zu servieren, mit Milch, die in der Farbe von Orangensaft gefärbt war. Ida bereitete die Art von perfekten Mittagsimbissen zu, nach denen ich mich sehnte: nette Vierecke mit Kräuterkäse und Marmelade auf weißem Brot, Salami-Brote, Chef Boyardee direkt aus der Dose.

»Es ist nicht bloß Lebensmittelfarbe«, sagte ich. »Der Sauerrahm war von Anfang an grün, der Becher steht seit Monaten im Kühlschrank.«

Jeanie legte ihren Löffel schnell hin, und als Mom den Raum verließ, um ans Telefon zu gehen, huschten wir ins Badezimmer und spülten unsere Mittagessen durchs Klo.

»Das war wunderbar, Mim«, sagte Jeanie, als Mom zurückkam.

»Dürfen wir aufstehen?« war alles, was ich sagte. Ich wollte vom Tisch wegkommen, bevor irgend etwas anderes auftauchte.

»Wollt ihr keinen Nachtisch?« fragte Mom.

»Doch natürlich«, sagte Jeanie.

»Nein!« sagte ich. Aber Mom war bereits losgegangen, um die Kekse zu holen. Sie kehrte mir ein paar seltsamen schwarzen Klumpen auf einem Teller zurück. Jeanie schaute sie mißtrauisch an und nahm dann höflich einen auf.

»Oh, iß ihn nur«, sagte ich und griff selbst nach den Keksen. »Es sind nur Pfefferminz-Kekse. Sie hat die Schachtel auf der Heizung stehenlassen, so daß die ganze Schokolade geschmolzen ist, aber sie werden dich nicht umbringen.«

Während wir unsere Kekse mümmelten, fragte Mom eifrig: »Was meint ihr Mädchen, was sollte ich zu Bobs Verlobungsfeier machen?«

»Du wirst die Feier doch wohl nicht hier stattfinden lassen, oder?« fragte ich und hielt die Luft an, während ich mich in unserem Wohnzimmer umschaute und versuchte, es mit den Augen eines Fremden zu sehen.

Mom hatte manchmal Momente voller Inspirationen zur Inneneinrichtung, die jedoch gewöhnlich abstarben, ehe das Projekt vervollständigt war. Die letzte Idee, eine Romanze mit modernem dänischen Design, hatte einen Eßtisch aus Teak, einen Korbsessel, der aussah wie ein Ei und an einer Kette von der Decke hing, und einen Rya-Teppich in unser Leben gebracht. Das riesige türkisfarbene abstrakte Gemälde, das sich über eine Wand erstreckte, gehörte auch in diese Periode. Aber Mom hatte wie immer die Lust verloren, und so waren diese Dinge mit dem Beistelltisch meiner Großmutter, einer verschnörkelten Wohnzimmerwand und ein paar japanischen Drucken aus einer früheren, eher konservativen Phase durcheinandergewürfelt.

Und dann war da noch das Badezimmer, die größte Heldentat meiner Mutter in Sachen Inneneinrichtung. Sie hatte eines Tages in einer plötzlichen Laune beschlossen, goldene Handtücher, einen goldenen Duschvorhang und einen goldenen Teppich anzuschaffen. Das war alles kein Problem. Aber sämtliche Porzellaninstallationen goldfarben zu lackieren war eine Katastrophe. Es begann augenblicklich wieder abzublättern, und es dauerte Jahre, bis wir wieder ein Bad nehmen konnten, ohne danach leicht vergoldet aus der Wanne zu steigen.

Mein Vater fand das alles eher amüsant. Als Intellektueller, der in den zwanziger Jahren vor seiner reichen deutsch-jüdischen Familie nach Amerika geflüchtet war, interessierte er sich überhaupt nicht für *Dinge*. Er war Buch-Graphiker und lebte in einer schwarzweißen Welt von Papier und Type. Bücher waren seine einzige Leidenschaft. Er war freundlich und distanziert, und wenn er gewußt hätte, daß die Leute ihn als elegant bezeichneten, dann wäre er schockiert gewesen. Kleidung langweilte ihn aufs äußerste, wenn er sie überhaupt wahrnahm.

»Nein«, sagte Mom. Ich atmete aus. »Auf dem Land. In Wilton haben wir mehr Platz. Und wir müssen Shelly doch angemessen in unserer Familie willkommen heißen.«

Ich dachte an unser kleines, schäbiges Sommerhaus im Wald. Wilton liegt nur eine Stunde von New York entfernt, aber 1960 war es dort immer noch sehr ländlich. Meine Eltern hatten das Land günstig erworben und das Haus selbst entworfen. Da sie sich keinen Architekten leisten konnten, hatten sie sich ein wenig verschätzt, und nicht nur die Schlafzimmer im Erdgeschoß hatten ein sehr seltsames Format. Dad wußte kaum, wie man einen Hammer hielt, aber um Geld zu sparen hatte er mit der Hilfe eines Schreiners das Haus selbst gebaut. Er war sehr stolz auf die handwerkliche Arbeit, die ihm durchaus gelungen war, sieht man einmal von dem durchlässigen Dach und dem schrecklichen Grundriß ab. Noch stolzer war er auf unsere lange, sich in Mäandern windende Auffahrt. »Ich wollte keinen einzigen Baum fällen!« sagte er zufrieden, wenn die Leute fragten, warum der Weg sich so hochschlängelte.

Ich liebte das Haus, aber seine ungestrichenen Holzwände und seine unkonventionelle Atmosphäre waren mir ein wenig peinlich. »Warum können wir das Fest nicht in einem Hotel machen?« fragte ich. Vor meinem inneren Auge sah ich Shellys immer tadellos wirkende Mutter, die jeden Tag zum Schönheitssalon zu gehen schien und nichts anderes als maßgefertigte Kleidung trug. Und daneben Mom, eine gutaussehende Frau, die sich weigerte, ihr Haar zu färben, selten Make-up trug und in Sachen Kleidung einen sehr farbenfrohen Geschmack hatte und fast bohemehaft wirkte. Shellys Mutter trug einen riesigen Diamantring an ihrer Hand mit den wunderschön manikürten Fingernägeln, meine Mutter trug nicht einmal einen Ehering, und ihre Nägel waren kurz und unregelmäßig gefeilt.

»Unsinn«, sagte Mom. »Es wird viel netter sein, zu Hause zu feiern. Viel gemütlicher. Ich möchte, daß sie sehen, wie wir leben, damit sie uns richtig kennenlernen.«

»Großartig«, flüsterte ich Jeanie zu. »Das wird das Aus für Bobs Verlobung sein. Und vielleicht sterben auch ein paar der Verwandten, aber wer läßt sich schon von solchen Kleinigkeiten beirren?«

»Du mußt nur dafür sorgen, daß sie nicht Tatar macht«, erwiderte Jeanie kichernd.

Tatar war der Fluch meines Lebens: Dad machte es *immer* zu Partys. Es war eine Show. Zunächst pflegte er ein Ei in den Hackfleischberg zu schlagen, und dann arbeitete er langsam gehackte Zwiebeln und Kapern und Worcester-Soße in das Fleisch ein. Er sah groß und sanft aus, wie er alles so konzentriert vermischte, und dann, indem er seinen deutschen Akzent besonders betonte, jemanden bat, ihm beim Probieren zu helfen. Gemeinsam fügten sie ein wenig mehr von diesem oder jenem hinzu, bis Dad das Fleisch sorgsam in eine Schüssel häufte, ein paar Anchovis darauf drapierte und mich bat, es zu servieren.

Meine Aufgabe war es, das Ganze auf Scheibchen von Party-Pumpernickel zu verteilen und das Tablett herumzureichen. Wenn ich das Fleisch nicht selbst gekauft hatte, versuchte ich die Leute, die ich am meisten mochte, am Probieren von Dads Meisterstück zu hindern. Ich wußte, daß meine Mutter abgepacktes Hackfleisch im Supermarkt kaufte und daß sie einfach nicht widerstehen konnte, wenn es da ein paar Tage altes Zeug zum halben Preis gab. Mit unseren gut trainierten Mägen konnten mein Vater und ich alles vertragen, was meine Mutter auf den Tisch brachte, aber für die meisten anderen Menschen war es reines Gift.

Allein der Gedanke daran machte mich nervös. »Ich muß diese Party verhindern«, sagte ich.

»Wie?« fragte Jeanie.

Ich wußte es nicht. Ich hatte vier Monate Zeit, um mir etwas auszudenken.

Meine größte Hoffnung war, daß meine Mutter es sich anders überlegen würde. Das war keineswegs unrealistisch – die Launen meiner Mutter waren unberechenbar. Aber nach März kam April und nach April kam Mai, und Mom sauste immer noch tatendurstig durch die Gegend. Das Telefon klingelte ununterbrochen, und es ging ihr großartig. Sie schnitt ihr graues Haar sehr kurz und fing tatsächlich an, Nagellack zu tragen. Sie nahm ab und kleidete sich komplett neu ein. Dann unternahmen Dad und sie noch schnell eine Reise in die Karibik.

»Wir haben die Überfahrt auf einem Obstfrachter gebucht«, erzählte sie ihren Freunden, »das ist so viel interessanter als eine gewöhnliche Seereise.« Wenn man sie auf die Revolutionen ansprach, die die Inselgruppe zu jener Zeit erschütterten, hatte sie eine Standardantwort: »Die Bombe in der Hotel-Lobby auf Haiti ließ die Reise so viel interessanter werden.«

Nachdem sie zurückgekommen waren, stürzte sie sich auf die Vorbereitungen für das Fest. Jeden Morgen nach dem Aufstehen schaute ich hoffnungsvoll in den Kühlschrank. Es wurde immer schlimmer. Eine halbe junge Ziege tauchte dort auf. Als nächstes Kaktusfeigen. Und dann, an dem Morgen, als ich die Schachtel voller mit Schokolade überzogenen Heuschrecken fand, beschloß ich, daß es an der Zeit sei, mit Dad zu reden.

»Die Planungen werden immer detaillierter«, sagte ich geheimnisvoll.

»Ja?« fragte Dad höflich. Partys interessierten ihn nicht besonders.

»Es wird eine Katastrophe geben«, kündigte ich an.

»Deine Mutter gibt wunderbare Partys«, sagte mein Vater treuherzig. Er war erstaunlich blind für die Fehlgriffe meiner Mutter und verkündete regelmäßig vor aller Welt, was für eine großartige Köchin sie doch sei. Ich denke, daß er das wirklich glaubte. Er strahlte, wenn jemand die »interessanten Kreationen« meiner Mutter erwähnte und sah es als ein Kompliment an, wenn gesagt wurde: »So etwas habe ich in meinem ganzen Leben noch nicht gegessen.« Und natürlich wurde er niemals krank.

»Wußtest du, daß sie das Ganze als eine Benefizveranstaltung für Unicef plant?« fragte ich.

»Wirklich?« fragte er. »Nein, wie nett.« Er hatte sich wieder seinen Leitartikeln zugewandt.

»Dad!« rief ich und versuchte, ihn dazu zu bringen einzusehen, wie peinlich das werden könnte. »Sie setzt Anzeigen in die Zeitungen. Sie lädt unglaublich viele Leute ein. Die Sache läuft aus dem Ruder. Es ist nur noch einen Monat hin, aber sie hat noch nichts geplant.«

»Es wird sich alles ergeben«, sagte Dad unbestimmt, faltete die Zeitung zusammen und steckte sie in seine Aktenmappe. »Deine Mutter ist eine sehr kluge Frau. Sie hat einen Dr. phil.« Und dann, als sei das der Weisheit letzter Schluß, fügte er hinzu: »Ich bin sicher, daß du eine große Hilfe sein wirst.«

Es war schwer, auf meinen Vater böse zu sein, der den Launen meiner Mutter ebenso verwirrt und hilflos gegenüberstand wie ich. Sie waren wie das Wetter: unvorhersagbar, unvermeidlich und oft unerfreulich. Ich glaube, Dad mochte ihre Energie, und außerdem konnte er zur Not immer ins Büro fliehen. Und genau das tat er jetzt. Entsetzt rief ich meinen Bruder an.

Bob wohnte uptown in einem schicken Apartment und hatte so wenig mit meinen Eltern zu tun, wie es ihm anstandshalber möglich war.

»Sie plant meine Verlobungsparty als eine Benefizveranstaltung?« fragte er. »Du meinst, sie erwartet, daß Shellys Familie bezahlt, um dabeisein zu dürfen?« Diesen Aspekt hatte ich noch nicht richtig in Betracht gezogen, aber ich konnte ihm durchaus folgen.

»Das nehme ich an«, antwortete ich. »Aber dieser Teil der Sache macht mir keine angst. Kannst du dir vorstellen, daß Mom mitten im Sommer für über hundert Leute kocht? Was ist, wenn es ein wirklich heißer Tag ist?«

Bob stöhnte.

»Kannst du nicht wegen irgendeines Geschäftes verhindert sein?« fragte ich. »Wie wäre es, wenn du zu einer Konferenz reisen müßtest? Dann müßte sie doch wohl die ganze Sache abblasen, oder?«

Unglücklicherweise ließ meine Mutter sich nicht im geringsten davon beirren, als sie hörte, daß Bob möglicherweise nicht in der Stadt sein würde. »Die Party ist nicht für dich«, sagte sie ihm, »sie ist für Shellys Familie. Sie werden kommen, auch wenn du zu unhöflich bist, zu erscheinen.«

»Aber Mom«, sagte Bob, »du kannst nicht von ihnen verlangen, daß sie für die Party Eintrittskarten kaufen.«

»Warum nicht?« fragte Mom. »Ich finde es einfach entsetzlich, wie die Menschen diejenigen einfach vergessen, die weniger Glück haben. Wie kannst du überhaupt etwas dagegen haben, daß man zu Ehren deiner Heirat Geld für unterprivilegierte Kinder sammelt? Ich kann gar nicht glauben, daß ich solch einen egoistischen, gedankenlosen Sohn habe!« Und sie knallte den Hörer auf.

Sie schaffte es immer, daß sie einem die eigenen Argumente entgegenhielt. Und so waren wir schließlich hundertfünfzig Leute, die zum Lunch auf dem Rasen eingeladen waren, darunter ein Repräsentant von Unicef und Fotografen von sämtlichen Zeitungen. In einem ihrer etwas großartigeren Momente schrieb Mom ihrem alten Freund Bertrand Russell in Wales und bat ihn, zu kommen und eine Rede zu halten. Glücklicherweise näherte er sich seinem neunzigsten Geburtstag und war schon recht schwächlich. Aber er schickte ihr hundert Exemplare seines neuesten Antikriegs-Büchleins, eine Art von Märchen, das auf goldenem Papier gedruckt war. Es hieß *Geschichte der Welt in Auszügen (zum Gebrauch in Säuglingsschulen auf dem Mars)* und war sehr kurz. Auf der letzten Seite war ein Bild von einem Atompilz.

»Das werden wunderbare Geschenke sein!« sagte Mom selbstgefällig und wies darauf hin, daß die Büchlein signiert waren. Sie war so erfreut, daß sie noch ein paar Einladungen mehr verschickte.

»Was wird es zu essen geben?« fragte ich.

»Hast du eine Idee?« erwiderte sie.

»Ja«, antwortete ich, »miete einen Partyservice.«

Mom lachte, als ob ich einen Witz gemacht hätte. Aber wir konnten sie immerhin dazu bringen, ein paar Tische und Klappstühle anzumieten, so daß die Gäste wenigstens nicht auf der Erde sitzen mußten. Ich schlug vor, daß sie jemanden engagierte, der beim Kochen helfen würde, aber sie schien nicht den Eindruck zu haben, als ob das notwendig sei. »Das können wir selbst machen«, sagte sie vergnügt. »Kannst du nicht deine Freundinnen bitten, uns zu helfen?«

»Nein«, sagte ich, »das kann ich nicht.« Aber ich rief trotzdem Jeanie in der Stadt an und bat sie, ihre Eltern zu fragen, ob sie übers Wochenende zu uns herauskommen könnte. Denn sie fand meine Mutter »aufregend«, und ich brauchte moralischen Beistand.

Je näher die Party rückte, desto schlimmer wurde alles. Mom veranstaltete Putzorgien, die das Haus in einem schlimmeren Zustand hinterließen, als es jemals gewesen war, und Jeanie und ich liefen hinter ihr her und stopften verzweifelt Dinge zurück in Schränke, um den Eindruck einer gewissen Ordnung wiederherzustellen. Mom mähte den halben Rasen, wir mähten die andere Hälfte. In der Zwischenzeit konnte mein Vater mit entschuldigendem und unglücklichem Blick ein großes Projekt vorweisen, das ihn – höchst gelegen – in der Stadt zurückhielt.

Eines Morgens fuhr Mom zu einem Großhändler und kehrte laut hupend zurück, das Auto bis zum Dach gefüllt. Jeanie und ich eilten hinaus, um fünfzig Pfund gefrorene Hühnerbeine, zehn Pfund gefrorenes Krabbenfleisch, Anstaltspackungen von Tomaten- und Erbsensuppe, Fünfundzwanzig-Pfund-Säcke Reis und zwei Paletten Dosenpfirsiche auszupacken.

»Das muß das Menü sein«, sagte ich zu Jeanie.

»Was?« fragte sie.

»Ich wette, sie wird diese furchtbare schnelle Suppe machen, die sie so großartig findet. Weißt du, es steht alles in diesen Zeitschriften. Du schüttest eine Dose Tomatensuppe mit einer Dose Erbsensuppe zusammen, fügst ein wenig Sherry hinzu und krönst das Ganze mit Krabbenfleisch.«

»Igitt«, sagte Jeanie.

»Und dann denke ich, wird sie diese Millionen von Hühnerbeinen auf Reis zubereiten, wobei ich keine Ahnung habe, wie sie das alles auf unserem kleinen Herd bewerkstelligen will. Und die Dosenpfirsiche können die Beilage sein, das ist leicht, denn man muß nur die Dose öffnen und die Pfirsiche auf die Teller schütten.«

Ich war überrascht (und erleichtert), als sie in der örtlichen Bäckerei einen gigantischen Kuchen bestellte. Also fehlten nur noch die Horsd'œuvres. Ich fragte mich, was für Trümpfe sie noch im Ärmel hatte.

Am folgenden Tag wußte ich es. Jeanie und ich spielten gerade Krocket, als Moms Hupe ertönte. Wir legten unsere Schläger nieder und sahen, wie ihr Auto, Staubwolken aufwirbelnd, zwischen den Bäumen durchgesaust kam. Wir rannten hin, um zu sehen, was sie nach Hause schleppen würde.

»Bei Horn & Hardart gab es tolle Sonderangebote!« verkündete Mom triumphierend und wies auf die Kartons um sie herum. Sie waren voller kleiner Schachteln. Das sah vielversprechend aus. »Es ist fast wie vom Partyservice«, sagte ich glücklich zu Jeanie, als wir die Kartons hineinwuchteten.

Mein Glück war nur von kurzer Dauer, denn als ich die Schachteln zu öffnen begann, stellte ich fest, daß jede etwas anderes enthielt.

»Der Automat verkauft abends die Reste für so gut wie nix«, sagte Mom, »und deshalb habe ich einfach alles genommen, was sie hatten.« Sie war sehr zufrieden mit sich.

»Was wirst du damit machen?« fragte ich.

»Was wohl, es anbieten«, antwortete sie.

»Wie denn?« fragte ich.

»In großen Schüsseln«, erwiderte sie.

»Aber du hast nichts, was du in große Schüsseln tun könntest«, bemerkte ich. »Alles was du hast, sind Hunderte von Sachen, die man in kleine Schüsseln tut. Sieh mal«, fing ich an und riß die Deckel der Schachteln auf, »hier ist Kartoffelsalat drin. Das hier ist Weißkohl. Hier sind kalte Makkaroni und Käse. Das hier ist Rote-Beete-Salat. Hier sind ein paar Scheiben Schinken. Das paßt alles überhaupt nicht zusammen!«

»Keine Sorge«, sagte Mom, »ich bin sicher, daß wir aus all diesen Dingen etwas machen können. Schließlich ist alles, was drin ist, gut.«

»Ja«, raunte ich Jeanie zu, »und wenn es endlich auf den

Tisch kommt, wird alles vier Tage alt sein. Ein Wunder, wenn es nicht schimmelig ist.«

»Ich denke, es wäre besser, wenn es schimmelig wäre«, sagte die praktisch veranlagte Jeanie. »Wenn die Leute den Schimmel sehen können, dann werden sie es nicht essen.«

»Bete um Regen«, sagte ich.

Als ich am Tag der Party aufwachte, war unglücklicherweise nicht die kleinste Wolke am Himmel zu sehen. Ich zog mir die Decke über den Kopf und schlief einfach wieder ein. Aber nicht lange. »Heute schläft niemand«, verkündete Mom und zog erbarmungslos die Bettdecke zurück. »Heute ist die Party!«

Einiges von dem Essen hatte schon eine kleine Schicht Schimmel entwickelt, aber Mom kratzte das vergnügt ab und begann ihr furchtbares Horn & Hardart-Mus zu mischen. »Es ist köstlich!« schrie sie und hielt uns einen Löffel hin. Das war es nicht. Glücklicherweise sah es noch schlimmer aus als es schmeckte.

Auch die Hühnerbeine waren mir ein wenig suspekt. Um fertig zu werden, hatten wir zwei Tage zuvor mit dem Braten anfangen müssen – aber sie paßten nicht alle in den Kühlschrank. Doch sie glänzten einladend, und der im Ofen zubereitete Reis sah gut aus. Wir löffelten die Pfirsiche in Moms große Glasschüsseln, und sie sahen wunderbar aus.

Die Suppe bereitete mir dafür wieder einiges Kopfzerbrechen. Mom hatte das Krabbenfleisch zwei Tage lang auftauen lassen, und nicht einmal ihr gefiel der Geruch, der jetzt davon ausging. »Ich denke, ich werde einfach ein wenig mehr Sherry hinzutun«, sagte sie, während sie den Alkohol flaschenweise in das Gemisch hineinkippte.

»Die Leute werden von der Suppe betrunken werden«, warnte ich.

»Schön«, sagte sie fröhlich, »dann werden sie vielleicht mehr für Unicef spenden.«

Mein Bruder kam an, schaute auf die wackeligen Stühle auf unserem unebenen Rasen und ging direkt zur Bar. Mom hatte ein paar Schuljungen aus dem Ort als Barkeeper angeheuert, und sie schenkten den Whiskey ein, als wäre es Cola.

»Du mußt nüchtern bleiben«, sagte ich zu ihm. »Du mußt sicherstellen, daß niemand in Shellys Familie von der Suppe ißt. Und sie sollten wahrscheinlich auch mit den Hühnerbeinen aufpassen.«

Bob nahm noch einen Drink.

Nun, meine Erinnerungen an die Party sind gnädigerweise verschwommen, aber ein vergilbter Zeitungsausschnitt aus der *Norwalk Hour* erzählt einen Teil der Geschichte. Meine Mutter schaut strahlend in die Kamera, über ihr die Überschrift: »Familie in Wilton gibt Benefizparty für UNICEF.«

Ein Familienfoto von mir, auf dem ich einem grinsenden Offiziellen einen Scheck überreiche, vor einem Schild, auf dem in Französisch und Englisch »Sicherheitsrat« steht, erzählt einen anderen Teil der Geschichte.

Aber mein Bruder kennt das Ende. Fünfunddreißig Jahre später können seine Kinder ihn noch grün anlaufen lassen, wenn sie sagen: »Wie war das noch damals, als Oma Mimi alle vergiftet hat?«

»Ooh«, stöhnt er dann, »erinnert mich nicht daran. Es war furchtbar. Erst hat sie ihnen Geld abgenommen. Dann verteilte sie diese Anti-Bomben-Geschenkbücher – das waren schließlich die frühen sechziger Jahre, verdammt noch mal, und wir hatten es mit konservativen Geschäftsleuten und Hausfrauen zu tun. Aber das Schlimmste waren die Telefonanrufe. Die ganze Nacht hindurch. Niemand fühlte sich gut. Und sechsundzwanzig von ihnen landeten tatsächlich im Krankenhaus, wo ihnen der Magen ausgepumpt wurde. Was für eine Art, die Familie kennenzulernen!«

Das habe ich alles nicht mitbekommen, aber ich erinnere mich, daß das Telefon klingelte, während wir noch beim Aufräumen waren. Mom frohlockte immer noch im Blitzlichtgewitter der Fotografen und sagte zum wahrscheinlich siebenundvierzigsten Mal: »Sehen Sie, wieviel Geld wir gesammelt haben!« Sie ging ans Telefon.

»Ja?« sagte Mom gutgelaunt. Ich denke, sie rechnete damit, daß es ein weiterer Reporter sei. Dann sank ihre Stimme vor Enttäuschung.

»Wem geht es nicht gut?«

Es gab eine lange Stille. Mom fuhr mit der Hand durch ihren schicken, kurzen Haarschnitt. »Wirklich?« fragte sie und klang schockiert. »Alle?« Sie sank ein wenig in sich zusammen, als die hellroten Fingernägel von ihrem Haar zum Mund fuhren. Dann streckte sie den Rücken und warf den Kopf zurück.

»Unsinn«, hörte ich sie ins Telefon sagen, »uns geht es gut. Und wir haben von allem gegessen.«

2
Großmütter

Ich hatte drei Großmütter, und keine von ihnen konnte kochen.

Die Mutter meiner Mutter kochte nicht, weil sie Besseres zu tun hatte. Sie war, wie Mom jedem, den sie zufällig traf, stolz verkündete, ein Impresario.

Die Mutter meines Vaters kochte nicht, weil sie, bis Hitler auf den Plan trat, eine sehr reiche Frau war.

Und Tante Birdie kochte nicht, weil sie Alice hatte.

Tante Birdie war nicht wirklich mit mir verwandt. Sie war die Mutter der ersten Frau meines Vaters. Aber sie wollte so verzweifelt gern Großmutter sein, daß sie, als ich geboren worden war, ins Krankenhaus ging, sich meiner Mutter vorstellte und sich um den Job bewarb. Sie war gut über Achtzig, und es sah so aus, als sei dies ihre letzte Chance.

Mom war glücklich, jede Hilfe annehmen zu können, die sie bekommen konnte, und Tante Birdie stürzte sich in den Job. Ungefähr einmal in der Woche stand sie auf dem Bürgersteig vor der Schule, wenn ich herauskam. Meine Freunde umringten sie sogleich, denn sie freuten sich, neben einer Erwachsenen zu stehen, die genauso klein war wie sie. Mit ihren ein Meter sechsundvierzig war sie der kleinste Erwachsene, den wir je gesehen hatten, und wenn sie sagte: »Laß uns zu Schrafft's gehen!« ging ein Raunen durch die Gruppe. Alle beneideten mich.

Wir bestellten immer dasselbe. Dann aßen wir ganz langsam unsere Schokoladen-Marshmallow-Eisbecher, schauten den Frauen zu, die die breite, dramaturgisch eindrucksvolle Treppe hinaufkamen und machten Bemerkungen über ihre Kleidung, ihr Haar, ihre Art zu gehen. Tante Birdie verhielt sich immer so, als wäre ich die faszinierendste Person der Welt. Ich fragte mich, ob sie so wohl auch zu ihrer Tochter gewesen war, aber jedesmal, wenn ich das Wort »Hortense« in den Mund nahm, tat sie so, als würde sie mich nicht hören. Alle verhielten sich so.

Danach nahm mich Tante Birdie immer mit zu sich nach Hause. Nach der langen Busfahrt rannte ich in die Küche, warf meine Arme um Alice und bat sie, mich den Teig für die Äpfel im Schlafrock ausrollen zu lassen, die sie stets machte, wenn ich zu Besuch kam. »Nun, nun«, sagte sie dann in dem sanften Barbados-Akzent, den sie auch nach sechzig Jahren in Amerika nicht abgelegt hatte, und streichelte mich mit ihren mehligen Händen. Sie war eine gutaussehende alte Frau mit dunkler Haut, kurzem schwarzem Haar und tiefen Falten im Gesicht. Sie roch nach Stärke, Zitronen und – wenn sie gerade beim Backen war – auch nach Zimt.

Ich liebte es, ihr zu helfen, ich liebte es, den frischen butterigen Teig unter meinen Händen zu haben, ich liebte es, wie der Kern auf saubere Art aus den Äpfeln gestochen wurde. Ich liebte es, jeden Apfel sorgfältig in ein Viereck aus Teig einzuwickeln und die Zipfel zusammenzudrücken. Wir legten die Knödel auf ein Backblech, Alice schob sie in den Ofen, und wir gingen beide ins Wohnzimmer, um die *Perry Como Show* anzusehen. Auch das war ein großartiges Abenteuer, denn meine Eltern besaßen keinen Fernsehapparat.

Alice ging immer sofort, wenn die Show vorbei war. Dann aßen Tante Birdie und ich, was leise köchelnd auf dem Herd stand, von Alice für uns bereitgestellt.

An Samstagvormittagen aßen wir die übriggebliebenen Apfelknödel. Wir putzten uns die Zähne. Wir machten unsere Betten. Und dann gingen wir in die Küche, um Kartoffelsalat für meinen Vater zu machen. Das war das einzige, was Tante Birdie jemals zubereitete. »Alice ist in unserer Familie die Köchin«, pflegte sie zu sagen.

Meine Mutter wies dann immer darauf hin, daß Alice nicht wirklich zu Tante Birdies Familie gehörte. Sie hielt sich selbst nicht für eine übermäßig mit Vorurteilen beladene Person, und sie bemerkte oft, daß sie und Dad von einem schwarzen Priester getraut worden seien. »Er war der Ehemann von Dorothy Maynor, der Sängerin«, fuhr sie dann meist fort und ließ sich über die wunderbare Musik aus. Aber mir war aufgefallen, daß, abgesehen von Berühmtheiten, Moms Welt gänzlich weiß war und daß sie von jeder dunkelhäutigen Frau, die zufällig unsere Wohnung saubermachte, als »das Mädchen« sprach. Dad war anders: Er war bar jeden Vorurteils, eine Tatsache, die er darauf zurückführte, daß er in Deutschland großgeworden sei. Er begriff die Position von Alice vollständig.

Also pflegte er jedesmal, wenn Tante Birdie ihm die Schüssel mit Kartoffelsalat reichte, sein großes Gestell so weit zusammenzufalten, bis er an ihre Wange reichte, sie zu küssen und zärtlich zu sagen: »Alice ist eine großartige Köchin. Aber du machst den besten Kartoffelsalat der Welt.«

Tante Birdies Kartoffelsalat

Für 6-8 Personen

1 1/2 Kilo kleine Kartoffeln
Salz und Pfeffer zum Abschmecken
1 Eßlöffel Zucker
2 Zwiebeln, in Streifen geschnitten
1/3 Tasse Salatöl
1/2 Tasse Weißweinessig
2 Eßlöffel Wasser

Kochen Sie die Kartoffeln 15 bis 20 Minuten, bis sie so gerade durch sind. Lassen Sie sie abtropfen und ein wenig abkühlen, und pellen Sie sie dann und schneiden Sie sie in gleichgroße Scheiben.

Mit Salz, Pfeffer und Zucker würzen. Zwiebeln hinzufügen.

Dann wird alles zusammen mit dem Öl vorsichtig durchgemischt.

Verrühren Sie den Essig mit dem Wasser und bringen Sie beides zum Kochen. Noch heiß über die Kartoffeln gießen und gut mischen.

Alices Äpfel im Schlafrock mit Soße

Für 5 Personen

2 Tassen Mehl
1 Teelöffel Salz
3/4 Tassen Backfett
1/4 Tasse Eiswasser
5 Äpfel, geschält und entkernt
1/4 Tasse Zucker
1 Teelöffel Zimt
1 Eßlöffel Butter

Mischen Sie das Mehl mit dem Salz. Schneiden Sie das Backfett mit zwei Messern hinein, bis es Erbsengröße hat. Langsam das Wasser hinzugeben, bis man den Teig mit einer Gabel zu einem Ball rollen kann.

Rollen Sie den Teig aus und teilen Sie ihn in 5 Vierecke. Legen Sie einen Apfel in die Mitte eines jeden Vierecks.

Mischen Sie Zucker und Zimt, und füllen Sie das Innere eines jeden Apfels mit der Zuckermischung. Auf jeden Apfel kommt ein Klecks Butter. Legen Sie den Teig um den Apfel, bis es ein Päckchen wird, wobei Sie die Enden wenn nötig mit etwas Wasser versiegeln können. 30 Minuten kühl stellen.

Den Ofen auf 175° vorheizen.

Ungefähr 40 Minuten backen – bis die Äpfel weich sind.

Warm mit der Soße servieren.

DICKE SOSSE
ergibt ca. 1 Tasse

3/4 Tassen Butter (Zimmertemperatur)
1 1/2 Tassen Zucker
eine Prise Salz
2 Teelöffel Vanille

Die Butter schaumig rühren. Nach und nach Zucker und Salz hinzugeben, bis alles cremig und leicht ist. Vanille hinzufügen und kühlen.

Als ich sechs Jahre alt war, reisten meine Eltern für einen Monat nach Europa. Das war wie immer die Idee meiner Mutter. Ich spürte schon damals, daß mein Vater mich nur ungern für eine so lange Zeit allein ließ, aber er wußte einfach nicht, wie er das meiner Mutter beibringen sollte. Und das vor allem, wo sie die Sol Hurok von Cleveland dazu überredet hatte, sich um mich zu kümmern.

Das war ihre Mutter, der Impresario. »Du wirst eine wundervolle Zeit mit Oma haben«, versichert Mom mir, führte mich durch die Wohnung und zeigte mir all die signierten Fotos der berühmten Freunde meiner Großmutter. »Du wirst Menuhin und Rubinstein kennenlernen!«

Aber die Musik langweilte mich, und ich langweilte Oma. Drei Tage nachdem meine Eltern weggefahren waren, rief sie Tante Birdie an.

Das fand ich nicht so schlimm. Ich liebte Tante Birdie. Ich liebte Alice. Und ich hatte einen ganzen Monat Zeit, um das Geheimnis von Hortense zu lüften. Warum sprach niemals jemand von der ersten Frau meines Vaters?

Tante Birdie lebte in Washington Heights, einem Viertel, das, wie sie sagte, »heruntergekommen« war. Damit meinte sie, daß die Straßen mit Abfall und zerbrochenem Glas übersät waren und daß der Fahrstuhl die meiste Zeit nicht funktionierte. Tante Birdie schien das alles aber nicht zu beachten. Onkel Perry und sie waren vor einer Million Jahren in dieses Viertel gezogen, als es modern war. Dann kam der Börsenkrach, und sie blieben dort hängen. Sie blieb auch noch, nachdem Onkel Perry gestorben war, umringt von Objekten aus besserer Zeit. Das Wohnviertel war ein Slum, aber die Wohnung war großartig, voller dunkler Mahagoni-Kommoden, weicher alter Sofas und einem Wirrwarr an Zeichnungen und Gemälden. Man fand dort nie ein Stäubchen, weil Alice jedes Anzeichen von Schmutz wütend verfolgte, als wäre es ein Eindringling.

»Ich glaube, Alice war die erste Schwarze, die meine Mutter je anstellte«, sagte Tante Birdie. »Nach dem Bürgerkrieg kamen viele farbige Menschen nach Norden, aber meine Mutter stellte damals direkt vom Schiff herunter die irischen Mädchen an. Manchmal nahm sie mich mit zum Hafen, wenn sie nach Dienstmädchen suchte. Ich mochte das gern. Als Onkel Perry mich bat, ihn zu heiraten, sagte meine Mutter, sie würde ein Dienstmädchen ausbilden. Natürlich erwartete ich wieder ein irisches Mädchen. Ich war so überrascht, als Alice auftauchte.«

»Ich erinnere mich an Ihren Gesichtsausdruck«, sagte Alice. »Sie öffneten die Tür und schraken zurück, als Sie mich sahen. Ich dachte, mein Job wäre zu Ende, ehe er begonnen hatte.«

»Nun, ich habe durchaus versucht, dich loszuwerden«, sagte Tante Birdie. »Einmal.«

»Ich erinnere mich«, sagte Alice etwas schroff. »Aber ich habe es nicht zugelassen.« Sie wandte sich mir zu, und ich beobachtete, wie sich, als ihr Mund sich schloß, die strengen Linien, die sich tief in jede Seite ihres Gesichts eingegraben hatten, weiter auseinanderzogen. Plötzlich sah sie genauso aus wie das Gemälde, das über ihrem Kopf an der Wand hing. »Es war kurz nach dem Börsenkrach. Dein Onkel Perry kam eines abends nach Hause und sah wirklich niedergeschlagen aus, und ich wußte, daß es ihm passiert war. Es passierte überall um uns herum, daß Menschen morgens reich aufstanden und abends arm zu Bett gingen. Er rief deine Tante Birdie ins Wohnzimmer, und sie ging und schloß die Tür hinter sich. Als sie zurückkam, konnte ich sehen, daß sie geweint hatte.«

»Wo war Hortense?« fragte ich.

»Ich habe ihr gesagt«, sagte Tante Birdie und nahm die Erzählung auf, »daß wir wirklich arm sein würden. Daß wir nichts mehr hatten. Und daß wir uns nicht leisten konnten, sie noch weiter zu beschäftigen.«

»Und ich sagte zu ihr«, fuhr Alice fort, »daß ich nicht gehen würde. So leicht würde sie mich nicht loswerden!«

»›Aber Alice‹, sagte ich«, erzählte Tante Birdie, »›wir haben kein Geld. Nichts.‹ Und weißt du, was Alice sagte?«

Ich schaute zu Alice.

»Ich sagte: ›Zahlen Sie mir, was Sie können. Ich weiß, daß Sie gerecht sein werden.‹«

»Und weißt du, was sie dann tat?« fragte Tante Birdie.

»Machte ein Blech Äpfel im Schlafrock mit Dicker Soße«, platzte ich heraus. Denn das machte Alice immer, wenn eine Situation eine Erwiderung verlangte, sie aber nicht genau wußte, was sie sagen sollte.

Alice war der erste Mensch, den ich traf, der die Kunst des Kochens verstand. Sie war eine großartige Köchin, aber sie kochte mehr für sich selbst als für andere, und nicht weil sie hungrig war, sondern weil ihr die Rituale der Küche Sicherheit gaben. Es kam ihr niemals der Gedanke, daß andere das nicht so empfinden könnten, und ich war schon erwachsen, als mir klarwurde, daß nicht jede Sechsjährige es aufregend finden würde, ganze Nachmittage in der Küche zu verbringen.

Morgens spielte ich meist in Tante Birdies großem, perfekt geordnetem Ankleidezimmer, wo ich ein marineblaues Kleid nach dem anderen anprobierte. Als ich sechs Jahre alt war, paßten mir sogar ihre Schuhe in Größe 32. Anschließend spazierte ich durch die Wohnung und betrachtete die Radierungen, Aquarelle und Zeichnungen, die an den Wänden hingen. Alles war so vertraut: Alice, Tante Birdie, die silberne Teekanne im Wohnzimmer. Aber es kam dann unausweichlich irgendwann der Moment, wo Tante Birdie seufzte und sagte: »Warum gehst du nicht mal nachsehen, was Alice macht?«

Alice und Tante Birdie genossen die einfache Beziehung

zweier Menschen, die vom Leben zutiefst enttäuscht worden waren, nicht aber voneinander. Ein Unfall des Schicksals hatte sie für fast sechzig Jahre zusammengeworfen, aber sie hatten so wenig darüber nachgedacht, daß Alice erstaunt aufsah, als ich sie fragte, ob sie Tante Birdie mögen würde.

Sie mischte gerade Gewürze für Fleischbällchen und hielt mitten in der Bewegung inne, wie ein Hase, wenn er eines Autos ansichtig wird. Ihre Augen öffneten sich weit. Sie nahm das Fleisch auf, klatschte einmal darauf und nickte dann. »Ja«, sagte sie, »das tue ich.« Sie klang überrascht.

Als Alice und Tante Birdie an diesem Abend den Tisch deckten, sagte Alice wie nebenbei: »Es ist nicht leicht, für eine Sechsjährige zu sorgen, wenn man in den Achtzigern ist.« Sie schaute Tante Birdie von der Seite an und fuhr fort: »Ich denke, ich werde nach Hause gehen und ein paar Sachen einpacken. Ich werde hierbleiben, bis Ruthie wieder abreist.«

»Warte doch damit bis nach dem Essen«, erwiderte Tante Birdie und stellte einen weiteren Teller auf den Tisch. Alice und ich hatten viel Zeit miteinander in der Küche verbracht, aber es war das erste Mal, daß wir uns an den Tisch setzten, um gemeinsam zu essen.

Als die Mahlzeit beendet war, spülten Tante Birdie und ich das Geschirr, während Alice losging, um ihre Sachen zu holen. Dann erlaubte mir Tante Birdie aufzubleiben und *The Honeymooners* zu sehen. Ich war noch wach, als Alice sich leise in das Bett neben meinem legte.

»Hast du hier gewohnt, als Hortense klein war?« fragte ich.

»Schsch«, sagte sie. »Schlaf jetzt.«

Am nächsten Morgen verließen wir leise die Wohnung, sehr bemüht, Tante Birdie nicht zu wecken. Wir gingen die 168ste Straße in Richtung Broadway hinunter, wo Alice mit Genuß durch die Läden ging, Obst prüfend drückte und Fragen stellte. Alice wollte über alles, was sie kaufte, Bescheid wissen. »Woher kommt das?« fragte sie. »Wann ist es geliefert worden?« In ihrem Schlepptau begann ich zu begreifen, was es heißt, sich über Essen Gedanken zu machen.

Ich muß lustig ausgesehen haben, wenn ich versuchte, ihre ernste und abweisende Miene zu imitieren. Ein kräftiges Kind mit einem runden, von unregelmäßigen braunen Locken umringten Gesicht, meist in schlecht sitzenden Kleidern von der Stange – meine Mutter kaufte immer bei Loehman's ein, wo es keine Kinderabteilung gab. »Das Kind von Hortense?« fragte der Mann, der uns Weintrauben verkaufte. Alice schüttelte den Kopf und bedachte ihn mit einem vernichtenden Blick.

Georgie, den Metzger, erkannte ich sofort. Es gab eine Radierung von ihm in der Küche, auf der er dieselbe weiße Mütze und den ängstlichen Gesichtsausdruck trug wie jetzt, als er Alice ein Stück Fleisch nach dem anderen zur Begutachtung hinhielt. Er schien seinen Atem ein wenig anzuhalten, während sie mißtrauisch auf das dunkelrote, marmorierte Fleisch schaute. »Ich würde es nicht wagen, ihr etwas anderes als das Beste zu geben«, sagte er, während er das ausgewählte Lendenstück mit der einen Hand verpackte und mir mit der anderen eine Scheibe Salami hinüberschob.

Als wir alles hatten, was wir brauchten, nahm mich Alice mit zu dem puertoricanischen Kaffeegeschäft, wo sie eine kleine Tasse starken Kaffees trank und ich ein Stück Guajave-Sahne-Käsetorte aß. »Wenn ich nach Barbados zurückgehe«, sagte Alice, »dann werde ich den ganzen Tag in der Sonne sitzen und Kaffee trinken.« Sie erzählte mir von dem Haus, das sie sich kaufen wollte, wenn sie in Rente gehen würde, und sprach davon, als läge das noch weit entfernt in der Zukunft. »Aber du bist doch so alt!« brach es aus mir hervor. Sie nickte, keineswegs ärgerlich. »Hoffnung hat noch niemandem geschadet«, erwiderte sie.

Später am Tag gingen Tante Birdie und ich nochmals durch dieselben Läden und kauften alle Leckerbissen ein, die Alice vergessen hatte. Ich bemerkte, daß Georgie nicht so ängstlich und respektvoll wie bei Alice bereitstand. Genauer gesagt, winkte er sie zu sich, und als er mir eine Scheibe Salami gab, bekam sie auch eine. Während sie sie aß, sagte sie: »Habe ich dir schon mal die Geschichte erzählt, wie dein Onkel Perry und ich mit dem Dampfboot den Hudson hinauffuhren und der Schaffner ihm für mich eine Fahrkarte zum halben Preis verkaufte? Ich war eine verheiratete Frau!«

Für jeden anderen wäre es ein Problem gewesen, so klein zu

sein, aber Tante Birdie genoß ihre Größe. Sogar als sie eine alte Dame war, behandelten die Leute sie, als wäre sie ein anbetungswürdiges kleines Mädchen. Alle liebten sie.

»Außer Hortense«, sagte Alice finster. Dann hielt sie die Hand vor den Mund, als wünschte sie, sie könnte die Worte wieder hinunterschlucken.

Als wir nach Hause kamen, holte Tante Birdie das Fotoalbum heraus, um mir Bilder von der Reise den Hudson hinauf zu zeigen. Da waren die beiden, sie und Onkel Perry, sie schauten über die Reling und lächelten. Ich blätterte weiter auf der Suche nach Spuren von Hortense, aber es waren keine kleinen Mädchen da. Statt dessen entdeckte ich ein formell aussehendes Fotos mit steifen Menschen, die in alten Kleidern posierten. »Das ist meine Hochzeit!« sagte Tante Birdie, die sich gerade neben mich auf das Sofa setzte. »Sieht Onkel Perry nicht gut aus?« Sie strich mit der Hand liebevoll über die Seite und blätterte dann um. »Und hier ist das Menü«, sagte sie und schaute auf das lange Papier, das mit Schrift bedeckt war. Sie begann zu lesen: »Grüne Schildkrötensuppe. Gebackene Austern. Lachs mit Hummersauce. Gerösteter Kapaun. Rinderfilet. Hähnchenkroketten. Verschiedene Bries. Angemachter Salat. Austern in der Schale.«

»Hat jeder von allem gegessen?« fragte ich, fassungslos über die Großzügigkeit des Mahls. Tante Birdie nickte und sagte: »Die Leute haben damals mehr gegessen.«

»Hast du jemals grüne Schildkrötensuppe gemacht?« fragte ich Alice, die gerade das Brot für unsere Sandwiches schnitt.

»Natürlich«, sagte sie voller Verachtung. »Das ist keine große Sache.«

»Alice hat früher die besten gebackenen Austern gemacht!« rief Tante Birdie.

»Ja«, erwiderte Alice. »Das habe ich. Ich habe sie gemacht, als dein Vater und Hortense heirateten.« Ihre Stimme liebkoste wie immer die Worte »dein Vater«; in Tante Birdies Haus war mein Vater ein Prinz. Nachdem Alice die Sandwiches auf den Tisch gestellt hatte, verschränkte sie die Arme und sagte: »Es gibt drei Geheimnisse, wie man gute gebackene Austern macht. Erst einmal muß man die Austern öffnen und wenigstens eine Stunde abtropfen lassen, um sicher zu sein, daß sie trocken sind. Zweitens muß man frische Semmelbrösel verwenden. Aber das Wichtigste ist« – hier hielt sie kurz inne, um ihren Worten Nachdruck zu verleihen – »das Bratfett sehr, sehr heiß zu machen. Es muß rauchen, sonst werden die Austern nicht knusprig. Sollen wir heute nachmittag welche machen?«

Nachdem wir die Austern aufgehebelt hatten und sie abgetropft waren, wendete Alice sie in Semmelbröseln. Wir richteten ein Fließband ein: Tante Birdie tauchte die Austern in ein geschlagenes Ei, und ich ließ sie in die frischgeriebenen Semmelbrösel fallen. Dann gab ich die schmierigen Päckchen an Alice weiter, die sie in den Topf warf und über sie wachte, bis sie die richtige braune Färbung angenommen hatten. Das dauerte ungefähr eine Minute, dann fischte sie sie heraus und warf sie auf die auseinandergerissenen braunen Papiertüten, mit denen sie die Arbeitsplatte bedeckt hatte.

»Iß sie jetzt!« befahl sie. Ich nahm eine auf, aber sie war so heiß, daß ich mir die Finger verbrannte und sie fallen ließ. Alice schaute ungeduldig, so daß ich sie wieder aufhob. Außen war sie knusprig und leicht süß. Innen war die Auster wie ein salziger Pudding. Ich nahm einen Bissen, dann einen weiteren und genoß das Knusprige der Kruste und das Weiche des Inneren. Alice und Tante Birdie beobachteten mein Gesicht und lachten.

Im Laufe der Tage wurde dies zu meinem liebsten Spiel. Jeden Tag suchte ich mir ein anderes Gericht aus Tante Birdies Hochzeitsmenü aus, und Tante Birdie und ich gingen in die Küche und bettelten Alice an, daß sie es machen sollte.

»Wird sie denn wissen, wie es geht?« fragte ich immer und immer wieder. Die Antwort war immer dieselbe: »Alice kann alles.«

»Sechsjährige machen so viel Arbeit«, grummelte Alice eines Tages, als wir darauf warteten, daß ein Brotteig gehen würde. »Glücklicherweise bin ich so geduldig.«

»Hat Hortense viel Arbeit gemacht als sie klein war?« fragte ich.

»Nein«, antwortete Alice, »sie war ein Engel. Sie verbrachte ihre Zeit mit Malen und Zeichnen. Weißt du, all diese Bilder hier sind von ihr.« Sie zeigte mit ihrem Kinn auf die Zeichnung von ihr selbst, die Radierung von Georgie, die Fotografien im Wohnzimmer, die Aquarelle. »Jeder sagte, daß sie so eine talentierte Künstlerin sei – und all der Unterricht den sie hatte!« Dann schlug Alice fest auf den Teig, und er sank mit einem Pffft in sich zusammen. »Aber sie wurde größer.«

»Ja«, sagte ich fröhlich, »und heiratete meinen Vater!«

»Er hat zwei geheiratet …«, sagte Alice und hielt dann inne. Sie preßte ihre Lippen fest aufeinander und weigerte sich, auch nur noch ein einziges Wort zu sagen. Zwei was? fragte ich mich. Das klang, als meine sie mehr als eine Frau. Ich war froh, daß das Telefon klingelte.

Es war meine Cleveland-Oma, die sich nach meinem Befinden erkundigen wollte. »Oh Oma«, sagte ich, »wir kochen gerade. Alice kann alles.«

»Frag sie, ob sie Hähnchen-Kroketten machen kann«, sagte Oma.

»Glaubt sie, ich könnte das nicht?« antwortete Alice mit blitzenden Augen. Sie machte ein paar auserwählte Bemerkungen über Frauen, die nicht nur nicht kochen können, sondern auch noch außerstande sind, sich um ihre eigenen Enkel zu kümmern. Dann sagte sie: »Zieh dir deine Jacke an, wir gehen einkaufen.« Den ganzen Weg zum Laden grummelte sie vor sich hin.

»Ich brauche ein paar dicke Stücke Hähnchenbrust«, sagte sie zu Georgie, »heute abend mache ich Hähnchen-Kroketten. Die schicke, vornehme Großmutter von ihr hier glaubt, ich wüßte nicht, wie das geht.«

»Tante Birdie sagt, Alice macht die besten Hähnchen-Kroketten der Welt«, sagte ich treuherzig. »Ganz so wie die, die sie immer gegessen hat, wenn ihr Vater sie zum Mittagessen zu Delmonico's ausgeführt hat.«

»Ich wette, sie sind sogar noch besser«, sagte Georgie.

Alice lächelte. »Ich kann Ihnen eine vorbeibringen«, bot sie an, wie eine Königin, die einem Untertanen ein seltenes Geschenk gewährt.

Alice pochierte die Hähnchenbrust ganz leicht, und nachdem sie abgekühlt war, löste ich das Fleisch vom Knochen, und

Alice schnitt es klein. Sie ließ mich auf einem Stuhl stehen und die dicke Béchamelsoße rühren, die ganz aus Sahne gemacht war. Sie würzte sie mit kleingeschnittenen Zwiebeln, Salz, Cayennepfeffer und Muskat und rührte das Hähnchenfleisch hinein. Dann stellten wir die Mischung zum Abkühlen in den Kühlschrank und gingen ins Wohnzimmer. Zurück in der Küche, formte ich aus der Mischung Rollen, und Alice rollte sie in Zwiebackkrümeln und fritierte sie in Butter.

Georgies Krokette wickelten wir in eine Leinenserviette und legten die anderen auf Tante Birdies Porzellanplatte mit dem Goldrand. Dann gossen wir Grapefruitsaft in die besten Kristallgläser. Nach dem Essen drehte Tante Birdie das Radio auf, und wir drei tanzten, als wären wir Gäste auf einem schicken Ball. »Schaut mal!« rief ich und zeigte auf eine der Zeichnungen an der Wand im Wohnzimmer, »wir sehen genauso aus.« Beide Köpfe wandten sich dem Bild zu. Alice sagte: »Mein Gott, wie gern Hortense tanzte!« Tante Birdie blieb mitten in der Bewegung stehen. Sie ging zum Sofa hinüber und setzte sich. Der Tanz war vorbei.

Am folgenden Abend kamen meine Eltern aus Europa zurück. Alice machte Roastbeef, Kartoffelbrei, Spinat und Sahnezwiebeln, um ihre Rückkehr zu feiern. »Darüber werden sie sich freuen nach all dem verrückten französischen Essen«, sagte sie, als sie den Backofen aufmachte, um das Fleisch zu übergießen. Ich atmete tief ein und sog den reichen Geruch des Bratens und die Süße der Zwiebeln ein.

»Ich wette, sie haben niemals so etwas Gutes in Paris bekommen«, meinte ich.

Alice lächelte. »Hortense sagte immer, dein Vater sei ein Mann, der Fleisch und Kartoffeln möge«, erwiderte sie mit einem Lächeln, das zeigte, wie sehr sie meinen Vater mochte.

»Wie ist sie gestorben?« fragte ich und bemühte mich, meine Stimme ganz normal klingen zu lassen. Alice hielt inne und starrte mich an. »Wieso glaubst du, daß sie tot ist?« fragte sie.

»Ist sie das denn nicht?« staunte ich.

»Kann schon sein«, sagte Alice. »Bist du sicher, daß dieser Spinat auch wirklich gut gewaschen ist?«

Das Essen war ein großer Erfolg. Tante Birdie öffnete eine

schmale grüne Flasche Wein, und meine Eltern tranken sie ganz aus. Meine Mutter schenkte Tante Birdie einen Kaschmirpullover. Mein Vater pries den Spinat in Sahne, schenkte Alice einen Seidenschal und sagte ihr, daß sie immer noch ein besseres Essen auf den Tisch bringen könne als jedes Restaurant in Paris.

Das erinnerte mich an das, was Alice gesagt hatte. Als mein Vater mich zum Taxi hinuntertrug, murmelte ich in seinen Nacken: »Was ist mit Hortense passiert?«

»Ich werde es dir morgen früh erzählen«, antwortete er. Aber am nächsten Morgen hatte er seine Meinung geändert. Ich überlegte mir, daß sie etwas wirklich Schreckliches getan haben mußte. Vielleicht hatte sie jemanden umgebracht. Vielleicht saß sie im Gefängnis.

Erst Jahre später fand ich die Wahrheit heraus. Aber da war ich bereits auf dem College, und Tante Birdie war dank ihrer Ausdauer zur Erbin geworden. Als sie Ende Neunzig war, war der letzte von Onkel Perrys Brüdern, die alle Junggesellen waren, gestorben und hatte ihr sein beträchtliches Vermögen hinterlassen. Das erste, was Tante Birdie tat, war, in ein besseres Stadtviertel zu ziehen. Das zweite war, Alice ein Haus auf Barbados zu kaufen.

»Würde Alice nicht lieber hier zusammen mit dir wohnen?« fragte ich. Tante Birdie schien diese Frage lächerlich zu finden. »Sie wollte immer nach Hause zurückkehren«, sagte sie. Und doch war das erste, was sie jedesmal fragte, wenn ich zu ihr kam: »Hast du etwas von Alice gehört?«

Das hatte ich. Der Ton ihrer Briefe verriet mir, daß der Traum, der schließlich doch Wirklichkeit geworden war, sie enttäuschte. Ich denke, sie vermißte Tante Birdie. Ich weiß, daß Tante Birdie sie vermißte. Aber keine von beiden konnte es zugeben.

»Paß gut auf deine Tante Birdie auf«, schrieb Alice als sie mir das Rezept für ihre Äpfel im Schlafrock schickte. Und sie verriet mir endlich auch, wo Hortense all die Jahre gewesen war: in einer psychiatrischen Anstalt.

»Das ist alles?« fragte ich meinen Vater. »Das ist das Geheimnis? Mehr steckt nicht dahinter? Sie ist in einer psychiatrischen Klinik?«

»Ja«, antwortete er gedehnt. »Albern, nicht?«

»Aber warum wollte niemand über sie reden?« fragte ich.

Er schaute auf mich hinunter und sagte einfach: »Sie schämten sich.« Er sah traurig aus und fügte dann hinzu: »Da war noch etwas. Sie glaubten, es sei ihr Fehler, daß sie so verängstigt war. Als ihre Krankheit fortschritt, konnte sie nichts mehr anfassen, was jemals von einem anderen Menschen berührt worden war. Die beiden hatten deshalb das Gefühl, irgend etwas falsch gemacht zu haben.«

Ich erinnerte mich und ließ vor meinem inneren Auge noch einmal die warme, überfüllte Wohnung erstehen und versuchte mir vorzustellen, wie diese zwei netten Damen irgend jemanden hätten verletzt haben können. Ich stellte mir uns drei in der Küche vor. Und ich hörte Alice wieder, die sagte: »Er hat zwei geheiratet.« Plötzlich verstand ich: zwei verrückte Frauen.

»Glaubst du denn, daß sie an ihrer Krankheit schuld waren?« fragte ich.

»Nun«, antwortete er gedehnt, »sie haben sie auf jeden Fall nicht auf die wirkliche Welt vorbereitet.«

3
Mrs. Peavey

Meine Mutter hatte jede Menge Energie und nicht sehr viel zu tun. »Wenn meine Eltern mich nur hätten Ärztin werden lassen«, klagte sie oft, während sie wie ein Tiger im Käfig im Apartment auf und ab wanderte. Sie probierte einen Job nach dem anderen aus, aber sie waren nie von Dauer. »Keiner hat noch Visionen!« verkündete sie, nachdem sie höflich von der Stelle als Chefredakteurin der *Homemakers's Encyclopedia* hinwegkomplimentiert worden war. »Also, ich fand, daß ein Essay über die englischen Königinnen und ihre hauswirtschaftlichen Fähigkeiten eine brillante Idee wäre.«

Ihre nächste Idee war ein Magazin mit dem Titel *Leiht Euch was*. Mom war fassungslos, daß niemand diese Idee aufgreifen wollte. »Man sollte doch meinen«, sagte sie nachdenklich, »daß die Menschen hingerissen wären von der Vorstellung, daß Leonard Bernstein ihnen seine Dirigierkünste leiht und Diana Vreeland ihren Sinn für Mode. Ich verstehe einfach nicht, daß sich das nicht verkaufen sollte!«

Als nächstes arbeitete sie im Metropolitan Museum of Art, für das sie vor verschiedenen Gruppen überall in der Stadt Diavorträge hielt. Ihre Spezialität war das Privatleben von Künstlern, die in den Sonderausstellungen des Museums gezeigt wurden. Das war ihre eigene schlaue Idee, aber auch auf diesem Gebiet endete ihre Karriere bald.

»Ich habe nur die Wahrheit gesagt«, protestierte sie, als man ihr mitteilte, daß ihre Dienste nicht länger benötigt würden. Ihr sehr gewagter Vortrag über Picasso war einfach zuviel für die Museumsleitung, und Mom beschloß, ihre beachtlichen Energien darauf zu verwenden, dem Leben ihrer Familie zur angemessenen Größe zu verhelfen. Sie gab Gesellschaften, sie gestaltete die Wohnung um, arrangierte kulturell bereichernde Ausflüge. Diese Unternehmungen wurden nicht immer geschätzt.

»Was ist denn das?« fragte mein Vater, als er eines Tages nach Hause kam und sah, wie an der Seite unseres Wohnhauses ein Baum in die Höhe gezogen wurde. Er ahnte sofort, daß er für den elften Stock bestimmt war. Und tatsächlich begrüßte meine Mutter ihn mit der Neuigkeit, daß sie zur Verschönerung unseres Heims gerade eine abgestorbene Birke erworben habe. »Ist sie nicht wundervoll?« fragte sie atemlos, während sie auf das Objekt zeigte, das mindestens zweimal so groß war wie der vorhandene Platz in der Wohnung. »Wir können sie so herunterschneiden, daß sie paßt, und sie dann jeweils passend zur Jahreszeit dekorieren.«

»Wundervoll«, stimmte er mit der angemessenen Mischung aus Stolz und Skepsis zu.

»Und so günstig!« fügte sie hinzu.

Dad unterließ es klugerweise zu fragen, wie günstig.

Es war immer alles so günstig, das Zeug, das meine Mutter von ihren Streifzügen durch New York City nach Hause brachte. Oder aber es war kurios: Wann immer meine Mutter auf etwas Eßbares stieß, das sie noch nie zuvor gesehen hatte, kaufte sie es.

Dadurch war ich die erste in meiner Klasse, die Muscheln, Kaktusfeigen, Seeigel und Lychees probiert hatte. Darüber hinaus war Mom eine Meisterin, wenn es darum ging, neue Einsatzgebiete für an sich vertraute Lebensmittel zu erdenken. Als ich einmal zum College zurückfuhr, drückte sie mir eine Dose weißen Spargel in die Hand und sagte: »Iß die auf der Fahrt, dann mußt du nicht so oft anhalten – sie löschen wunderbar den Durst.«

Glücklicherweise waren wir, was die Ernährung anging, nur sporadisch von meiner Mutter abhängig. Das Kochen war meist meine Aufgabe und die der jeweiligen Haushaltshilfe. Sie kamen in langer Reihe, und die meisten blieben nicht länger als ein paar Monate. Aber dann lernten wir Mrs. Peavey kennen, die zu uns kam, als ich acht Jahre alt war.

Sie war das unglaublichste Hausmädchen der Welt, eine große Frau in den Sechzigern, mit weißblauem Haar und vornehmer Art. Sie sprach drei Sprachen fließend und liebte es, kleine Leckerbissen wie: »Bei den Rockefellers wurde der Tee immer Punkt vier Uhr gereicht«, einfließen zu lassen.

Meine Mutter und Mrs. Peavey waren ständig uneins darüber, wie man den Tisch für eine Gesellschaft richtig deckte. Mrs. Peavey siegte immer, denn sie hatte so viel mehr Erfahrung. Ihre Klasse bewies sie an jenem Tag, als sie auf dem Weg durch die Küchentür stolperte und das Beef Wellington zwei Meter vor meiner Mutter, die schon bereitstand, um es zu servieren, zu Boden warf. »Ich gehe eben und hole das andere, Mrs. Reichl«, sagte sie, indem sie das ruinierte Essen aufsammelte und verschwand. Meine Mutter nickte verzweifelt.

Eine Minute später erschien Mrs. Peavey wieder mit einem neuen Beef Wellington auf den Händen. Meine Mutter war fassungslos. Wo kam das her? Ich schaute durch einen Spalt der Küchentür zu und hielt den Atem an, als meine Mutter das neue Essen austeilte. Ich hoffte, sie würde klug genug sein, nicht den rohen Teig zu servieren, mit dem Mrs. Peavey die Risse gekittet hatte.

»Man muß immer etwas mehr Teig machen«, hatte Mrs. Peavey gesagt, während sie den neuen Teig über die Löcher gestrichen und sie mit etwas verzierendem Schnickschnack kaschiert hatte. »Mein weiß nie, welche Überraschungen das Leben für einen bereithält.«

Und es war Mrs. Peavey, die mir beibrachte, wie man das Lieblingsgericht meines Vater zubereitete. Jedesmal, wenn ich Wiener Schnitzel mache, steht Mrs. Peavey an meiner Seite und ermahnt mich, das Fleisch zu klopfen, bis es zart ist.

Wiener Schnitzel

Für 4 Personen

700g Kalbsschnitzel
1/2 Tasse Mehl
1 geschlagenes Ei
1 Tasse feingemahlenes Semmelmehl
Salz und Pfeffer
6 Eßlöffel Butter
1 Zitrone

Klopfen Sie jedes Schnitzel zwischen zwei Stücken Backpapier zart.

Schütten Sie das Mehl auf einen Teller oder eine Platte, die groß genug für ein Schnitzel ist, das Ei auf einen anderen Teller, das Semmelmehl auf einen dritten. Würzen Sie alles mit Salz und Pfeffer.

Drücken Sie die Schnitzel in das Mehl. Tauchen Sie sie in das geschlagene Ei. Wälzen Sie sie im Semmelmehl, bis sie dünn, aber einheitlich bedeckt sind. Legen Sie sie auf eine mit Backpapier belegte Platte, die Sie für ungefähr eine Stunde in den Kühlschrank stellen.

Lassen Sie 4 Eßlöffel Butter in einer großen Pfanne aus. Wenn die Butter heiß ist, braten Sie die Schnitzel kurz auf jeder Seite, bis sie braun sind, und legen Sie sie dann zurück auf die Platte.

Lassen Sie die übrige Butter in derselben Pfanne aus. Drücken Sie den Saft der Zitrone in die Butter, rühren Sie um und gießen Sie die Soße über die Schnitzel.

Mrs. Peavey ging jeden Abend mit einem Pokal Eiswasser in ihr Zimmer hinunter. Die Feuchtigkeit perlte und verlief auf der Außenseite des silbernen Kelches, den sie auf dem Fliesenboden neben ihrem Bett abstellte. Meine Mutter hatte in einem ihrer verrückten Momente den Fußboden im Erdgeschoß unseres Sommerhauses mit rot-grün gewürfeltem Linoleum auslegen lassen und hatte dann darauf bestanden, den Raum das Ruhezimmer zu nennen. Als Mrs. Peavey bei uns wohnte, wurde das Ruhezimmer zu ihrem Schlafzimmer, und sie setzte den Pokal immer genau in der Mitte des zentralen Vierecks ab.

Anders als Louvinia oder Winnie, ihre Vorgängerinnen als Hausmädchen der Familie, wurde Mrs. Peavey niemals beim Vornamen genannt. Und anders als bei ihnen, sprach meine Mutter von ihr nie als dem »Mädchen«.

Meine Mutter liebte es, Geschichten von Mrs. Peavey zu erzählen, sogar solche, die sie selbst in schlechtem Licht erscheinen ließen. So wie damals, als sie Mrs. Peavey bat, zu Thanksgiving einen Auflauf aus süßen Kartoffeln, überbacken mit Marshmallows, zu machen und Mrs. Peavey erwiderte, daß sie das nicht im Traum tun würde. »Eine gräßliche Erfindung der Mittelklasse«, sagte sie bestimmt.

Einmal, als meine Großmutter zu Besuch kam, bestand Mrs. Peavey darauf, die Bettwäsche für sie zu bügeln. »Aber wir bügeln unsere Bettwäsche nicht!« protestierte meine Mutter. »Nur weil wir wie die Tiere leben«, erwiderte Mrs. Peavey und fuhr derweil unerbittlich mit dem Eisen über die weiche weiße Baumwolle, »müssen wir unsere Gewohnheiten ja nicht auch anderen aufzwingen. Ein Gast ist ein Gast!«

Und natürlich klagte meine Mutter gern über die Angewohnheit von Mrs. Peavey, ihren freien Tag in eine ganze Woche umzuwandeln. Moms Stimme wurde immer zu einem Flüstern, wenn sie davon sprach. Sie schielte dann in meine Richtung und legte einen Finger auf die Lippen. Ich begriff, daß, was immer Mrs. Peavey auch getan hatte, schrecklich sein mußte. Ich konnte mir beim besten Willen nicht vorstellen, was es gewesen sein könnte. Wenn Moms Stimme wieder hörbar wurde, dann sagte sie immer: »Und das ist natürlich der Grund, warum sie nur ein Hausmädchen ist.« Und dann pflegte sie ein wenig verbittert zu lachen und fügte hinzu: »Und dann auch noch mein Hausmädchen – denn wer sonst würde sich das antun?«

Aber die berühmteste Geschichte hat überhaupt nichts mit meiner Mutter zu tun, denn sie handelt davon, wie die drei Söhne von Mrs. Peavey in einer Limousine mit Chauffeur vorfuhren, um sie zu besuchen. Es war Sommer, und wir hielten uns auf dem Lande auf, als plötzlich das lange schwarze Auto unsere Auffahrt hinaufglitt. »Sie wußte sofort, wer das war!« verriet meine Mutter ihrer staunenden Hörerschar. »Und sie bat Ruthie, rauszugehen und ihnen zu sagen, daß sie wieder verschwinden sollten!«

Ich sah mein Spiegelbild in dem glänzenden Fenster des Autos, eine ernst dreinblickende Achtjährige mit braunen Augen und Schmutz auf beiden Wangen, die ein mageres orangefarbenes Kätzchen an sich drückte. Auf einem Knie prangte ein großer Flicken, und mein lockiges Haar war zerzaust. Ich konnte meinen Kugelbauch unter einem zerschlissenen T-Shirt hervorragen sehen und sog den Atem ein, als das Fenster leise verschwand.

Ich schaute angestrengt in die kühle Dunkelheit, wo zuvor das Glas gewesen war. »Wir versprechen, daß wir sie nur eine Minute aufhalten werden«, sagte eine Stimme im Inneren des Autos. Sie gehörte dem Mann, der direkt am Fenster saß. Sein langes, trauriges Gesicht erschien mir sehr alt, und als er mit seinen knochigen Fingern durch schütteres graues Haar fuhr, trat ich zurück. »Ich werde es ihr sagen«, hauchte ich und wandte mich so schnell um, daß der Schotter unter meinen Füßen aufflog und auf die glänzenden, silbernen Radkappen prasselte. Ich hielt Marmalade ganz fest, als ich über die Auffahrt und den Fahnenmast-Weg hinaufging. Ich schlug die Tür mit dem Insektengitter hinter mir zu, als ich die enge, mit Pinienholz getäfelte Küche betrat, wo Mrs. Peavey eine Brombeer-Pie aus dem alten Ofen holte.

»Nein«, sagte sie. »Nein, nein, nein.«

Ich ging zurück, um es ihnen zu sagen. Die Söhne saßen immer noch mürrisch in der Limousine, aber diesmal sprach ein anderer. Er hatte ein solides, selbstzufriedenes Gesicht und schimmernd-silbriges Haar. Er reichte einen Silberdollar aus dem Fenster und sagte: »Du bekommst noch fünf davon, wenn du sie dazu bringst herauszukommen.«

Als ich Mrs. Peavey das Geld zeigte, senkte sie den Blick hinab auf ihre geschwollenen Knöchel, die aus den Gesundheitsschuhen herausquollen, schaute mich dann an und sagte: »Wie ich sehe, hat Palmer sich nicht verändert.« Ihr Gesicht zog sich zusammen, als hätte sie in eine Zitrone gebissen. »An deiner Stelle würde ich sein Geld nicht annehmen. Sag ihm, daß er sich schämen sollte. Sag ihm, daß ich nicht für alles Geld in der Welt herauskomme.«

Ich überbrachte ihm die Nachricht, aber ich brachte es nicht fertig, ihm das Geldstück zurückzugeben. Ich umklammerte die Münze ganz fest und preßte sie von innen gegen meine Handfläche. Dann unternahm der dritte Sohn einen Versuch. Er sah von den dreien am besten aus, hatte rosige Wangen, schwarzes Haar und tiefblaue Augen, mit denen er mich fixierte. »Ist sie in der Küche?« fragte er. Ich nickte ernst. »Macht sie immer noch die besten Brownies der Welt?« Ich nickte wieder. »Ich war immer ihr bester Helfer«, fuhr er fort. »Ich wette, daß du jetzt ihr bester Helfer bist.« Er lächelte und entblößte dabei alle seine Zähne und sagte dann flehentlich: »Findest du nicht, daß eine Mutter mit ihren Kindern sprechen sollte? Sag meiner Mutter, daß sie mir fehlt. Gib ihr einen Kuß von mir.«

Mrs. Peavey sah traurig aus, als ich den Kuß auf ihre papierene weiße Wange drückte. Ich warf meine Arme um ihren stämmigen Körper und sog ihren pudrigen Geruch ein. »Sag Potter, daß er mir auch fehlt«, antwortete sie. »Sag ihm, daß ich ihn liebe. Und sag ihm, daß ich ganz sicher keinen von ihnen sehen will!« Mit diesen Worten knotete sie ihre Schürze auf, warf sie auf die Arbeitsplatte und ging ins Untergeschoß hinunter.

Die drei Söhne murmelten: »Was machen wir denn jetzt?« als sie den endgültigen Bescheid erhielten. Dann schob sich das Fenster nach oben und nahm mir leise und majestätisch die Sicht. Der Fahrer wendete den großen schwarzen Wagen. Ich stand noch lange da und schaute hinter ihm her, wie er zwischen den Bäumen, die unsere enge, kurvige Auffahrt säumten, verschwand.

Am nächsten Morgen verließ Mrs. Peavey für ihren freien

Tag das Haus. Wir wohnten zwar weniger als fünfzig Meilen von New York entfernt, aber Mrs. Peavey erklärte stets, daß sie sich nun »zurück in die Zivilisation« begäbe, um damit ihre Abscheu vor unserem schäbigen Sommerhaus in den Wäldern von Connecticut zu unterstreichen. Meine Mutter fuhr Mrs. Peavey zum Bahnhof und schaute dann mit besorgtem Blick zu, wie sie sich mühsam in den Stadtzug nach New York hievte.

»Ich hoffe, daß sie auch zurückkommt«, sagte sie leise, als wir wieder in unseren alten Ford Kombi kletterten.

»Habt ihr gestritten?« fragte ich.

»Nein«, antwortete Mom.

»Warum bist du dann besorgt?« fragte ich. Meine Mutter weigerte sich zu antworten.

Mrs. Peavey kam am nächsten Tag nicht zurück, auch am übernächsten und am Tag darauf nicht. Meine Mutter wirbelte in der Küche herum, servierte blutiges Roastbeef, harte Kartoffeln und Erbsen, die in der Mitte noch gefroren waren. Während sie staubsaugte, murmelte sie Verwünschungen und schwor, daß diesmal das Maß wirklich voll sei. Aber als dann ein Taxi die Auffahrt heraufkam, sah Mom schweigend zu, wie Mrs. Peavey durch das Wohnzimmer schritt und die Treppe zum Ruhezimmer hinunterging. Nachdem sie in ihrer weißen Uniform zurückgekehrt war, polierte Mrs. Peavey die Kerzenständer, machte kalten pochierten Lachs mit Dillsoße für meine Mutter und eine Schwarzwälder Kirschtorte für meinen Vater. Dann las sie mir auf Französisch vier Geschichten über Bécassine, den dummen Bauern, vor. Und niemand sprach mehr von Kündigung.

Der Sommer ging vorbei, und wir fuhren zurück nach New York. Mir gefiel es besser dort. Mrs. Peavey und ich hatten ein gemeinsames Schlafzimmer, in dem unsere beiden gleich aussehenden Betten am Fußende zusammenstanden. An manchen Abenden, wenn das Licht gelöscht war und die Autos elf Stockwerke unter uns Schatten warfen, die über die rosafarbene Zimmerdecke rasten, erzählte mir Mrs. Peavey Geschichten von ihrer Kindheit in Baltimore. Während ich zuhörte, stellte ich mir eine kleine Mrs. Peavey mit langen goldenen Locken vor, die die Ställe besuchte und mit der Yacht ihres Vaters in See stach. Ich konnte den Eingang zu dem mit Säulen umgebenen Haus riechen, mit seinen gewachsten Holzböden und den Schüsseln mit Rosen. Ich konnte die blaue Satinschärpe auf Mrs. Peaveys hellem Kleid sehen, als sie um einen schimmernden Weihnachtsbaum tanzte. Und ich konnte das Streichquartett hören, das jeden Sonntag im Musikzimmer gespielt wurde.

Aber am meisten liebte ich es, wenn sie von ihrer Hochzeit erzählte.

Mrs. Peavey trug ein Kleid aus blasser weißer Seide und einen Schleier aus Spitze, die von französischen Trapistinnen geklöppelt worden war. Die Satinschleppe war acht Fuß lang, ihre Kutsche wurde von sechs schneeweißen Pferden zur Kirche gefahren, und zehn Männer mit silbernen Trompeten spielten, als sie zum Altar schritt. Hinterher speisten die Gäste in rosafarbenen Zelten auf grünem Rasen und tanzten in einem Pavillon, der direkt am Ufer der Bucht stand. »Und dann«, sagte Mrs. Peavey, »reisten wir los nach England, Frankreich und Deutschland.«

Vor diesem Sommer endeten immer alle Geschichten mit dem Sonnenuntergang über einem Meer in Europa, aber im Herbst begann Mrs. Peavey, Carter, Palmer und Potter Peavey in ihre Geschichten einzuflechten. Ich mochte Potter am liebsten: Er war derjenige, der in die Küche schlich, um Mrs. Peavey zu helfen, die Köchin hinauszuwerfen. »Mr. Peavey fand es ein wenig exzentrisch, daß ich anfing, Kochunterricht zu nehmen«, sagte Mrs. Peavey. »Jedenfalls ließ er nicht zu, daß ich wirklich kochte. Das tat man einfach nicht. Also mußten Potter und ich zu anderen Mitteln greifen.«

Ich stellte mir vor, wie die beiden die Köchin aus der Tür schoben und in der großen gekachelten Küche umhertanzten. »Das machte solch einen Spaß!« rief Mrs. Peavey aus. »Es dauerte nicht lange, und ich war bekannt dafür, die beste Köchin in Baltimore zu haben, und die Leute schlugen sich darum, eingeladen zu werden.«

Wenn sie von ihren Ausflügen in die Küche erzählte, wurde Mrs. Peaveys Stimme immer ganz jung. »Einmal kam der britische Botschafter aus Washington zu uns zum Essen«, berichtete sie träumerisch. »Wir waren an dem Abend nur zu zwölft beim Essen, und so beschlossen wir, ihn dadurch zu ehren, daß wir Gerichte vom Hochzeitsessen von Queen Victoria kochten.«

Ich hörte neidisch zu, wenn sie und Potter komplizierte Gerichte entwarfen. Ich liebte die Wörter: Gelatine, Farce, Aspik, Florentiner... Ich sah sie vor mir, wie sie den süßen gefrorenen Pudding stürzten, der an jenem Abend das Dessert darstellte, und hielt die Luft an, als die mit Kirschen und Mandeln gefüllte Kreation gefährlich aus ihrer altmodischen Form rutschte. »Ich hatte solche Angst, daß die Köchin es verderben würde«, gestand Mrs. Peavey, »daß ich die Gouvernante bat, mit den Kindern in der Küche zu essen. Ich wußte, daß Potter alles wieder hinkriegen würde, wenn etwas schiefging.«

»Die Köchin«, fügte sie finster hinzu, »war immer das Problem. Aber an dem Abend mit dem britischen Botschafter ging alles glatt. In Wahrheit war sie keine richtige Köchin. Sie bat mich sogar darum, ihr die französische Küche beizubringen«, sagte Mrs. Peavey und schüttelte traurig den Kopf, »aber sie hatte nicht viel Vorstellungskraft.«

Während ich Mrs. Peavey in der Küche zusah, wie sie eine Gougère, ein Käsegebäck aus Brandteig, zubereitete, fragte ich, was denn die Vorstellungskraft damit zu tun hatte. »Ah«, sagte sie, »das fragst du, eben weil du welche hast.«

Sie rührte Eier und Käse in die Schüssel und beugte sich herunter, um den Ofen anzuzünden. »Seien Sie vorsichtig!« rief ich aus, denn ich erinnerte mich an das Mal, als meine Mutter sich ihr Haar verbrannt hatte. Mrs. Peavey richtete sich auf und schaute mir in die Augen. »Ich bin nicht deine Mutter«, sagte sie knapp. »Ich drehe nicht den Gashahn auf und gehe dann ins Wohnzimmer, um nach Streichhölzern zu suchen. Normale Menschen fangen beim Ofenanzünden kein Feuer.«

Und dann, als sie die Gougère auf das Rost stellte, fügte sie hinzu: »Und normale Menschen erlauben Achtjährigen auch nicht, sich selbst zu beaufsichtigen.«

Es gefiel Mrs. Peavey nicht, wie meine Mutter das Babysitter-Problem gelöst hatte. »Ich bezahle einfach Ruthie dafür, daß sie an den Abenden, an denen das Mädchen frei hat, selbst auf sich aufpaßt«, prahlte meine Mutter vor ihren Freundinnen. »Sie ist so erwachsen.«

Natürlich wollte ich meine Mutter nicht enttäuschen. Deshalb sagte ich nie ein Sterbenswörtchen, wenn ich zuschaute, wie mein Vater und meine Mutter sich anzogen, um zu einer Einladung zu gehen, sondern hielt einfach den Atem an, lauschte ihrem üblichen Ritual, bevor sie zum Essen ausgingen, und wünschte, daß Mom diesmal den Sieg davontragen würde.

Das Ritual verlief folgendermaßen: Wenn sie das kleine Schwarze betrachtete, das im Ankleidezimmer hing, pflegte Mom zu sagen: »Weißt du, Liebling, ich fühle mich wirklich nicht besonders. Warum gehst du nicht ohne mich dorthin?«

Und Dad pflegte dann betroffen auszusehen und ihr zu sagen, wie langweilig der Abend ohne sie sein würde. »Es wird ohne dich überhaupt keinen Spaß machen, Liebling«, sagte er dann und drängte sie, um seinetwillen mitzukommen. Ich hing an ihren Lippen, denn ich wünschte, daß sie dableiben würden. Aber egal, wie sehr ich gehofft hatte – am Ende ließ meine Mutter sich doch immer überreden.

»Geh nicht zu spät ins Bett, mein Kätzchen«, sagte sie fröhlich und schritt in einer Wolke aus Parfüm aus der Tür. Sowie sie das Haus verlassen hatten, rannte ich hektisch durch alle Räume und schaute in alle Schränke und unter die Betten, denn ich war viel zu ängstlich, um ins Bett zu gehen.

Eines Abends klingelte es an der Tür, als ich gerade hektisch alles absuchte, und ich schrak auf, als ob sich jemand angeschlichen und mir auf die Schulter getippt hätte. Wer könnte das sein? Während ich verstohlen zur Wohnungstür ging, rief ich mit einer ganz tiefen Stimme: »Wer ist da?« Ich wollte den anderen auf keinen Fall merken lassen, daß ich nur ein Kind war.

»Ich bin es«, sagte eine Stimme, die ich nicht erkannte.

»Wer ist ich?« fragte ich und wußte nicht, wie ich damit umgehen sollte. Es wäre peinlich, die Person wegzuschicken, aber angsteinflößend, sie hineinzulassen.

»Mrs. Peavey!« antwortete sie lebhaft.

Ich war nicht groß genug, um an den Türspion zu kommen,

deshalb öffnete ich die Tür einen Spalt weit. Es war tatsächlich Mrs. Peavey, zusammen mit einem ganz in Schwarz gekleideten Mann, der »mein Freund Mr. Holly« war.

Ich war erleichtert, einen bekannten Erwachsenen zu erblicken. Mrs. Peavey und Mr. Holly ließen sich im Wohnzimmer nieder. Mr. Holly bewunderte den Baum meiner Mutter und betrachtete die blaß gewordenen Herbstblätter, die sie an seine Äste gedrahtet hatte. Ich hörte zu, wie sie Small-talk machten, und war glücklich, in ihrer Gesellschaft zu sein und zu jung, um mich zu fragen, was sie hier wollten. Aber sogar ich bemerkte, daß Mrs. Peavey verändert war. Ihre blasse Haut war rot geworden, und sie sprach angeregter als sonst. Dann fragte sie, ob ich gern ein wenig mit ihnen ausgehen würde.

Ich begriff sofort, daß meine Eltern nichts von diesem Ausflug erfahren durften. Am nächsten Tag war Schule. Und darüber hinaus wußte ich, daß, wo immer wir hingingen, es kein Ort war, der meinen Eltern gefallen würde. Als wir zur Tür gingen, hielt Mrs. Peavey plötzlich inne und fragte wie zufällig: »Hast du Geld in deinem Sparschwein?«

Ich schaute nach; dort waren 7 Dollar 27 in Kleingeld und der Silberdollar, den ich von Palmer bekommen hatte.

»Nimm es mit«, sagte Mrs. Peavey fröhlich. Als ich ihr das Geld gab, sagte sie: »Ich werde es dir nächste Woche zurückzahlen.« Sie roch nach Pfefferminzbonbons.

Es war ein dunkler, kühler Abend. Wir gingen auf der Zehnten Straße westwärts zur Sixth Avenue und bogen dann links ab. Direkt gegenüber vom Frauengefängnis war ein Schild, auf dem unter einer riesigen roten Neon-Brille »Googie's« stand.

»Gehen wir in eine Bar?« fragte ich.

»Warum nicht?« fragte Mrs. Peavey. Ich hätte unzählige Gründe nennen können, beschloß aber, es nicht zu tun. Wir gingen hinein, und Mr. Holly hob mich auf einen der hohen, mit Kunstleder bezogenen Barhocker. Er bestellte Manhattans für sie und einen Shirley Temple für mich.

Die Luft war kühl, verraucht und blau dunstig. Mrs. Peavey war so guter Laune, daß es schien, als hätte sie sich eine neue Persönlichkeit zugelegt. Als sie sich entschuldigte, um zur Toilette zu gehen, ging sie die ganze Bar entlang und hatte für jeden auf dem Weg ein paar Worte oder ein Lächeln. Mr. Holly beobachtete sie, lehnte sich dann zu mir hinüber und sagte: »Was für eine wundervolle Frau!«

Ich konnte den Alkohol, leicht mit dem Duft von Aftershave und Zigaretten vermischt, in seinem Atem riechen. Ich nickte. »Ich sage ihr immer wieder, daß ich nicht gut genug bin für sie«, sagte er traurig und sah dabei noch hagerer aus als vorher, »aber sie meint, sie habe bis ans Ende ihres Lebens genug davon, reich zu sein.«

Ich verhielt mich ganz still, weil er vielleicht weiterreden würde, wenn ich nichts sagte.

»Stell dir mal vor, ihr Mann hat das ganze Geld den Jungs vermacht!« sagte Mr. Holly gedankenverloren und mehr zu sich selbst. »Er wollte so schlau sein und die Steuer umgehen. Und dann meinten diese kleinen Scheißkerle, sie könnten ihr vorschreiben, wie sie zu leben habe! Warum ...«

Er hörte abrupt auf, weil Mrs. Peavey zurückkehrte. »Noch ein Drink«, sagte sie gutgelaunt, »und dann denke ich, ist es an der Zeit, Ruthie nach Hause zu bringen. Sie muß morgen zur Schule.«

Der Barkeeper drapierte ein halbes Dutzend Kirschen um den Rand meines Shirley Temple, und ich trank ihn langsam und wünschte dabei, Mrs. Peavey würde noch einmal zur Toilette gehen. Es war mir nie in den Sinn gekommen zu fragen, ob Mr. Peavey noch lebte oder wie er gestorben sei. An jenem Abend aber erhielt ich keine weiteren Informationen.

Mrs. Peavey kam am nächsten Tag nicht zurück. Auch nicht am übernächsten. Fast eine Woche lang kam ich von der Schule nach Hause, steckte meinen Schlüssel ins Schloß und fragte mich, was mich auf der anderen Seite der Tür erwarten würde. Zunächst pflegte ich meine Nase in die Diele zu stecken und erwartungsvoll zu schnüffeln, in der Hoffnung, daß es nach Essen riechen würde. Statt dessen war da nur meine mich zunehmend irritierende Mutter mit einer langen Liste von Gefallen, die ich ihr tun sollte, und es gab mal wieder Lammgeschnetzeltes zum Abendessen.

Am dritten Tag lief ich zum Schrank von Mrs. Peavey, um nachzuschauen, ob ihre Sachen noch da waren. Ich drückte mein Gesicht an die herunterhängenden Baumwollkleider mit ihren blassen kleinen Blümchen und sog den ermutigenden Geruch ein. Dann ging ich ins Schlafzimmer, wo meine Mutter ihr kurzen Nägel mit bläulich-rotem Nagellack bestrich, und fragte, ob ich das Abendessen machen dürfte.

»Du?« fragte sie und schwenkte ihre Hand hin und her, damit die Nägel trockneten. »Was willst du machen?«

»Wiener Schnitzel«, sagte ich mutig. »Und grünen Salat. Und zum Nachtisch Brownies.«

Meine Mutter sah belustigt aus. »Warum nicht?« sagte sie. Ich hielt meine Hand für das Geld auf, und sie nickte mit dem Kopf in Richtung auf ihre Nägel, und sagte mir, ich solle mir aus ihrem Geldbeutel nehmen, was ich bräuchte.

Ich nahm eine Zwanzig-Dollar-Note und ging die Straße hinauf zum Daitch Supermarkt am University Place. Als ich durch den Laden marschierte, erlebte ich ein wunderbares Gefühl der Freiheit. Ich kam mir sehr erwachsen vor, wie ich so die Gänge entlangging. Ich spazierte an der Fleischtheke vorbei und fand ein paar helle, mürbe Scheiben Kalbfleisch. Ich kaufte Semmelmehl und eine Zitrone; ich würde meinen Vater beeindrucken, indem ich sein Lieblingsgericht zubereitete.

Doch auf dem Nachhauseweg, als die Tasche mit den Einkäufen an mein Bein schlug, geriet ich in Panik. Ich hatte vergessen, den Fleischer darum zu bitten, das Fleisch zu klopfen, und ich wußte nicht, wie ich das selbst bewerkstelligen sollte. Und wie würde ich die Semmelbrösel dazu bringen, kleben zu bleiben? Meine Mutter würde keine Hilfe sein. Ich brauchte Mrs. Peavey.

Erstaunlicherweise war sie dort, als ich nach Hause kam. Die Luft in der Wohnung war dick, und es knisterte geradezu um meine Mutter und Mrs. Peavey herum, aber ich hatte das Gewitter verpaßt. Als ich in die Küche ging, nahm mir Mrs. Peavey die Einkaufstasche ab und sagte einfach: »Was werden wir zum Abendessen machen?«

»Ich gehe aus«, rief meine Mutter aus der Diele. Mrs. Peavey antwortete nicht. Meine Mutter knallte die Tür zu.

»Wiener Schnitzel«, sagte ich.

»Ah«, sagte Mrs. Peavey, »das Geheimnis ist, das Kalbfleisch dünn, und das Fett richtig heiß zu machen. Die Wiener sind wundervolle Köche.« Während sie in der Küche hantierte, summte sie ein deutsches Kinderlied von einem Pferd und einem Reiter.

»Wo waren Sie?« fragte ich. »Warum sind Sie nicht zurückgekommen?«

Mrs. Peavey nahm die große gußeiserne Pfanne aus dem Schrank und wickelte das Fleisch aus. »Hol etwas Backpapier«, ordnete sie an. Sie riß ein großes Stück von dem Papier ab und legte es auf die Arbeitsplatte. Darauf legte sie das Fleisch und dann ein weiteres Stück Papier obenauf. »Jetzt sieh zu«, befahl sie.

Sie schwang die Pfanne über ihren Kopf und ließ sie krachend auf das Fleisch heruntersausen. Der Donner setzte sich durch die kleine Küche fort. Sie nahm die Pfanne auf und zeigte mir, wie dünn das Fleisch war. »Das mußt du ein paarmal machen, damit das Fleisch ganz, ganz dünn wird«, sagte sie. »Das ist das Wichtigste.« Sie hob die Pfanne nochmals und donnerte sie auf das Papier; das Fleisch war noch dünner geworden.

Als das ganze Fleisch geklopft war, holte sie eine Platte und drei große Suppenteller aus dem Schrank. Einen Teller füllte sie mit Mehl, einen mit Semmelbröseln, und in den dritten schlug sie ein Ei. Nachdem sie jeden Teller mit Salz und Pfeffer gewürzt hatte, wendete sie die Schnitzel im Mehl und tauchte jedes in das Ei. Sie reichte mir das erste Schnitzel und sagte. »Du machst die Semmelbrösel.« Ich drehte das klebrige Stück Fleisch vorsichtig im Semmelmehl und legte es auf die Platte.

Als alles Fleisch paniert war, stellte Mrs. Peavey die Platte in den Kühlschrank. »Es wird sehr viel besser, wenn man das Fleisch ein wenig ruhen läßt, bevor man es zubereitet«, sagte sie, während sie ihre Hände wusch und an ihrer Schürze abtrocknete. »Vergiß das nicht. Dies ist das Lieblingsgericht deines Vaters, und wenigstens einer in diesem Haus sollte wissen, wie man es ordentlich zubereitet. Hier, ich werde dir das Rezept aufschreiben.«

Der Ton, wie sie dies sagte, gefiel mir gar nicht, und ich setzte mich auf einen der Metallrohrstühle und schaute ihr traurig zu, während sie schrieb.

Als sie fertig war, goß sie mir ein Glas Preiselbeersaft ein, füllte ihren silbernen Pokal mit Eis und Wasser und setzte sich an den Küchentisch. »Ich dachte, ich würde mehr Zeit haben, dir das zu erklären«, sagte sie schließlich. »Aber es ist nicht die Schuld deiner Mutter.«

»Was erklären?« fragte ich.

»Warum ich hier bin«, sagte sie einfach. »Warum ich gehe.«

Irgend etwas in mir hatte gewußt, daß sie nicht wie immer einfach zurückgekommen war. »Gehen Sie nicht weg von mir«, wollte ich sagen, aber ich konnte es nicht. Ich schaute sie bloß stumm an. »Ich kann kein Hausmädchen sein«, sagte sie. »Ich kann es einfach nicht. Es ist an der Zeit, daß ich etwas verändere.«

»Was werden Sie tun?« fragte ich.

Sie holte tief Atem und sah mir direkt ins Gesicht. »Ich werde das tun, was ich hätte tun sollen, als Mr. Peavey starb. Ich werde Köchin werden.«

Sie sah stolz und edel aus, als sie das sagte. Ich glaubte, daß sie das könnte. »Was ist mit Mr. Holly?« fragte ich.

»Er gehört nicht zu meinem Plan«, sagte sie sanft. »Ich werde auch andere Teile meines Lebens verändern müssen.«

Mir war nicht ganz klar, was sie damit meinte, aber ich stellte mir Mr. Holly in der anhaltenden Mitternacht vom Googie's vor. Dann stellte ich mir Mrs. Peavey in der großen gekachelten Küche in Baltimore vor. Das paßte nicht zusammen.

»Sie meinen, daß Sie nicht mehr zu Googie's gehen werden?« fragte ich.

»Das werde ich nicht«, antwortet sie. »Ich bin einer Organisation beigetreten, die mir helfen wird, meinem Entschluß treu zu bleiben.« Sie saß kerzengerade, als hätte sie eben jemand ermahnt, auf ihre Haltung zu achten. Sie faltete die Hände auf dem Tisch

»So«, sagte sie, »es gibt drei Dinge, die ich dir sagen möchte, bevor ich gehe. Das erste ist, daß du nicht zulassen darfst, daß andere dir sagen, wie du dein Leben zu leben hast.«

»Meinen Sie«, fragte ich, »daß Sie nicht hätten so tun sollen, als ob die Köchin gekocht hätte?«

»So ungefähr«, antwortete sie. »Das zweite ist, daß du für dich selbst sorgen mußt.« Ich dachte an ihre drei Söhne in der großen Limousine.

»Und das dritte?« fragte ich.

»Vergiß nie den zusätzlichen Teig, wenn du Beef Wellington machst.«

Sie beugte sich über den Tisch und umarmte mich. Dann nahm sie ihren silbernen Kelch auf und stieß damit heftig an mein Saftglas. Es klang rein und schön.

4
Auf dem Mars

Wenn man im Jahre 1960 nach Frankreich flog, gab es zunächst in Gander in Neufundland und dann in Shannon in Irland eine Zwischenlandung. Es war eine lange Reise.

Einem fast dreizehn Jahre alten Mädchen kam es noch länger vor. Wir verbrachten in jenem Jahr Weihnachten in Frankreich – der Dollar war stark, und meine Mutter hatte ein Sonderangebot im Ritz entdeckt.

Die beiden lebendigsten Erinnerungen, die ich an diese Reise habe, betreffen Haute Couture und Haute Cuisine. Die Verbindung zur Kleidung kam durch eine Frau namens Ginette Spanier, die *Directrice* des Maison Blamain. Mom war, wenn sie in der richtigen Laune war, die netteste Person der Welt; dann sprach sie mit jedem. Eines Abends saß sie neben Ginette in der Bar des Ritz, und das nächste, woran ich mich erinnere, ist, daß wir zur Rue François-Premier entführt wurden. »Sie haben ein Sonderangebot an Kleidern, die die Models auf dem Laufsteg getragen haben«, flüsterte Mom im Taxi aufgeregt. »Die werden dir perfekt passen.«

Das taten sie. Ich werde nie erfahren, was meine Mutter sich dachte, wo eine Dreizehnjährige das Kostüm tragen würde, das sie kaufte, aber sie konnte einem Sonderangebot einfach nicht widerstehen. Es war in der Tat ein wundervolles Kleidungsstück. Die rostfarbene Jacke hatte Lederknöpfe, und die grünkarierte Bluse war aus weicher Wolle und im Rücken geknöpft.

Der Rock war ebenfalls rostfarben, mit einem grünkarierten Band, das um den Saum lief; ich schaute ihn immer wieder an, um die Naht zu finden, aber soweit ich das erkennen konnte, handelte es sich um ein in einem Stück als Schlauch gewobenes Teil.

Meine Mutter war offensichtlich erfreut, sich in einem Hause der Haute Couture zu befinden. Ich konnte schon ihre Stimme hören, wie sie – ganz beiläufig – zu ihren Freundinnen sagte: »Als Ruthie und ich zur letzten Anprobe bei Balmain waren ...« Doch die Anproben dauerten Stunden.

Als wir zur letzten Anprobe gingen, sah Dad furchtbar elend aus; ich wußte, daß er sich viel lieber Kunst anschauen würde. Und plötzlich sagte Mom völlig unerwartet: »Ernst, warum gehst du nicht einfach?« Dad schaute mich über ihren Kopf hinweg hilflos an. Ich starrte zurück und dachte daran, wieviel netter es wäre, im Museum zu sein, als in diesem überhitzten Raum mit Frauen, die vor mir auf dem Boden krochen. Ich stellte mir vor, wie ich gleich Audrey Hepburn in *Ein süßer Fratz* die Stufen vor der Siegessäule hinunterschwebte. Dad und ich schauten einander an und zuckten dann gleichzeitig mit den Achseln. Ich saß fest; er nicht. Dad ging mit schuldbewußter Miene.

Die Anprobe dauerte so lange, daß wir direkt von Balmain zum Abendessen gehen mußten. Dad wartete im La Belle Aurore mit einem Glas Champagner in der Hand. Ich konnte die Furcht in seinen Augen sehen und wie er den Kopf vorsichtig etwas schräg hielt. Er fragte sich, welchen Preis er wohl dafür würde zahlen müssen, daß er sich vergnügt hatte. Als meine Mutter ihn verführerisch ansah und: »Champagner, was für eine gute Idee« sagte, sah er unglaublich erleichtert aus. Er sprang auf, um ihr den Stuhl heranzurücken.

Direkt unter der Oberfläche kochte immer eine Katastrophe, und wir genossen jeden friedlichen Augenblick, den wir mit meiner Mutter verbringen konnte. Zu jener Zeit begannen wir schon die Wahrheit zu ahnen, nämlich, daß meine Mutter manisch-depressiv war, aber keiner von uns beiden wußte, was man dagegen tun konnte. Als fünf Jahre später Lithium in unser Leben trat, waren wir zutiefst dankbar, denn bis dahin hatten wir in unserem innersten Herzen geglaubt, wir seien persönlich für die Launen meiner Mutter verantwortlich. Mom wußte nie, wer sie sein würde, wenn sie morgens erwachte, und Dad und ich tanzten um sie herum und taten unser Möglichstes, um Ärger zu vermeiden. Wenn wir das irgendwie schafften, waren wir so dankbar, daß wir vor Erleichterung überschwenglich wurden.

In solchen Momenten redete ich oft zuviel. So wie jetzt. »Ich wünschte, ich könnte so gut Französisch wie Daddy und du«, plapperte ich. Ich versuchte in erster Linie, ihr zu schmeicheln. Mom sprach noch aus den Jahren, die sie an der Sorbonne verbracht hatte, fließend Französisch, aber sogar ich merkte, daß ihr Akzent grauenhaft war. Über das Gesicht meiner Mutter ging ein kurzes Leuchten, und ich fragte mich, was sie wohl gerade dachte. Aber sie sagte nichts, und ich konzentrierte mich auf das Essen.

Das Menü, das wir bestellt hatten, war unglaublich reichhaltig, aber ich fand es perfekt. Wir aßen Hummersuppe, Seezungenfilet und ein Zitronen-Soufflé, das das Unglaublichste war, was ich je gegessen hatte. Ich mochte es so gern, daß Mom fragte, ob der Küchenchef uns das Rezept geben könne. »Mom!« sagte ich mit meinem Teenagerjaulen. Sie winkte ab.

»Das kannst du auch machen«, sagte sie.

Das hätte ich auch. Aber ich bekam nie die Gelegenheit dazu. Denn ein paar Wochen nachdem wir von Europa zurückgekehrt waren, schickte meine Mutter mich zum Mars.

Zitronen-Soufflé

Für 4-6 Personen

6 Eier
3 Eßlöffel Butter
3 Eßlöffel Mehl
3/4 Tasse Milch
1/4 Tasse Zitronensaft

1/2 Tasse Zucker
1 Teelöffel fein geriebene Zitronenschale
1 Teelöffel Vanille
eine Prise Salz

Heizen Sie den Ofen auf 225° vor.

Trennen Sie die Eier vorsichtig – wenn auch nur das kleinste bißchen Gelb im Eiweiß ist, wird dieses sich nicht richtig schlagen lassen, also achten Sie darauf, sie sorgfältig zu trennen, und geben Sie das Eiweiß in eine sehr saubere, trockene Schüssel. Sie werden alles Eiweiß benötigen, aber nur 4 Eigelb. Eier lassen sich am besten trennen, wenn sie kalt sind, aber man kann sie besser schlagen, wenn sie Zimmertemperatur haben, also nehmen Sie diesen Arbeitsschritt zuerst vor, damit die getrennten Eier dann Zeit haben, sich zu erwärmen.

Fetten Sie eine mittelgroße Souffléform gut ein. Werfen Sie eine Handvoll Zucker hinein und schütteln Sie die Souffléform, bis sie von einer dünnen Schicht Zucker überzogen ist. Schütteln sie den überschüssigen Zucker ab. Stellen Sie die Form beiseite.

Lassen Sie die Butter in einer großen Pfanne mit dickem Boden aus. Fügen Sie das Mehl hinzu und rühren Sie, bis alles gut vermischt ist. Rühren Sie langsam die Milch ein. Lassen Sie die Mischung unter Rühren so heiß werden, bis sie fast zu kochen beginnt und dick und glatt ist.

Fügen Sie den Zitronensaft hinzu und erhitzen Sie die Mischung weitere zwei Minuten lang. Nehmen Sie die Pfanne vom Feuer, rühren Sie die Vanille unter und lassen Sie alles ein wenig abkühlen.

Geben Sie die 4 Eigelb hinzu, eines nach dem anderen, und schlagen Sie die Masse, bis sich das Eigelb ganz aufgelöst hat, ehe Sie das nächste einrühren. Fügen Sie die Zitronenschale hinzu und stellen Sie dann die Pfanne wieder auf den Herd, um die Masse unter ständigem Rühren eine Minute lang bei mittlerer Hitze kochen zu lassen. Nehmen Sie die Pfanne vom Feuer und lassen Sie sie abkühlen.

Fügen Sie eine Prise Salz zu den 6 Eiweiß hinzu und schlagen Sie sie mit einem sauberen Mixer, bis sie weiche Hügel bilden. Rühren Sie ein Viertel des Eiweiß unter die Soße und heben Sie dann den Rest vorsichtig unter.

Gießen Sie alles in die Souffléform und stellen Sie diese auf die mittlere Schiene im Backofen. Drehen Sie die Hitze auf 200° herunter und lassen Sie die Form 25 bis 30 Minuten im Ofen, jedoch nicht länger, als bis die Oberfläche leicht gebräunt ist und das Soufflé ungefähr 5 Zentimeter über den Rand der Form aufgegangen ist.

Sogleich servieren.

Zwei Wochen nach meinem dreizehnten Geburtstag kamen Jeanie und ich von unseren Freundinnen umgeben kichernd aus der Junior-High-School. Es war ein Freitag, und wir hatten große Pläne. Eis mit heißer Karamelsoße und dann langsam über die Achte Straße schlendern und in die Schaufenster der Beatnik- und Juweliergeschäfte schauen.

Aber auf dem Bürgersteig wartete meine Mutter. Obwohl es Ende Januar war, trug sie ihren großen Strohhut mit den Mohnblumen, damit ich sie nicht übersehen konnte. Keiner konnte das. »Wir fahren übers Wochenende nach Montreal«, sagte sie. Neben ihr stand ein Koffer.

»Wow«, sagte Jeanie neidisch, »du Glückliche.« Dann lächelte sie tapfer und sagte mit leiser Stimme: »Viel Spaß«, und mir wurde klar, daß ihr Wochenende ruiniert war und sie mich darum beneidete, daß ich ein herrliches Abenteuer vor mir hatte. Ich war mir da nicht so sicher.

Wir nahmen den Zug und fuhren durch Felder, die immer weißer und blasser wurden, je weiter wir nach Norden kamen. Als wir die Grenze passierten, schneite es heftig, und die Grenzbeamten stampften mit den Füßen und bliesen in ihre Fäuste, als sie in den Zug kamen, und die Spitzen ihrer Ohren, die unter den Ohrschützern hervorschauten, waren rot. Meine Mutter flirtete ein wenig mit ihnen, als sie unsere Papiere vorzeigte. Ich zog mir meinen Mantel über den Kopf und schlief ein.

Als ich erwachte, fuhr der Zug im grauen Licht des frühen Morgens in den Bahnhof ein, und Mom legte Lippenstift auf, wobei sie das Fenster als Spiegel benutzte. Sie nahm ein wenig vom Lippenstift auf den Finger und bestrich damit ihre Wangen, als wäre es Rouge. »Ich sehe so müde aus«, erklärte sie. Noch verschlafen, fragte ich mich, für wen sie sich so aufdonnerte. »Gehen wir nicht in ein Hotel?« fragte ich.

»Später«, antwortete sie und bestieg ein Taxi.

Wir fuhren vor einem drei Etagen hohen Backsteingebäude vor, das an einer großen Straße stand. Auf der anderen Seite der Straße strömten Menschen die Stufen zu einer riesigen kuppelförmigen Kathedrale hinauf, aber auf unserer Seite war der Bürgersteig menschenleer, und es gab keine Schilder, die zeigten, worum es sich handelte. Dann öffnete meine Mutter die Tür des Taxis, und von der Rückseite des Gebäudes her wehte der Gesang von Kinderstimmen. Ich fiel in den Sitz zurück, weg von der Tür. Ich wünschte, das Taxi würde umkehren und zum Bahnhof zurückfahren.

Aber Mom zog mich hinter sich her, aus dem Auto heraus, durch ein Tor und dann zu einer Tür. Sie läutete. Eine große Frau mit einem Gesicht wie ein Adler und auf Kinnlänge geschnittenem Haar schaute mißtrauisch zu uns hinaus. »*Oui?*« fragte sie, während sie ein weißes Taschentuch ausschüttelte und es in den Ärmel ihrer blauen Strickjacke steckte. Der beißende Geruch von Desinfektionsmittel schlug mir entgegen; hinter der Frau konnte ich eine Reihe von Mädchen in blauen Uniformen schweigend auf einer Treppe aufgereiht stehen sehen. Es war wie in den Büchern von Charles Dickens, die wir in Mrs. Perrins Unterricht gelesen hatten. Ich schauderte. Das wenige Französisch, das ich beherrschte, entstammte den Büchern, die mir Mrs. Peavey vorgelesen hatte, deshalb konnte ich den Verhandlungen zwischen meiner Mutter und der Adlerfrau nicht folgen. Aber es war ziemlich klar, daß das hier eine Schule war, und noch klarer war, daß meine Mutter wollte, daß ich sie besuchte.

Draußen wartete das Taxi. Es hatte wieder zu schneien begonnen, und wir fuhren durch hübsche, in weiß gehüllte Straßen. Das Taxi hielt vor einem Hotel, das schimmerte und glänzte, als sei es mit Zucker überzogen. Meine Mutter rückte ihren Hut zurecht, als ein Page uns durch die Lobby mit der hohen Decke und dann durch lange, mit rotem Teppich ausgelegte Gänge führte.

»Warum?« fragte ich meine Mutter. »Warum muß ich dort hingehen?«

»In Paris hast du gesagt, daß du Französisch lernen willst«, antwortete sie.

»Ich meinte ja nicht ...«, sagte ich zögernd. Und dann: »Weiß Daddy von der Sache?«

»Du warst diejenige, die sagte, daß sie Französisch lernen wolle«, sagte Mom. »Und Daddy ist auch der Meinung, daß es dir in der Zukunft nutzen wird, wenn du eine Fremdsprache beherrschst.« Sie drehte sich um, als gäbe es nichts mehr zu sagen. »Schau dir doch bloß diese großartige Wanne an!« Sie fing an, alle Dosen und Schächtelchen in dem beeindruckenden Marmorbadezimmer zu öffnen, und dann gingen wir los, um den Nachmittag damit zu verbringen, Schuluniformen zu kaufen. Es handelte sich um abscheuliche marineblaue Trägerkleider mit drei großen Falten vorn, und ich haßte sie vom ersten Augenblick an.

Mom verbrachte das Wochenende damit zu versuchen, mich aufzuheitern. Sie ging mit mir essen. Sie nahm mich mit zu *My Fair Lady*. Und dann Sonntagabend, nach Gewürzgurken, Kartoffeln und einem großen blutigen Steak in dem berühmten Restaurant Moishe's in Montreal, mußte ich zu der Adlerfrau, und meine Mutter fuhr zurück nach New York.

Ich schaute ihr elend hinterher, als sich die Tür schloß. Ich fühlte mich leer und wurde von einer plötzlichen Übelkeit überwältigt. Der Geruch von Desinfektionsmitteln kämpfte mit dem von Bohnerwachs, als ich hinter der Adlergesichtigen die Treppe erklomm. Das Gebäude war alt, und die Empfangshalle, wo Mom von der *Directrice* erwartet worden war, hatte eine hohe Decke, verzierte Fensterscheiben und eine sich elegant windende Treppe – es wirkte wie der Eingang zu einem Pariser Wohnhaus der Jahrhundertwende. Ich umklammerte den verzierten Handlauf und zwang mich hinauf. Aber die Großartigkeit endete im zweiten Stock. Hier oben waren die

Stufen eng, und das Treppengeländer war nur noch ein praktisches Stück unbehandelten Holzes.

»Wuzät triiistö?« fragte die Adlergesichtige. »Nö plör pah. Tulö mo ätö trä jonti.« Sie plapperte über drei Stockwerke hoch und durch eine Diele hindurch unverständliches Zeug. Dann öffnete sie die Tür zu einem kleinen Zimmer mit krankenhausgrün gestrichenen Wänden, vergitterten Fenstern und drei Betten mit grauen Decken. Zwei runde Gesichter schauten mich an. »Lö nuvel fi«, sagte Adlergesicht, während sie mich durch die Tür schob. »El sapel rot.«

»Rot«, echoten die Mädchen und kamen zu mir.

»Was?« fragte ich.

»Rot!« beharrten sie und zeigten auf mich. Das Mädchen mit den langen dunklen Haaren zeigte auf sich selbst und sagte: »Janine.« Sie zeigte auf das andere mit kurzgeschnittenem Haar, runden rosigen Wangen und einer Brille und sagte: »Suzanne.« Dann wieder auf mich. »Rot!« beharrte sie. Schließlich begriff ich.

Das schien kein besonders vielversprechender Anfang zu sein. Auf dem Mars war sogar mein Name anders.

Zeit ihres Lebens fragte meine Mutter mindestens einmal im Jahr: »Bist du nicht froh, daß du Französisch sprechen kannst?« Sie fragte immer und immer wieder, in der Hoffnung, daß ich ihr schließlich die Antwort geben würde, die sie wünschte. »Absolutes Hineintauchen ist der einzige Weg, eine Sprache zu lernen«, pflegte sie selbstherrlich zu sagen. Das mochte ja sein, aber jedesmal, wenn sie es sagte, hatte ich den Geruch von Zwiebeln und Scheuerpulver in der Nase. Das Münztelefon am Collège Marie de France befand sich direkt neben der Küche, und ich stand jeden Abend dort an die Wand gedrückt und flehte meine Eltern an, mich nach Hause kommen zu lassen.

»Es sind ja nur fünf Monate«, sagte ich am ersten Abend zu mir selbst, als ich in dem großen gelben Badezimmer mit seinen nackten Glühbirnen in einem Verschlag hockte und weinte und mich selbst bemitleidete, weil es mir so elend erging. »Ich kann alles aushalten, wenn es nur fünf Monate sind.«

Am nächsten Morgen war ich sicher, daß ich mich täuschte. Wie erstarrt zog ich meine neue weiße Bluse und das marinefarbene Trägerkleid an und folgte den Mädchen durch die langen Korridore, die Treppen hinunter, durch die verzierte Eingangshalle und in den Speisesaal im Untergeschoß. Er hatte keine Fenster und enthielt lange, mit abwaschbaren Tischdecken bedeckte Biertische, und Tag und Nacht roch es dort nach gekochtem Fleisch.

Die Mädchen standen vor ihren Schüsseln mit Milchkaffee und warteten darauf, daß sich Mademoiselle Petit, die Hausmutter, setzte. Dann neigten sie ihre Köpfe, falteten die Hände und sangen ein Lied, das mit den Worten »Benny say noo, senior« begann. Ich starrte in den Milchkaffee. *»Mange!«* befahl Mademoiselle. Ich tippte mit den Fingern an die Seite der Schüssel und flüsterte: »Prost! Einen schönen Tag.« Und dann fing ich wieder an zu weinen. Die Mädchen um mich herum schauten peinlich berührt zur Seite. Nach dem Frühstück gingen die Internatskinder in die Aula, um sich mit den Tagesschülerinnen zu treffen und um die Marseillaise und die Kanadische Nationalhymne zu singen. Dann sagten sie das Schulgebet auf. *»Je vous salue, Marie, pleine de grâce«*, intonierten sie gemeinsam. Es vergingen Monate, bis ich daran dachte, die Worte einmal zu übersetzen, und noch mehr Monate, ehe ich realisierte, daß ich jeden Morgen treu und brav das Ave Maria gebetet hatte.

Als die Versammlung vorüber war, griff mich Janine, die sich anscheinend selbst zu meiner Beschützerin ernannt hatte, beim Ärmel und zog mich durch eine Halle. Da ich die rauhe Freiheit einer amerikanischen High-School gewohnt war, schockierte mich die Stille. Die Mädchen gingen leise, wenn sie auf dem Weg zu den Unterrichtsstunden waren, und nickten mit schweigsamer Höflichkeit jedesmal, wenn eine Lehrerin vorbeikam. Janine führte mich zu einem recht ordentlichen Klassenzimmer und schob mich an einen Tisch neben sich. Der Raum roch nach Ölheizung, nasser Wolle und Schweiß. Die Farben waren gänzlich monochromatisch, nichts von den fröhlichen Karten, Pflanzen und Zeichnungen, die es in meiner Schule gab. Alles erschien mir wie aus dem neunzehnten Jahrhundert.

Janine versuchte mir etwas zu sagen, aber natürlich war es für mich unverständlich. Als ich auf meine Uhr schaute, wurde mir klar, daß ich in genau dieser Minute vor einer Woche auf einem weit entfernten Planeten mit meiner Freundin Jeanie ins Klassenzimmer gegangen war. Sofort stiegen mir wieder die furchtbaren, peinlichen Tränen in die Kehle, und ich starrte zu Boden, in der Hoffnung, daß niemand es bemerken würde. Plötzlich wurde es im Raum totenstill.

»J'attends«, sagte eine eisige Stimme. Janine zerrte verzweifelt an meinem Ärmel. Ich schaute auf und begriff, daß alle anderen Mädchen standen. Ich sprang auf. Vor der Klasse stand eine kleine Frau, die mich mit einem Blick feindseliger Ablehnung musterte und ebenso farblos war wie das Klassenzimmer. Sie trug einen schwarzen Rock und eine graue Strickjacke, hatte kein Make-up aufgelegt, und sogar ihr kurzes glattes Haar schien keine besondere Farbe zu haben. Sie streckte ihren Zeigestock direkt in meine Richtung aus und äußerte einen Schwall von wütenden Worten. Janine sagte etwas, das offensichtlich meiner Verteidigung dienen sollte, und der Zeigestock sank herab. Nicht so der feindselige Blick. Madame Cartet schaute an mir herunter, schüttelte leise den Kopf und sagte: *»Bien. Asseyez-vous.«* Die Mädchen setzten sich alle gleichzeitig hin, als wären sie ein einziger Körper. Ich war einen kleinen Augenblick hinterher.

Der Unterricht ging ununterbrochen weiter. Mittagessen, noch mehr Unterricht, Bibliothek, Abendessen. Nichts machte irgendeinen Sinn für mich. Ich war auf dem Mars, wo kein Geräusch, kein Geruch, kein Gefühl mir vertraut war. Sogar meine eigenen Gedanken waren mir fremd geworden, und ich verabscheute das heulende Häufchen Elend, das ich geworden zu sein schien. Die meiste Zeit verbrachte ich damit, in meinem Tagebuch zu schreiben, mich selbst dafür zu tadeln, daß ich so unglücklich war und darauf zu warten, bis es an der Zeit war, zu Hause anzurufen. »Laßt mich zurückkommen«, flehte ich. Ich wußte, Dad wollte, daß ich zurückkam, aber es war immer meine Mutter, die das Telefon abnahm. Und die Antwort war immer dieselbe: nein. Dann kam der Freitag, und alle anderen Mädchen fuhren übers Wochenende weg. Die Stille war eine Erleichterung.

»*Ne quitte pas l'école*«, sagte Madame Petit. Ich zuckte mit den Schulter – ich verstand nicht. »*Ça alors!*« sagte Mademoiselle, indem sie mich die Stufen zum Eingang hinunterschob, und deutete dann auf die große Holztür. »*Ne quitte pas*«, wiederholte sie langsam, als würde sie mit einer tauben Person reden. Sie ging zur Tür, warf sich mit weit ausgestreckten Armen dagegen und schüttelte heftig den Kopf. Ich begriff.

Es war mir nicht in den Sinn gekommen, daß es außerhalb vom Mars auch noch ein Leben geben könnte, aber sie hatte mich auf etwas gebracht. »Was werden sie tun, mich von der Schule werfen?« sagte ich am nächsten Tag zu mir selbst, als ich die Tür des stillen, leeren Gebäudes öffnete. Ich schaute hinaus. »Mich zwingen, ein Wochenende in der Schule zu verbringen?«

Ich schlenderte die Queen Mary Road hinunter, beachtete die Kälte gar nicht und folgte fremden Menschen, weil es einfach so angenehm war, zu hören, was sie sagten. Als ich ein Kino mit einem englischen Plakat sah, ging ich hinein. Ich hätte mit dem größten Vergnügen jeden Film in der Sprache angeschaut, die ich beherrschte, aber ich hatte Glück. Es wurde *All Hands on Deck* gezeigt, und solange der Film lief, entführte mich seine seichte Fröhlichkeit. Dann ging das Licht wieder an, und um mich herum machten alle Leute Pläne für den Rest des Tages. Ich fühlte mich befangen, schämte mich für mich selbst: Alle anderen schienen ein Ziel zu haben, schienen etwas vorzuhaben und einen Menschen, mit dem zusammen sie es tun konnten.

Ich versuchte so zu tun, als sei ich nur kurzfristig allein und in Wirklichkeit auf dem Weg, eine Freundin zu treffen. So aufrecht wie ich nur konnte betrat ich den nächsten Deli. Der Geruch von Dill, Pfeffer und Knoblauch überfiel mich, beruhigend und vertraut. Ich setzte mich an die Bar und schaute dem Koch zu, wie er dampfende Teile von glitzerndem rosafarbenem Fleisch aus wassergefüllten Fässern holte. Ich fragte mich, was das wohl sei.

»Geräuchertes Fleisch?« fragte der Koch. Er sprach Englisch! Ich nickte.

»Fett oder mager?« fragte er.

»Fett?« fragte ich.

»Fett ist besser«, stimmte er zu und beugte sich vor, um ein Stück Fleisch auf seine Gabel zu spießen. Er legte es auf die Arbeitsplatte und begann zu schneiden, so daß die rosigen Streifen wie Bänder von seinem Messer abfielen. Er schaufelte sie auf ein Stück Roggenbrot, legte eine dick mit Senf bestrichene Scheibe Brot obenauf und schob mir alles über den Tresen zu. Der süß-salzige Haufen Fleisch war das Beste, was ich je gegessen hatte. Ich bestellte noch eines, das ich sehr langsam aß, damit es länger vorhielt. Und ein drittes. »Für ein kleines Mädchen putzt du ganz schön was weg«, sagte der Mann hinterm Tresen bewundernd.

Gleich nebenan war eine Bäckerei, in der ich zwei Dutzend französische Leckereien kaufte, die mir über das Wochenende helfen sollten. Ich verbrachte den ganzen Sonntag im Bett, las *Vom Winde verweht*, aß Kuchen und bemitleidete mich selbst. Mit Zucker, Fett und der Freude am Englischen vollgefressen, kehrte ich langsam auf die Erde zurück. Dann kamen meine Zimmergenossinnen wieder, und das Leben auf dem Mars begann erneut.

»Mir ist jetzt klar«, schrieb ich in mein Tagebuch, »daß ich so bin wie die Puertoricaner, die in unsere Schulen in New York kommen. Abgesehen davon, daß wir dort nicht im entferntesten so nett sind. Die Kinder hier sind wirklich lieb, sie helfen mir alle mit meiner Arbeit und machen sich nichts draus, wenn ich das allerdümmste Französisch rede, was fast die ganze Zeit der Fall ist. Françoise, die neben mir sitzt, versucht mir beim Schreiben zu helfen. Aber ich glaube nicht, daß ich es je packen werde.«

Madame Cartet war ganz sicher, daß ich es nie schaffen würde. Sie benahm sich, als wäre ich ein langsamer und störrischer Fremder, der ihr aufgezwungen worden war, und wenn sie die Noten der Klassenarbeiten verkündete, schien sie immer entsetzt zu sein. *»Zéro, une fois de plus pour Mademoiselle Reichl«*, pflegte sie mitleidig zu sagen, als ob jeder mit durchschnittlicher Intelligenz begabte Mensch inzwischen gelernt haben würde, Französisch zu sprechen und erst recht zu schreiben.

Einige der Mädchen in der Klasse taten es ihr nach. Am schlimmsten war die Tochter eines Bankiers, Béatrice, das reichste Mädchen der Schule. Ihr Vater war angeblich gut bekannt mit General de Gaulle. Sie hatte nie das Wort an mich gerichtet, aber sie hatte meine geheime Kiste mit Süßigkeiten, Kuchen und Büchern entdeckt und quälte mich, indem, sie sie versteckte. Ich wußte, daß sie es war, denn sie hatte einmal um mich zu provozieren in meiner Gegenwart genüßlich ein Eclair gegessen. Ich zuckte nur mit den Achseln. Ich hatte sie auch in Verdacht, daß sie meine Post stahl, aber ich konnte nichts machen. Das Komische ist, daß ich, wenn sie nicht so gemein zu mir gewesen wäre, sie bewundert hätte. Sie sammelte unentwegt *mauvaises notes*, weil sie im Unterricht schwatzte, weil sie nicht vorbereitet war, und einmal, weil sie es wagte, Widerworte zu geben, als Madame Cartet von australischen Wilden sprach.

»Das sind keine Wilden!« sagte Béatrice. »Ich war schon einmal dort.« Ein kleiner Aufschrei ging durch die Klasse. Französische Mädchen taten ihre eigene Meinung niemals kund, sie plapperten einfach die der Lehrer nach. Und ganz gewiß widersprach ein französisches Mädchen niemals einem Erwachsenen, und deshalb schien Madame Cartet auch eher verwirrt als wütend zu sein.

»Die Aborigines sind keine Christen«, sagte sie mit fester Stimme, »wir werden nicht weiter darüber diskutieren. Sechs für Betragen, und dies wird dir einen Samstag in der Schule einbringen.«

Mir sank der Mut. Ich hatte begonnen, Gefallen an meinen einsamen Kuchen-Wochenenden zu finden, und ich wollte nicht, daß Béatrice mir nachspionierte. Aber sie schien das alles nicht zu rühren, sie warf ihre blonde Mähne in den Nacken und sagte finster: *»Nous verrons!«* Béatrice fuhr jedes Wochenende nach Hause.

Als der Freitag kam, hatte ich Madame Cartets Drohung schon vergessen, und nachdem die Schule sich geleert hatte, war ich sehr erstaunt, eine Treppe tiefer jemanden weinen zu hören. Ich ging dem Geräusch nach und fand Béatrice auf ihrem Bett liegen. »*Va t'en!*« sagte sie wütend. Ich machte kehrt und rannte zurück auf die dritte Etage.

Ich schlug die Tür hinter mir zu, nahm *Suzie Wong* aus dem Wäschekorb, wo ich das Buch versteckt hatte und holte ein paar Cremetörtchen unter dem Bett hervor. Sie waren eine Woche alt, aber das machte mir nichts aus. Ich griff gerade nach dem letzten, als Béatrice hereinkam.

»Gib mir das!« sagte sie und langte nach dem Kuchen. Ihr lockiges blondes Haar war zerzaust, ihre Augen waren rot und ihre sonst immer so ordentliche blaue Uniform zerknittert. Sie stopfte sich das Cremetörtchen in den Mund und schluckte es mit einemmal hinunter.

»Hat dir deine Mutter die geschickt?«

Ich schüttelte den Kopf.

»Woher sind sie?« beharrte sie.

»Eine Konditorei die Straße hinunter«, sagte ich.

»Bring mich hin«, befahl sie.

»Jetzt?« fragte ich. »Es ist schon fast dunkel. Sie werden außer sich sein vor Wut, wenn wir abends weggehen.«

Béatrice zuckte mit den Achseln. »Was sollen sie schon tun?« fragte sie. »Unsere Eltern anrufen? Die Petit wird viel zuviel Angst haben, ihnen mitzuteilen, daß sie uns aus den Augen verloren hat. Sie wird nur die Hände ringen und Mitleid heischend dreinschauen. Laß uns gehen!«

Das war die längste Konversation, die ich je auf Französisch gehalten hatte, und ich hätte Béatrice überall hingebracht, nur um sie am Reden zu halten. Die Straßenlaternen gingen gerade an, als wir die verschneite Straße entlangschlenderten, und ich erzählte Béatrice von Sandwiches mit geräuchertem Fleisch und dem englischen Kino. »Wir gehen morgen hin«, sagte sie zuversichtlich. Ich argumentierte nicht mit ihr.

»Ich bin ja so froh, daß du jemanden zum Spielen gefunden hast«, sagte Mademoiselle Petit am nächsten Morgen beim Frühstück.

»Sie redet, als würden wir jetzt rausgehen und Springseil springen«, flüsterte Béatrice. »Wieviel Geld hast du?«

Ich war zu dankbar über ihre Gegenwart, als daß ich sie gefragt hätte, warum wir *mein* Geld ausgaben, aber es war genug, um einen Tag lang zu essen. Wir fingen im Deli an. Ich übersetzte. »Sie hat noch niemals geräuchertes Fleisch gegessen«, vertraute ich meinem Freund hinter dem Tresen an.

»Niemals?« fragte er voll Entsetzen. Sein Messer blitzte, als er das Fleisch extra dick aufhäufelte. Béatrice schüttelte den Kopf. »Nümalls«, sagte sie mit einem starken französischen Akzent.

»Ißt sie so viel wie du?« fragte er. Das tat sie.

Danach gingen wir nebenan in die Konditorei und dann die Straße hinunter zu einem kleinen chinesischen Restaurant. Béatrice hatte auch noch nie chinesisch gegessen, und ich machte sie mit den Freuden von Frühlingsrollen, gebratenem Reis und Chop Suey bekannt. »*C'est superbe!*« rief sie. »Welche seltsamen Arten von Essen kennst du noch?«

Ein Mädchen, das noch nie eine Frühlingsrolle gegessen hatte, mußte meiner Meinung nach ziemlich komisch erzogen worden sein. Ich grübelte darüber nach, welche anderen exotischen Dinge ich noch in Montreal kannte, aber das einzige Restaurant, das ich besucht hatte, war Moishe's gewesen.

Wir spazierten drauflos, glücklich, von der Schule weg zu sein, glücklich, zusammenzusein, und ohne besonderes Ziel. Am Ende hatten wir noch mehr geräuchertes Fleisch gegessen – jeder Coffee Shop in Montreal hatte seine drei Fässer mit dampfendem gepökelten Fleisch. Wir kamen heraus, gingen ein wenig weiter und kauften Tüten mit Pommes Frites. Als die aufgegessen waren, gingen wir in ein Süßigkeitengeschäft und kauften eine Schachtel schokoladeüberzogener Kirschen mit Stengeln. Nachdem wir diese weggeputzt hatten, fanden wir eine Konditorei. Ich kaufte ein Dutzend Eclairs, Béatrice, abenteuerlustiger als ich, bat um eins von jedem. »Wir werden sie probieren und sehen, welche am besten sind«, sagte sie. »Und dann können wir morgen wiederkommen und noch mehr kaufen.«

Ich war gespannt, ob Béatrice mich wieder links liegenlassen würde, wenn die anderen Mädchen zurückkamen. Als sie am Sonntagabend in die Schule strömten, sandten sie bedeutsame Blicke in meine Richtung und sagten im Chor: *»Pauvre toi«* zu Béatrice. Aber sie sah sehr zufrieden aus und antwortete: *»Pas du tout«*. Und dann verkündete sie, daß es solch einen Spaß machte, in der Schule zu bleiben, daß sie vorhabe, das am kommenden Wochenende wieder zu tun.

Ihre Eltern hatten andere Vorstellungen. Sie wollten, daß sie nach Hause käme, und als sie ihnen von der armen einsamen Amerikanerin an der Schule erzählte, bestanden sie darauf, daß ich mitkam. Und so war ich dabei, als die anderen Mädchen am folgenden Freitag in Richtung Bahnhof gingen.

Im Zug nach Ottawa waren wir zu zwölft: die Tochter des französischen Botschafters, die Mädchen des haitianischen Botschafters und die Töchter von weniger bedeutenden Leuten, die alle irgend etwas mit verschiedenen Botschaften zu tun hatten. Wir lachten und kreischten und machten die Sorte Lärm, die nur Teenager machen können, als plötzlich eine Frau am anderen Ende des Wagens sich ihrem Begleiter zuwandte und mit einer kalten, hohen und mißgelaunten englischen Stimme sagte: »Diese Franzosen ...« Ich erstarrte. Ich begriff, daß ich ohne darüber nachzudenken tatsächlich die Sprache der anderen Mädchen gesprochen hatte.

Freundliche Gruppen von Eltern sammelten ihre Mädchen mit Umarmungen und Lachen ein. Für uns war ein Chauffeur da, der an seine Mütze tippte, *»Bonjour, Mesdemoiselles«* sagte und unser Gepäck aufnahm. Mir wurde klar, daß ich das Wochenende im Hause eines Millionärs verbringen würde.

Der Chauffeur brachte uns zu einem großen, von einer Mauer umgebenen Haus, das in einem eigenen Park gelegen war. Es wirkte bedrohlich, aber noch lange nicht so bedrohlich wie Béatrices Mutter. Tadellos und elegant, schaute Madame du Croix fragend auf das zerknautschte Kostüm ihrer Tochter und mein zerzaustes Haar. Sie küßte Béatrice auf beide Wangen und schüttelte mir die Hand. Aber der größte Schock kam, als Béatrice uns einander vorstellte. *»Je voudrais vous presenter ma copine Rot«*, sagte sie förmlich. Solange ich sie kannte, habe ich sie ihre Eltern niemals duzen hören.

Béatrice mochte vielleicht im selben Haus leben wie ihre

Eltern, doch sie schienen kaum dieselbe Luft zu atmen. Sie lebten in einer abgeteilten Erwachsenenwelt, zwei Etagen unter den Räumen der Kinder. Die einzige Gelegenheit, zu der die beiden Welten zusammenkamen, war bei den Mahlzeiten.

»*Vôtre père est au travail*«, sagte Madame du Croix beim Frühstück. Sie neigte ihren Kopf und sprach das Dankgebet. Dann brachte ein Mädchen mit schwarzem Kleid, weißer Schürze und einem Spitzenhäubchen Krüge mit Kaffee und heißer Milch. Während Madame den Milchkaffee eingoß, bestrich das Mädchen Baguettes mit Butter und reichte frische Brötchen herum. Dann ging sie mit glitzernden Schüsseln selbstgemachter Marmelade um den Tisch. Derweil befragte Madame Béatrice über ihre Woche in der Schule. Ich hoffte, daß die Mahlzeit bald vorüber sein möge.

Wir verbrachten den Vormittag im Hof und vergaßen, daß wir zu vornehm waren, um Fangen zu spielen und im Dreck zu graben. Erst als Béatrice sagte, daß wir uns zum Essen umziehen müßten, begann ich mir Sorgen darüber zu machen, was mich erwartete. Ich sah zu, wie sie ihr Gesicht und ihre Hände wusch, ihre Fingernägel säuberte und mit ihrem Haar kämpfte. Dann legte sie eine frische weiße Bluse und einen gebügelten Rock an, der unserer Schuluniform sehr ähnlich war. Ich zog mein rotes Kleid aus Kordsamt an und bürstete wütend auf dem Durcheinander auf meinem Kopf herum. Es war hoffnungslos.

Monsieur du Croix saß am Kopf des langen Tisches. »*Papa!*« sagte Béatrice glücklich. Er stand auf, um sie zu küssen, und ich sah, wie klein er war. Trotzdem war er mit seinem schneeweißen Haar und den saphirblauen Augen eine eindrucksvolle Erscheinung.

»*Asseyez-vous*«, befahl er, nahm eine Schöpfkelle, die neben seinem Teller lag, und tauchte sie in eine Terrine mit Suppe. Vor ihm stand ein Butler und hielt einen Teller bereit, und er goß ihn langsam mit einer dicken orangefarbenen Flüssigkeit voll. Dann ging der Butler mit ernster Miene um den Tisch herum und verteilte die Teller nach Alter und Rangordnung. Die Suppe duftete und dampfte einladend. Ich saß erstarrt da und wartete darauf, daß Madame du Croix ihren Löffel erhob.

Schließlich tat sie es. Ich tauchte meinen eigenen in die dicke Flüssigkeit und brachte ihn zum Mund. Schon beim ersten Schluck wurde mir klar, daß ich bisher niemals wirklich gegessen hatte. Der erste Geschmack war reine Karotte, gefolgt von Sahne, Butter und ein wenig Muskat. Dann schluckte ich, und meine Kehle war erfüllt vom Echo eines reichen Hühnerfonds. Ich nahm einen weiteren Schluck, und alles begann wieder von vorn. Ich aß wie im Traum.

Der Butler stellte einen Rostbraten vor Béatrices Vater ab, während das Mädchen unsere leeren Teller abräumte. Das Fleisch wurde langsam geschnitten. Dann bewegte sich der Butler wieder majestätisch um den Tisch und teilte das Fleisch aus.

Es war einfach nur ein Stück Filet. Aber ich hatte niemals etwas derartiges wie diese Sauce gegessen, eine Mischung aus rotem Wein, Mark, Butter, Kräutern und Pilzen. Es war wie der Herbst, auf einem Löffel konzentriert. Ein Schauer lief mir den Rücken herunter. »Diese Sauce!« rief ich unwillkürlich aus. Der Klang meiner Worte echote durch die höfliche Konversation bei Tisch, und ich legte die Hand auf den Mund. Monsieur du Croix lachte.

»Deine Freundin ißt gern«, sagte er zu Béatrice. Er schien erfreut. Er hielt die Pommes Soufflés hoch, die der Butler auf seinen Teller gelegt hatte, und sagte: »Die werden dir auch schmecken, denke ich.«

Er bat den Butler, mich sogleich zu bedienen, außerhalb der Reihenfolge.

»Probiere!« befahl er. Ich steckte das Häuflein Kartoffel in den Mund. Es war ein magisches Stück Kartoffel, ein knuspriger Mund voll heißer Luft, Salz und Gewürz. Mein Gesicht muß mich verraten haben, denn Monsieur lächelte wieder. »Unglaublich, nicht?« fragte er.

»Unglaublich, ja!« rief ich.

Monsieur wandte sich seiner Frau zu. »Dieses Kind ißt gern!« sagte er noch einmal. Sie schenkte ihm ein dünnes, freudloses Lächeln. Er winkte mir zu. »Ich glaube, du wirst den Nachtisch mögen«, sagte er. »Es ist gerade ein ganzes Rad Brie aus der Île-de-France eingetroffen. Hast du jemals einen echten französischen Brie probiert?«

Das hatte ich nicht. Er schnitt mir ein großes Dreieck herunter, das appetitlich am Messer entlangfloß, und setzte es auf einen Teller. Dann umgab er es mit ein paar Weintrauben (»Aus Sizilien«, murmelte er fast zu sich selbst, »nicht diese traurigen, sauren kanadischen Früchte«) und bat den Butler, mir den Teller zu bringen. »Iß mit deiner Gabel«, befahl Monsieur, »auf Brot wäre er verschwendet.«

Ich schnitt gehorsam ein Stück ab und entfernte dabei sorgfältig die Rinde, wie ich es immer gesehen hatte. »Nein, nein, nein«, sagte Monsieur du Croix ärgerlich. Ich schrak zusammen. »Iß die Schale«, sagte er. »Sie ist Teil des Erlebnisses. Glaubst du, der Käsemacher hat hiermit zehn Wochen verbracht, nur damit du jetzt die Hälfte seiner Bemühungen wegwirfst?«

»*Bien sûr*«, sagte ich schwach, während ich die Rinde aufspießte. Ich fühlte, wie Monsieur du Croix mich beobachtete, während ich den starken, glitschigen Käse aß. Er war so kräftig, daß ich spürte, wie meine Ohren rot wurden. Es prickelte mir im Nacken. Ich schloß die Augen. Als ich sie wieder öffnete, beobachtete mich Monsieur du Croix wie ein Lehrer einen besonders begabten Schüler beobachtet. Nach zwei Monaten bei Madame Cartet war das ein gutes Gefühl.

Als wir an diesem Abend zum Essen herunterkamen, war der Tisch wieder für vier Personen gedeckt. Béatrice sah erstaunt aus. Ihre Eltern kamen herein, und sie wandte sich ihrer Mutter zu und fragte: »*Vous mangez avec nous ce soir?*«

»*Monsieur désire dîner avec les enfants*«, sagte Madame, und indem sie den formellen Namen ihres Mannes verwendete, machte sie klar, daß es nicht ihr Wunsch war, mit den Kindern zu essen.

Ihr Mann kam herein und rieb sich fröhlich die Hände. »Heute abend«, sagte er, »werden wir ein wirklich außergewöhnliches Abendessen haben.« Er drehte sich zu mir. »Hast du Erfahrungen mit Foie gras?«

Hatte ich nicht. Seine Augen knitterten sich vor Freude

zusammen, als der Butler jedem von uns einen Teller mit einem dicken rosafarbenen Viereck und einer kleinen Menge von etwas, das aussah wie winzige glitzernde Topase, servierte. Das Mädchen folgte ihm und bot Toast an. So etwas hatte ich noch nie gesehen, aber ich beobachtete Béatrice und machte alles genau wie sie. Sie nahm ihr Messer und schnitt ein Stück von dem Viereck ab. Das legte sie auf den Toast, fügte ein paar von den Edelsteinen hinzu und nahm einen Bissen. Ich tat dasselbe, und mein Mund wurde von so vielen Sensationen überflutet, daß ich sie kaum alle zur selben Zeit aufnehmen konnte. Als die luxuriöse Zartheit der Leber mich überwältigte, fühlte ich, wie mir die Tränen in die Augen schossen. Ich schluckte, sprachlos, und sah, wie mich Monsieur du Croix mit unverhülltem Vergnügen beobachtete.

»*Cést bon, oui?*« fragte er. Ich nickte.

Der Butler erschien mit einer ganzen Seezunge auf einer Platte. »Das Natürliche«, sagte Monsieur, als der Butler begann, den großen, flachen Fisch zu entgräten. »Du wirst sehen, wie einfach und köstlich das ist.«

Noch nie hatte ich einen solchen Fisch gegessen. »Wenn Fisch immer so wäre«, sagte ich, »dann würde ich Fisch mögen.« Monsieur lachte. Madame sah noch säuerlicher aus als zuvor, und ich fragte mich, was sie so unfroh machte. Dann kam der nächste Gang, und ich hörte auf nachzudenken.

»Was ist das?« fragte ich, als ich etwas anschaute, das aussah wie ein gigantischer venezianischer Briefbeschwerer auf einer Platte. Es glitzerte und glänzte, ein Dom, ganz aus Gemüse gemacht.

»Eine Rebhuhn-Chartreuse«, sagte Monsieur du Croix. »Nur wenige Leute können sie richtig machen, aber unser Chef ist ein Meister darin.«

»Es ist so schön, daß es eine Schande wäre, es zu essen«, sagte ich, in der Hoffnung, daß er das wunderschöne Stilleben aus Karotten, Erbsen und Bohnen nicht zerstören würde.

»Und ein Verbrechen, es nicht zu tun«, sagte Monsieur du Croix mit fester Stimme und schnitt mit einem Messer in den Dom. »Essen ist dazu da, gegessen zu werden.«

Nach der Chartreuse gab es einen einfachen grünen Salat.

»Wir haben ein Gewächshaus nur für den Salat«, sagte Monsieur, während er ihn mischte. »Und wir bringen das Olivenöl und den Essig aus Frankreich mit. Das Fleisch hier in Kanada ist sehr gut, aber das Olivenöl ist ungenießbar.« Er überreichte dem Butler einen Teller mit Salat, um ihn zu seiner Frau zu bringen.

Er wandte sich mir zu. »Hast du schon einmal Soufflé gegessen?« fragte er. Ich dachte an das La Belle Aurore, aber ich hörte mich selbst sagen: »Nein, niemals.«

Ich wurde mit einem breiten Lächeln belohnt. Monsieur drehte sich zu seiner Frau und sagte glücklich: »Was für ein Vergnügen, ein Kind sein erstes Soufflé essen zu sehen!« Sie senkte ihren Kopf mit königlicher Zustimmung. Er zwinkerte mir zu.

»Schließe deine Augen«, befahl er, als ich den ersten Bissen nahm. Ich tat es, und mein Mund schloß sich über der heißen, duftenden Luft, um gleich wieder leer zu sein. Aber der Geschmack blieb, und in meinem Mund hallte das Aroma der Schokolade nach. Ich nahm noch einen Bissen und hoffte, daß ich die Masse ein wenig länger würde am Gaumen halten können. Ich konnte es nicht, aber ich hörte nicht auf, es mit geschlossenen Augen zu versuchen, bis schließlich mein Löffel auf dem Teller nichts mehr vorfand.

»Eßt ihr immer so?« fragte ich Béatrice, nachdem wir uns bei ihrer Mutter für das Essen bedankt und uns wieder hinauf in die Räume der Kinder begeben hatten.

»O nein«, sagte sie, »nur wenn ich mit meinen Eltern esse. Und das geschieht sehr selten.«

Aber am Sonntag war der Tisch wieder für vier Personen gedeckt, und Monsieur du Croix lächelte voller Vorfreude. Das erste Gericht war eine klare Consommé, die schmeckte, als wären Millionen Hühner gestorben, um sie zu ermöglichen. Während ich sie aß, mußte ich plötzlich lachen, und Monsieur schaute fragend in meine Richtung. Ich wußte nicht, was ich sagen sollte – ich hatte an eines der Preisgerichte meiner Mutter gedacht, Hühnersuppe in der Dose, so lange abgekühlt, bis sie dick wurde, dann mit Sauerrahm und Lachskaviar aus dem Supermarkt versehen. Ich mußte irgend etwas sagen, also plapperte ich los: »Ich habe mich gefragt, was passiert, wenn man diese Suppe kühlt.« Monsieur schaute zum Himmel und rief aus: »Sie denkt sogar wie ein Gourmet!«

»*Ris de veau à la financière!*« kündigte er als nächstes an. Das war eines der Gerichte vom Hochzeitsmenü von Tante Birdie, aber ich hatte es nie probiert. Alice mochte kein Bries. »Pankreas!« pflegte sie zu sagen, als sei die Vorstellung völlig absurd. Mein Magen drehte sich ein wenig um, aber ich mochte Monsieur du Croix nicht enttäuschen und griff entschlossen nach meiner Gabel. »Wer könnte so etwas nicht mögen?« dachte ich bei mir selbst, als ich das Weiche des Bries gegen den Teigmantel genoß. »Es ist wundervoll!« rief ich.

»Du mußt deine Freundin unbedingt wieder mitbringen«, sagte Monsieur du Croix zu Béatrice.

»*Oui, Papa*«, antwortete sie gehorsam. Als wir die Treppe hinaufgingen, um unsere Sachen zu packen, sagte sie: »Du kommst doch wieder mit, oder?« Als wir im Zug saßen, sagte sie es noch einmal. Der Chauffeur hatte jeder von uns im letzten Moment noch ein Päckchen gegeben. Darin war ein Dutzend Küchlein, die weitaus schöner aussahen als alles, was wir in den Konditoreien gesehen hatten. »Ich glaube, mein Vater mag dich«, sagte Béatrice einfach.

Ich fuhr am nächsten Wochenende wieder mit dorthin, und am Wochenende danach, und von da an wurde einfach angenommen, daß, wenn Béatrice das Wochenende zu Hause verbrachte, ich sie begleitete. Von ihrer Mutter sahen wir recht wenig, doch ihr Vater aß fast immer mit uns. Er nannte uns »*mes deux filles*« und suchte uns bei jedem Essen zu erfreuen und zu überraschen, indem er uns mit Kaviar, Hummersuppe und glasierten Maronen bekannt machte.

»Wie langweilig!« sagte Béatrice. »Ich wünschte, er würde sich für Sport interessieren.« Doch ich merkte inzwischen, daß ihre Rebellion nur aufgesetzt war und daß sie insgeheim nur zu gern die Aufmerksamkeit ihrer Vaters genoß. »Hilfst du mir, etwas zu seinem Geburtstag zu backen?« fragte sie, und wir fingen an, diverse Kochbücher durchzukämmen auf der Suche nach etwas, das ihm Freude bereiten könnte. »Wie wäre es mit einem Zitronensoufflé?« fragte ich und erinnerte mich an das Rezept vom La Belle Aurore.

»Ist das nicht zu schwer? Er würde sich ja so freuen.«

Ich war nicht erfahren genug, um zu wissen, daß Soufflés wirklich schwer zu machen sind, und das Rezept, das Béatrice fand, war sehr präzise. »Wieso sollen wir denn die Schüssel mit Zitrone auswischen?« fragte ich.

»Weil«, antwortete Béatrice mit Nachdruck, »weil das Eiweiß sich nicht richtig schlagen lassen wird, wenn das kleinste bißchen Schmutz in der Schüssel ist.«

»Woher weißt du das?« fragte ich.

Sie gab mir keine Antwort. »Außerdem müssen wir darauf achten, daß oben auf dem Soufflé keine Butter ist«, sagte sie von oben herab. »Denn dann wird die Kruste nicht nachgeben, wenn es aufgeht.« Mir wurde klar, daß sie insgeheim ein paar Erkundigungen über die Sache eingezogen hatte.

Monsieur du Croix verbeugte sich, als wir das Soufflé ins Eßzimmer trugen. Sogar Madame du Croix lächelte. Béatrice wurde rot vor Freude. »Ich glaube, das ist das erste Geschenk, daß ich ihm je gemacht habe, das ihm wirklich Freude bereitet hat«, sagte sie später, als wir im Bett lagen. Sogar in der Dunkelheit konnte ich das Lachen in ihrer Stimme hören.

Es hatte meine Stellung an der Schule verbessert, daß ich Béatrice zur Freundin hatte. Und ich hatte genug Französisch gelernt, um im Unterricht mitzuhalten. Die erste Maiwoche verbrachte ich damit, ein Gedicht von Ronsard auswendig zu lernen, und als Madame Cartet mich in der Stunde aufrief, begann ich: *»Mignonne, allons voir si la rose«*, und mir wurde plötzlich klar, daß ich alles, jedes Wort, korrekt wiedergeben würde. Als ich fertig war, ging ein Seufzer durch die Klasse, und ich wußte, daß alle bei mir gewesen waren und gemeinsam den Atem angehalten hatten, als die Rose auf dem Weinstock verwelkte. *»Vingt!«* sagte Madame Cartet. Und es klang tatsächlich so, als sei sie befriedigt, mir eine so gute Note geben zu können.

Doch ich war nicht die einzige, die ihre Hausaufgaben machte. Während eines Mittagessens Ende Mai begann Monsieur du Croix über den bevorstehenden Sommer zu sprechen und über sein bevorzugtes Gemüse, die Tomate. »Nein, Papa«, sagte Béatrice, »die Tomate ist eine Frucht, kein Gemüse.« Monsieur sah leicht erstaunt aus, und dann, während er die Hand ausstreckte, um ihr übers Haar zu streichen, sagte er: »Entschuldige bitte.«

»Du hast dich schlau gemacht!« sagte ich, als wir die Treppe hinaufgingen. Béatrice wurde rot. »Er hat noch nie wirklich mit mir geredet«, sagte sie leise.

Und dann war es plötzlich Juni. Die Schule war vorbei. Ich sprach Französisch. Ich konnte nach Hause fahren.

Ich war nicht im entferntesten so glücklich, wie ich erwartet hatte.

»Du kommst doch wieder, oder?« fragte Béatrice. Ich hatte nicht über die Zukunft nachgedacht, doch jetzt tat ich es. Ich dachte an meine Freundinnen in New York. Jeanie erschien mir plötzlich hoffnungslos gewöhnlich. Ich dachte an unsere kleine Wohnung mit ihrer Badewanne, von der das Gold abblätterte. Ich dachte an die Launen meiner Mutter und ihre giftigen Schweinereien.

»Ja«, sagte ich, »ich komme wieder.«

5
Der Teufelskuchen

Und ich kam wieder. Doch nach drei Jahren in einer französischen Schule hatte ich genug von Mädchen und Uniformen und katholischem Unterricht. Jeanies Briefe waren voll von dem Attentat auf Präsident Kennedy, von Bürgermärschen und Typen mit Gitarren am Washington Square. Sie hörte Joan Baez und ging in Coffee Houses. Auch ich wollte auf eine richtige High-School, einen Freund haben und den Führerschein machen. Mir schwebten Sit-ins, Abschlußfeiern und Flirts in der Pausenhalle vor.

Ich wollte die High-School in New York abschließen, aber meine Mutter hatte andere Vorstellungen. In einem ihrer manischen Anfälle verkaufte sie das Haus, das Dad in Wilton gebaut hatte, und kaufte ein anderes, einen Ort weiter, am Wasser. »Ich habe eine Überraschung«, sagte sie, als sie meinen Vater vor vollendete Tatsachen stellte, »du wirst es lieben.« Ich glaube, Dad haßte das Haus vom ersten Moment an, aber er war zu höflich, es zu sagen. Er nahm es einfach hin. Was blieb ihm auch anderes übrig? Meine Großmutter, der Impresario, hatte das Land bezahlt, auf dem das selbsterrichtete Haus meines Vaters stand, und der Kaufvertrag lief auf den Namen meiner Mutter.

Unser neues Haus war weiß mit großen Fenstern und einer Garage, die an einer Straße mit anständigen Häusern lag. Die Küche war vollständig mit avocadogrünen Einbaumöbeln ausgestattet. Es gab sogar eine Geschirrspülmaschine – das hatten wir noch nie gehabt. Das langgestreckte Wohnzimmer hatte Auslegeware und einen Kamin. Aus dem Eßzimmer sah man über den Long Island Sound. Im Untergeschoß gab es noch ein mit Bücherregalen gesäumtes, kiefergetäfeltes Zimmerchen, das Mom »die Bibliothek« nannte, dann eine verglaste Veranda, die von einer alten Weide beschattet wurde, und das Schlafzimmer meiner Eltern. Ich hatte mein Reich im Obergeschoß.

Ich glaube, Mom träumte von einer zärtlichen Mutter-Tochter-Beziehung und sah uns in meinem kuscheligen pinkfarbenen Zimmer sitzen und im Dunkeln flüsternd Geheimnisse austauschen.

Aber ich strich mein Zimmer sofort rot und freundete mich mit lauter falschen Leuten an. Mit meiner Mutter wollte ich nicht reden, und schon gar nicht mit ihr flüstern, und sie hätte mich foltern müssen, um mir irgendein Geheimnis zu entlocken. »Laß mich in Ruhe!« hörte ich mich immer und immer wieder schreien.

Mom und Dad waren entsetzt festzustellen, daß sich ihre angebetete Tochter in solch einen scheußlichen, problematischen Teenager verwandelt hatte. Als ich anfing, meine Haare offen zu tragen, enge Hosen anzuziehen und meine Augen mit schwarzem Kajal zu umranden, schauten sie mich an, als sei ich ein Lebewesen von einem anderen Stern. Als ich betrunken nach Hause kam, taten sie, als würden sie es nicht bemerken. Von meiner neuen Freundin Julie waren sie auch nicht besonders begeistert. »Sie ist leichtlebig«, beharrte Mom und gebrauchte damit eines der Worte, das ich am meisten haßte. Und wie nebenbei pflegte sie immer mal wieder mit wehleidiger Stimme zu fragen: »Gibt es denn keine Jungs in deiner Klasse, die nicht Autoschlosser werden wollen?« Ich machte mir nicht einmal die Mühe zu antworten.

Meine Eltern waren entsetzt und verärgert, und sie hatten verlernt, sich um ein Kind zu kümmern. Darüber hinaus fand mein Vater das Pendeln in die Stadt so furchtbar ermüdend, und meine Mutter haßte das Vorstadtleben. Sie begannen, ihre Tage in der Stadt zu verbringen und zum Abendessen dortzubleiben. Um zehn Uhr abends bekam ich dann meist den unvermeidlichen Telefonanruf: »Es ist so spät. Macht es dir etwas aus, wenn wir heute abend in der Stadt bleiben?« Am Ende gaben es meine Eltern sogar auf, den Eindruck zu erwecken, daß sie unter der Woche nach Hause kamen. Wie sagte meine Mutter immer zu ihren Freundinnen: »Ruthie ist so erwachsen.«

Ich stellte mein Erwachsensein unter Beweis, indem ich eine endlose Party gab. Meine neuen Freunde waren froh, einen Ort zu haben, an dem man herumhängen konnte, wenn man die Schule schwänzte, was wir regelmäßig taten. Bis November hatte ich mich selbst davon überzeugt, daß ich Besseres zu tun hatte, als *Moby Dick* zu lesen und etwas über Kongreß und Senat zu lernen. Zum Beispiel Kochen.

Ich hatte mein ganzes Leben lang gekocht, aber nur, um damit Erwachsenen Freude zu bereiten – jetzt entdeckte ich, daß das auch andere Vorteile hatte. Ich war nicht hübsch oder witzig oder sexy. Ich war kein Cheerleader und keine gute Tänzerin, und niemand lud mich je zum Autokino ein. Ich schmachtete nach Liebe und träumte von Mahlzeiten bei Kerzenschein, aber ich brachte es nicht fertig, Tommy Calfano zum Essen einzuladen. Da war es viel leichter zu sagen: »Warum kommt ihr nicht alle zu mir nach Hause?«

Die anderen waren auch glücklich, denn unser Haus war ein elternfreies Paradies. Es war immer Party. Wir tranken. Wir tanzten. Wir sahen fern. Wir spielten Strip-Poker. Meist jedoch aßen wir.

Ich fing mit den Rezepten an, die ich von Mrs. Peavey und Alice gelernt hatte, aber schon bald dehnte ich meinen Aktionsradius aus. Die Kochbücher meiner Mutter hatten alle Titel wie *Das Fünf-Minuten-Menü*, aber ich fing an, Zeitschriften durchzublättern und Rezepte auszuschneiden. Es kam mir nie in den Sinn, daß ein Rezept zu schwer sein könnte – hatte ich nicht schon mit dreizehn Jahren ein Soufflé gemeistert? Ich verstand den Rhythmus der Küche, und ich war sehr entspannt. Und sehr glücklich.

Wenn sich je irgend jemand darum geschert hätte, was am Ende herauskam, dann wäre es vielleicht anders gewesen, obwohl alles, was ich kochte, gelang. Ich hatte ein wunderbares Publikum: Meine Freunde waren von allem beeindruckt und meine Eltern von gar nichts. Und so probierte ich nur aus Spaß Rezepte aus, die vier Tage lang dauerten oder fünfundzwanzig Schritte hatten. Ich entwickelte die Asbest-Haut eines Kochs und rührte schon mal mit dem Finger um, wenn gerade kein Löffel zur Hand war, oder vergaß ab und zu einen Topflappen, wenn ich in den Ofen langte. Ich lernte, kleinere Verbrennungen zu ignorieren. Und ich lernte zu improvisieren: Die Küche meiner Mutter war schlecht ausgestattet, und so verwendete ich eine Weinflasche als Nudelholz und schlug Eier mit einem vierzig Jahre alten Mixer.

Wenn ich einkaufte, wanderte ich gierig durch den Supermarkt und griff nach allem, was meine Phantasie beflügelte. Falls meine Eltern darüber erstaunt waren, was es kostete, ein Mädchen im Teenageralter zu ernähren, so zeigten sie es jedenfalls nie. Mom schob mir jeweils zu Beginn der Woche einen Stapel Geldscheine herüber und murmelte: »Teenager sind so hungrig.«

Das sind sie. Aber am meisten mögen sie Süßigkeiten, und in jenem Jahr entdeckte ich das Geheimnis jedes erfahrenen Kochs: Mit dem Nachtisch hat man leichtes Spiel. Alle Leute mögen Nachtisch, auch wenn er schlecht ist. Und folglich begann ich zu backen und huldigte der Geheimwissenschaft, die Mehl, Wasser, Schokolade und Butter in einen Teufelskuchen verwandeln und ihn dann blitzartig verschwinden lassen konnte.

Vor allem Jungs schienen ihn zu mögen.

Teufelskuchen

1 Tasse Milch
3/4 Tasse Kakao
1/3 Tasse weißer Zucker
1 Tasse Butter
1 Tasse brauner Zucker
3 Eier
1/4 Tasse Sauerrahm
1 Teelöffel Vanille
2 Tassen gesiebtes Mehl
1 1/2 Teelöffel Backpulver
1/2 Teelöffel Salz

Heizen Sie den Ofen auf 180° vor.

Erhitzen Sie die Milch in einem kleine Topf so lange, bis am Rand kleine Blasen erscheinen. Nehmen Sie den Topf vom Herd.

Rühren Sie den Kakao und den weißen Zucker in einer kleinen Schüssel zusammen, und schlagen Sie die Mischung langsam in die warme Milch ein. Abkühlen lassen.

Schlagen Sie die Butter zusammen mit dem braunen Zucker schaumig. Rühren Sie die Eier, den Sauerrahm und die Vanille hinein. Fügen Sie die Kakaomischung hinzu.

Vermischen Sie die übrigen trockenen Zutaten und heben Sie sie vorsichtig unter die Buttermischung. Schlagen Sie nicht zu lange.

Füllen Sie den Teig in zwei gut gefettete und ausgemehlte Formen für Tortenböden, und lassen Sie den Kuchen 25 bis 30 Minuten lang backen, bis er sich leicht von den Seiten der Form löst und zurückspringt, wenn man ihn leicht in den Mitte eindrückt. Lassen Sie die Kuchen einige Minuten lang auf einem Rost abkühlen und stürzen Sie sie dann.

Lassen Sie die Kuchen völlig abkühlen, ehe Sie sie überziehen.

DIE SIEBEN-MINUTEN-GLASUR

4 Eiweiß
1 1/2 Tassen Zucker
1/4 Tasse Wasser
1 Teelöffel Weinstein
1/8 Teelöffel Salz
1 Teelöffel Vanille

Vermischen Sie Eiweiße, Zucker, Wasser, Weinstein und Salz einem Topf. Stellen Sie diesen ins Wasserbad und schlagen Sie die Mischung ungefähr 5 Minuten lang mit einem Mixer, bis sich weiche Hügel bilden. Nehmen Sie die Mischung vom Herd und rühren Sie die Vanille unter. Schlagen Sie weiter mit dem Mixer, bis die Glasur steif genug ist, daß man sie verstreichen kann. Verwenden Sie die Mischung sofort. Es sieht nach viel aus, doch sollten Sie alles verwenden – es ist genug, um den Kuchen zu füllen und zu überziehen.

Ich erwachte, als die ersten Lichtstrahlen ins Wohnzimmer drangen. Tommy lag neben mir auf der Couch, seinen Arm um meinen Nacken gelegt. Ich setzte mich auf, und das Gehirn schlug mir von innen an den Schädel. Im Mund hatte ich ein pelziges Gefühl. Als ich durch das schwache Licht schaute, sah ich auf allen Stühlen Körper ausgestreckt, ein paar davon Jungs, die ich am Abend zuvor noch nicht gesehen hatte. Aschenbecher quollen auf dem Teppich über, und Gläser lagen umgeworfen auf klebrig-feuchten Flecken. Auf dem Plattenspieler drehte sich eine Schallplatte, die Nadel machte *kathunk, kathunk, kathunk*.

Was, wenn meine Eltern früher nach Hause kämen? Ich ergriff Tommys Arm und versuchte, die Zahlen auf seiner Uhr zu lesen. Als ich mir das Zifferblatt direkt vor die Nase hielt, wachte er auf und grinste mich an.

»Wie spät ist es?« fragte ich.

Er schaute auf seine Uhr. »Gleich sechs.«

»Nein, nicht doch so spät«, stöhnte ich. »Meine Eltern werden jeden Moment hier sein. Sie stehen früh auf. Wahrscheinlich fahren sie jetzt gerade draußen vor! Wir müssen die Leute hier rauskriegen.«

Was machten die überhaupt alle hier? Und was machte ich mit Tommy? Hatte ich irgend etwas getan, was ich bereuen müßte? Ich bemühte mich, ein paar klare Gedanken zu fassen und mich zu erinnern. Mein Kopf schmerzte.

Und plötzlich erinnerte ich mich ganz deutlich daran, wie ich die Straße hinunterschoß und der Freeway an mir vorbeirauschte, während ich auf den Tacho schaute. Wir waren gerade an Port Chester vorbei, eine halbe Stunde von zu Hause entfernt, und ich fuhr neunzig Meilen.

Der alte Plymouth meiner Eltern war neun Jahre alt, ein türkis-weißes Cabriolet, mit dem seit Jahren niemand mehr offen gefahren war. Es war so klapprig, daß ich fürchtete, es könnten Einzelteile von ihm abzufliegen beginnen, wenn ich noch schneller fuhr. Trotzdem trat ich noch etwas fester aufs Gaspedal. Als wir die hundert Meilen erreichten, fing das Auto an zu vibrieren. Es fühlte sich gut an.

»Schneller!« sagte eine Stimme vom Rücksitz. Ich schaute in den Rückspiegel. Wir hatten Dutzende von Singapore Slings getrunken, und Julies Gesicht war wäßrig-verschwommen. »Das Auto fährt nicht schneller«, sagte ich und drückte zum Beweis das Gaspedal bis auf den Boden durch. Die Vibrationen wurden stärker. »Juchuu!« rief Julie und warf sich wieder auf ihren Freund Bill.

Ich fragte mich langsam, ob wir diese Fahrt überleben würden. »Sie starb mit sechzehn«, sagte ich betrunken zu Bobby, der neben mir saß. »Sie war so voller Hoffnung.«

»Wenn du gehst, gehe ich auch«, sagte er unbeeindruckt. »Du hättest mich fahren lassen sollen. Ich bin nicht so betrunken wie du.«

»Dann trink doch noch einen«, sagte ich und reichte ihm die Flasche Rachenputzer, die ich in meiner Tasche hatte. Sie enthielt eine teuflische Mischung, ein wenig aus jeder Flasche in der Bar meiner Eltern.

»Ächz«, sagte er, nachdem er einen Schluck genommen hatte. »Merken deine Eltern nicht, daß ihr Stoff immer weniger wird?«

»Ich fülle die Flaschen mit Wasser auf«, antwortete ich. »Aber es würde wahrscheinlich nichts ausmachen, wenn ich es nicht täte. Sie merken gar nichts.«

»Du hast es so gut«, seufzte er neidisch.

Stamford, Darien, Norwalk. Ich fuhr vom Freeway herunter und nahm langsam meinen Fuß vom Gaspedal. Das Auto verlangsamte auf ruhige sechzig Meilen. »Und wieder weigerte sich das Schicksal, sie aus ihrem Elend zu befreien«, sagte Bobby, als wir an den vergitterten Geschäften in der Main Street vorbeisausten. »Da wir nun also leben werden, sollten wir essen. Fahr rüber zu Swanky Franks und laß uns was für zwischen die Zähne holen.«

»Nein«, antwortete ich, »laß uns zu mir nach Hause fahren. Meine Eltern werden nicht vor morgen früh zurück sein.«

»Okay«, sagte er mit Erleichterung in der Stimme. Bei mir zu Hause war es billiger. Und außerdem gab es da immer die Möglichkeit, daß Gloria, seine Angebetete, auf der Suche nach Unterhaltung mit ihrem Freund Troy auftauchen würde. Ich wußte, daß Bobby nur deshalb nach Port Chester gefahren war, um sie zu suchen, genauso wie ich mich über die Stadtgrenze begeben hatte, in der Hoffnung, in einer der schäbigen Kneipen, wo wir davon ausgehen konnten, daß man über unsere eindeutig gefälschten Papiere hinwegsehen würde, Tommy Calfano zu finden. Schon der Gedanke an Tommy ließ mir das Herz in den Magen sinken.

»Sind wir schon da?« fragte Bill und setzte sich auf. Die Fenster im Fond waren beschlagen. Julie strich über ihr dünnes blondes Haar und knöpfte ihre Bluse zu. Ich schaute peinlich berührt zur Seite. »Dein Lippenstift ist verschmiert, Liebling«, kicherte Bobby mit der hohen Stimme, mit der er Frauen zu imitieren pflegte. Ich schaute seinen schmächtigen Körper an, und mit einem Schlag war mir klar, daß er wahrscheinlich das war, was meine Mutter »einen Homo« nannte. Ich fragte mich, ob er das wohl wußte, und wenn ja, wie er das fand.

»Ich habe Hunger«, verkündete Bill.

»Ruth wird uns etwas kochen«, sagte Bobby, »nicht wahr, Herzchen?«

»Klar doch!« sagte ich und verfehlte nur knapp die große Weide vor dem Haus. Ich machte den Motor aus. Die plötzliche Ruhe war eine Erleichterung, und einen Moment lang wünschte ich, meine Eltern wären zu Hause und ich könnte einfach gute Nacht sagen, die Treppe hinauflaufen und schlafen gehen.

»Mach etwas von dem gebratenen Pappkartonkram«, sagte Bobby, während er seine langen Beine entwirrte und aus dem Auto stieg. Julie strich sich immer noch übers Haar und knöpfte Knöpfe, und sobald ich die Tür geöffnet hatte, ging sie ins Schlafzimmer meiner Eltern, um ihr Make-up zu erneuern.

Ich wanderte durch die von Bücherregalen gesäumte Bibliothek und knipste alle Lichter an. Dann ging ich ins Wohnzimmer, stolperte über den Fußhocker vor dem großen schwarzen Eames-Sessel und machte die Lampe an, die meine Mutter aus dem Samowar meines Vaters gebastelt hatte. Daraufhin begab ich mich in die Küche. Nachdem die Neonlampen angesprungen waren, drehte ich den Wasserhahn auf, lehnte mich darüber und spritzte mir etwas Wasser übers Gesicht, um nüchtern zu werden. Während ich den Herd anmachte, stellte ich mir ganz kurz vor, wie meine Eltern am nächsten Morgen ankommen und nur noch ein leeres qualmendes Grundstück vorfinden würden. Trunkenheit am Herd war ebenso gefährlich wie Trunkenheit am Steuer – ich brauchte ein anständiges Mittel dagegen.

Ich ging ins Badezimmer, machte den Schrank auf und wühlte darin herum. Es war mir nicht ganz klar, wonach ich suchte. Alka Seltzer? Ich öffnete eine Flasche mit Riechsalz und nahm einen raschen Atemzug – das klärte meinen Kopf ein wenig.

Als der Spiegelschrank zuschlug, huschte kurz ein schauerliches Bild meiner selbst an mir vorüber. Wer war das? Ich betrachtete den wilden Wust Haar, den verschmierten Eyeliner, den grellen Lippenstift. Dann ging ich zum großen Spiegel auf der Rückseite der Tür hinüber und begutachtete mich. Ich trug erbsengrüne Hosen, die so eng saßen, daß sie wie aufgemalt aussahen, und eine bunt bedruckte Bluse, die halb über meine Hüften reichte und so die ernsthaften Mißbildungen größenteils bedeckte. »Schlampe«, flüsterte ich dem Bild zu. Ich goß mir ein Glas Wasser ein, stürzte es hinunter und ging zurück in die Küche.

»Gibt's Bier?« fragte Bill. Ich schüttelte den Kopf. Mein gefälschter Ausweis behauptete, daß ich achtzehn sei, damit ich in New York trinken konnte, doch in Connecticut mußte man einundzwanzig sein, um Bier kaufen zu dürfen.

»Da ist noch etwas Seagram's, wenn du willst«, sagte ich und warf ihm die Schlüssel zur Hausbar im Wohnzimmer zu, »und ich habe Sprite.« Er fing die Schlüssel mit einer Hand auf und kam herüber, um mir den Po zu tätscheln. »Bist ein braves Mädchen«, murmelte er väterlich. Ich schlug ungeduldig nach seiner Hand. Ich haßte ihn.

Ich habe nie verstanden, was Julie an Bill fand. Alle Jungs waren verrückt nach ihr, und sie hätte sich den besten heraussuchen können. Ich stand mehr auf die italienischen Typen, die waren süß und sexy und ein bißchen gefährlich, aber sie zog die öden White-Anglo-Saxon-Protestant-Typen vor, die mal genauso werden würden wie ihr Vater. Bill war jetzt schon langweilig.

»Gib Julie keinen Alkohol mehr«, sagte Bobby, der gerade in die Küche kam. »Sie heult schon wieder.«

Bill zuckte mit den Schultern. Julie heulte immer, wenn sie trank, und an den meisten Abenden mußten wir sie rechtzeitig vor Mitternacht dazu bringen, daß sie nüchtern und gefaßt war, weil sie dann nach Hause mußte. Aber heute übernachtete sie bei mir – natürlich wußten ihre Eltern nicht, daß meine nicht da waren.

»Du solltest sie nicht trinken lassen!« sagte ich. »Es ist doch immer dasselbe!« Bill mixte seinen Drink und sagte nichts.

»Koch doch etwas«, sagte Bobby. »Essen wird helfen.«

»Wie wär's mit Spaghetti?« fragte ich. »Ich habe ein Rezept für Muschelsoße.«

Bobby stöhnte. »Alles, bloß keine Spaghetti. Die gibt es bei uns zu Hause jeden Tag. Warum machst du nicht einfach diese frittierten Pappkartons? Julie mag sie.«

»Du bist derjenige, der gern Matzen ißt«, erwiderte ich. Und so war es. Die Italiener hatten noch nie zuvor Matzen gesehen, und sie waren alle ganz verrückt nach dem Rezept meiner Mutter. Es war tatsächlich das einzige, was meine Mutter mich je zu kochen gelehrt hatte. Das Geheimnis war massenhaft Butter – ich warf drei Stück in die Pfanne und ging los, die Matzen zu suchen.

Ich zerbrach die trockenen Platten in einen Durchschlag, stellte ihn ins Spülbecken und machte das Wasser an. Dann nahm ich eine Schüssel aus dem Schrank und einen Karton Eier aus dem Kühlschrank, nahm jeweils in jede Hand ein Ei und schlug sie dann gleichzeitig am Rand der Schüssel auf.

»Du mußt für mich keine Show abziehen«, sagte Bobby, der an der Arbeitsplatte lehnte. Die letzten Schalen zerschlugen, und wir hörten ein Auto mit dröhnendem Radio die Auffahrt hoch fahren. Als der Motor verstummte, waren wir leise und horchten auf Stimmen. Ich zählte, warf dann vier weitere Eier in die Schüssel und ließ ein weiteres Stück Butter aus.

Zuerst kam Gloria herein, nett und ordentlich wie immer. Sie war dünn und hübsch, ein Cheerleader, deren glänzendes schwarzes Haar immer in perfekte Locken frisiert war. Sie trug einen karierten Faltenrock und einen hellblauen Pullover, so daß Troys Ring, den sie an einer schweren Kette trug, gut sichtbar von ihrer flachen Brust hervorstach. Troy war direkt hinter ihr und hatte den Arm besitzergreifend um ihre Schulter gelegt. »Meins«, schien er zu sagen, obwohl jeder in der Schule wußte, daß sie seinen Annäherungsversuchen lange Zeit widerstanden hatte.

Und dann sah ich Tommy. Mein Herz sank, als säße ich in einer Achterbahn, und ich spürte, wie ich rot wurde. Ich drehte mich zum Herd um und schüttete die Mischung aus Eiern und Matzen in die brutzelnde Butter. Dann fügte ich etwas Salz hinzu und begann wie wild zu rühren.

»Essen für uns?« fragte Linda, die hinter Tommy stand. »Das wäre aber nicht nötig gewesen. Aber da können wir doch nicht nein sagen.« Waren sie zusammen? Linda war das witzigste Mädchen der Schule und der Beweis dafür, daß man nicht hübsch sein mußte, um beliebt zu sein. Sie war klein und drahtig, und jeder liebte sie. Sie erwiderte unsere Zuneigung, indem sie uns regelmäßig so furchtbar zum Lachen brachte, daß wir uns in die Hosen machten. »Nun, damit werde ich sicher mal eine Menge Geld verdienen, oder?« fragte sie, als ich sie einmal darauf hinwies. Sie schaute sich in der Küche um und sagte: »Wo ist Julie?«

»Heult mal wieder«, sagte Bill, der gerade mit der Flasche Seagram's hereinkam. »Sie ist in Ruths Zimmer. Kannst du nicht hingehen und ihr ein paar Witze erzählen?«

»Sag ihr, es gibt etwas zu essen«, sagte ich, hob die Matzen auf eine Platte und streute Salz darüber. Ich stellte Teller raus und schaute zu, wie der Berg Essen verschwand, als meine Freunde sich selbst bedienten und sich auf verschiedene Räume verteilten. Tommy war der letzte, der sich nahm. Als ich mit ihm allein war, war ich so verschüchtert, daß ich einen Teller nahm und sagte: »Ich bringe das nur eben zu Julie« und floh.

»Dumme Kuh«, schimpfte ich mit mir selbst, als ich von ihm wegging.

Linda war über Julies weinende Gestalt gebeugt, doch als ich hereinkam, schaute sie nur hoch und zuckte mit den Schultern. Julies Gesicht war heiß, rot und aufgedunsen. Sie erzählte uns nie, warum sie weinte, und wir fühlten uns immer alle ein wenig schuldig, weil wir nicht wußten, was wir falsch gemacht hatten. Ich dachte, daß es vielleicht mein Fehler sei – als Julie mir einmal erzählt hatte, daß sie Bill nachgegeben hatte und sich ausgezogen hatte, war ich zu erschrocken gewesen, um es verbergen zu können. »Wie konntest du nur?« schrie ich. Ihr Gesicht war eingefallen. Bill hatte seine eigenen Gründe für Schuldgefühle. Vielleicht auch Linda. Monate später, als Julies Vater abgehauen war und ihre Mutter in ihre eigene Welt versank, begriffen wir, daß ihr Weinen nichts mit uns zu tun gehabt hatte.

»Warum hast du mir nicht erzählt, daß es bei dir zu Hause so schrecklich zugeht?« fragte ich sie. »Ich bin deine beste Freundin!«

Sie zuckte nur mit den Schultern. »Wir haben alle unsere Probleme mit den Eltern«, antwortete sie. »Und was hättest du denn tun sollen?«

Wir taten unser Bestes. Linda wanderte auf der Suche nach Späßen durchs Zimmer. »Oh, was ist das denn?« fragte sie und hob einen BH von meiner Kommode hoch. »Ein Schwimmbad für Ameisen?« Julie kicherte unwillkürlich, als ich die Arme kreuzte, um meine Brust zu verbergen. Linda sah einen Augenblick lang zerknirscht aus. »Laß dich nicht ärgern«, sagte sie, »du kannst doch nichts dafür, daß du die einzige in der Oberstufe bist, die dicke Titten hat.«

»Ich bin einfach nur fett«, sagte ich elend. »Die Titten sind Teil der Packung.«

»Du bist nicht fett!« sagte Julie und vergaß einen Moment lang ihre eigene Probleme. »Du bist nur ein wenig pummelig.« Und dann sagten wir im Chor den Satz auf, den ich an jedem Tag meines Lebens zu hören bekam: »Du könntest so hübsch sein, wenn du nur ein wenig dünner wärst.«

»Wer hat denn schon je von einer dünnen Köchin gehört?« fragte Bobby, der sich zu uns gesellte. Ich nahm an, daß Troy und Gloria sich auf dem Sofa vergnügten und Bill und Tommy über Autos redeten.

»Laßt uns irgendwas machen!« sagte Bobby.

Unser Alkoholpegel sank langsam wieder. Ausnahmsweise war niemandem schlecht. Zwei Jahre früher hätten wir jetzt Fangen gespielt oder Flaschendrehen, und zwei Jahre später würden wir einen Joint rauchen. Aber hier saßen wir jetzt, um elf Uhr an einem Freitagabend, und keiner von uns wußte, was wir tun sollten. Ich legte ein paar Platten auf, aber niemand hatte genug Energie für die Shirelles. Und deshalb sagte ich das erste, was mir durch den Kopf schoß: »Laßt uns einen Kuchen backen!«

»Ah, die schöne Häuslichkeit«, sagte Bobby, und ich kam mir sofort lächerlich vor. Das war so eine Hanni-und-Nanni-Idee. Meine Freunde waren viel zu cool, um zu kochen. Tommy würde mich für bekloppt halten.

»Schokolade!« sagte Linda. »Laßt uns einen großen dicken Schokoladenkuchen backen und ihn dann ganz aufessen!«

»Mit dieser flockigen weißen Glasur«, sagte Julie. »Weißt du, die so aussieht wie Schnee.«

Tommy und Bill redeten immer noch über Autos, aber auch

sie schienen einen Kuchen für eine gute Idee zu halten. »Stell dir vor, Miss Hill würde jetzt hereinkommen«, sagte Bobby. Unsere meistgehaßte Lehrerin hatte tatsächlich kurz zuvor meine Mutter angerufen, um sie zu warnen, daß Julie ein schlechter Umgang für mich sei und daß ich mit Leuten herumhinge, die sie »schmierige Typen« nannte. Aber meine Mutter war natürlich nicht zu Hause, und deshalb war es nicht sie, die mit besonders tiefer Stimme antwortete: »Haben Sie vielen Dank, Miss Hill, ich kann Ihnen gar nicht sagen, wie dankbar ich bin, daß Sie sich so um mein Kind sorgen.«

Tommy war mir so nah, daß ich die Mischung aus Zigaretten, Seife, Aftershave und Motoröl riechen konnte, die ihn umgab. Ich kniff meine Augen fest zu und betete: »Gib, daß er mich mag.« Ich brauchte einen Drink. »Wer will einen Seven-and-Seven?« fragte ich.

»Ich mache einen Krug voll«, sagte Linda und holte die Eiswürfel.

Ich fing an, das Mehl für den Kuchen zu sieben, und Bobby legte eine Schürze an. Ich fühlte, wie jemand hinter mich trat, und der Geruch von Aftershave wurde stärker. »Du riechst nach Zucker und Butter«, sagte Tommy. Ich konnte es kaum glauben. Ich? Plötzlich fühlte ich mich mutig und schön. Ich tupfte etwas Vanille hinter meine Ohren.

»Gefällt dir mein Parfüm?« fragte ich. Sein Atem kam näher, und er schnüffelte meinen Nacken ab. »Mmmm«, flüsterte er, »köstlich.«

»Tommy macht sich an den Kuchen ran«, sagte Bobby.

»Schlag du mal deine Butter schaumig«, sagte Linda, und alle brachen in Gelächter aus.

Um Mitternacht war ich wieder betrunken. Tommy schaute mir weiterhin zu, und ab und zu kam er näher und berührte versehentlich meine Brüste. Sie brannten wie Feuer. »So hatte ich mir den Chemieunterricht vorgestellt«, brach ich hervor.

»O ja«, sagte Linda. »Mr. Allstons abendliche Chemie für verwahrloste Teenager. Das ist ein ganz besonderer Kurs – wer möchte die Schüssel auskratzen?«

Julie hatte aufgehört zu weinen. Die Küche war ein Chaos. Mehl wirbelte durch die Luft. Tommy half mir, den Teig in die gefetteten Kuchenformen zu füllen, und nachdem wir die Kuchen in den Ofen geschoben hatten, zog er mich ins Wohnzimmer, legte eine langsame Platte auf, und dann tanzten wir. Es klingelte unentwegt, und immer neue Leute kamen herein, aber ich kümmerte mich um nichts anderes als nur um das Gefühl von seinem Körper an meinem. Er begann mich zu küssen, langsam, und ich atmete seinen Geruch ein und dachte daran, wie nett er doch war.

»Der Kuchen!« schrie ich plötzlich, aber er hörte nicht auf. »Mach dir keine Sorgen«, sagte er, »irgend jemand wird ihn schon rausholen.« Ich stellte mir vor, wie schwarzer Rauch aus der Küche drang und das Haus dann niederbrannte. Es war mir egal. Das war mein erster Kuß. Tommy schob mich zum Sofa hinüber, und wir legten uns eng nebeneinander. Ich kuschelte mich an ihn. Einen kurzen Moment lang überlegte ich, wie es wohl wäre, mit einem Autoschlosser verheiratet zu sein. Und dann schlief ich ein.

Es war nichts Schreckliches passiert. Das Pochen in meinem Kopf wurde langsam weniger. Dann schaute ich mich im Wohnzimmer um und geriet in Panik. Meine Mutter würde durchdrehen, wenn sie jetzt hereinkäme.

Tommy sah mich an und rieb sanft meine Wange. »Keine Panik«, sagte er. »Mach Kaffee. Ich werde alle wecken.«

»Vergiß den Kaffee«, sagte ich, »wir müssen diese Gläser und Aschenbecher hier wegbekommen. Es stinkt wie in einer Kneipe. Laß uns die Fenster aufmachen und mal ordentlich durchlüften.«

»Nun, das wird die Leute auch aufwecken«, antwortete er. Während er die Fenster öffnete, ging ich von Zimmer zu Zimmer und entdeckte eine Katastrophe nach der anderen.

Julie und Bill lagen im Bett meiner Eltern. Ich schaute zur Seite, als ich sie anflehte, doch aufzustehen. Bill schnarchte, aber Julie schaute kurz in die Sonne und sprang sofort aus dem Bett. Sie hatte nichts an. »Ich werde ihn wecken«, sagte sie, »mach dir keine Sorgen. Wir werden dieses Zimmer aufräumen.«

Gloria und Troy lagen in meinem Bett, und ich wollte nicht wissen, was sie anhatten. Oder was nicht. Linda und Bobby lagen in zwei getrennten Betten im Gästezimmer. »O mein Gott«, sagte Linda, »ich bin ohnmächtig geworden. Ich habe meinen Eltern erzählt, daß ich zu Gloria gehe, und sie hat ihren Eltern erzählt, daß sie zu mir kommt. Ich bin erledigt!«

Sie fing an, Laken abzuziehen und Aschenbecher einzusammeln. Sie schüttelte Bobby. »Schmeiß die Typen aus dem Wohnzimmer raus«, befahl sie.

In der Küche war der Ofen immer noch an, aber wenigstens hatte jemand daran gedacht, den Kuchen herauszunehmen. Er stand auf der Arbeitsplatte, immer noch in der Form, und sah eingefallen, braun und nicht besonders einladend aus. Die Küche war ein Schlachtfeld, zertretene Eierschalen auf dem Fußboden und Zigaretten, die mitten auf irgendwelchen Tellern ausgedrückt worden waren. Ich war außer mir, als ich von einem Desaster ins nächste stolperte.

Tommy kam mit einer Mülltüte herein. »Beruhige dich«, sagte er beschwichtigend. »Ich habe alle geweckt. Sie sehen alle akzeptabel aus.« Er schielte zu mir herüber und fügte hinzu: »Vielleicht möchtest du dir ja, nun, etwas Wasser ins Gesicht spritzen? Nur für den Fall, daß deine Eltern gleich kommen?«

Ich ging zum Spülbecken. »Nein«, sagte er und schob mich in Richtung Badezimmer. »Du brauchst einen Spiegel.« Er hatte recht. Ich lief hinauf, um ein frisches Hemd anzuziehen, dabei schickte jeder Schritt wabberige Wellen durch meinen ganzen Körper, und ein Hammer schien gegen meinen Kopf zu schlagen.

Aber als ich wieder herunterkam, hatte Tommy alles in die Wege geleitet. »Wir haben alles im Griff«, sagte er. »Erst sammeln wir die ganzen Spritflaschen und die Zigaretten ein und werfen sie in die Autos. Dann machen wir die Betten. Dann stapeln wir alle schmutzigen Teller auf dem Eßzimmertisch, damit es so aussieht, als hätten wir gerade gefrühstückt.«

»Wunderbar«, sagte Linda. »Warum um Himmels willen sollten wir alle um sechs Uhr früh hierherkommen, um zu frühstücken?«

»Vielleicht hatten wir eine Exkursion am frühen Morgen«, sagte Tommy. »Zum Beispiel, den Effekt der aufgehenden Sonne auf Vögel zu erforschen oder so.«

Linda drehte sich zu mir. »Werden deine Eltern das glauben?« fragte sie. »Meine würden niemals auf so eine dämliche Geschichte reinfallen.«

Meine würden es, das wußte ich. Meine Mutter würde froh sein, daß ich in meiner neuen Schule so viele Freunde gewonnen hatte, auch wenn sie nicht von der richtigen Sorte waren. Sie würde das als ein Zeichen dafür nehmen, daß ich mich richtig eingelebt hatte.

»Vielleicht müssen wir die Geschichte ja gar nicht erzählen«, sagte Tommy. »Vielleicht kriegen wir ja alles saubergemacht und können alle hier wegschicken, ehe ihre Eltern nach Hause kommen. Das ist ja nur ein Notfallplan.«

»Ooh«, sagte Linda, »hört, hört.«

Tommy antwortete nicht einmal. Er schaute von seinen Einmeterneunzig auf mich herab und fragte: »Hast du Orangen?« Ich nickte. »Mach Orangensaft«, sagte er. »Kaffee und Orangensaft riechen so unschuldig.«

Nichts hat mehr Sex-Appeal als ein Mann, der weiß, wo es langgeht: Ich war verliebt. Dann legte Tommy seine Arme um mich und flüsterte: »Wenn du gerade dabei bist, glaubst du, du könntest, nun, irgendwie diesen Kuchen glasieren?«

Und so fanden mich meine Eltern um halb sieben am Morgen. Bis zu den Ellbogen in Kaffeepulver und Orangenschalen und gerade in Begriff, eine Sieben-Minuten-Glasur zu machen. Meine Freunde saßen unschuldig um den Eßzimmertisch herum, und wenn einige von ihnen keuchten, als hätten sie gerade ein Rennen gelaufen, bemerkten meine Eltern es jedenfalls nicht.

»Oh«, sagte meine Mutter fröhlich, »wie nett. Du hast Matzen für deine Freunde gemacht. Ich bin ja so froh, daß du nicht einsam bist.«

6
Die Tarte

Kurz nach Weihnachten ging Tommy zur Marine. Ich heulte, als er wegfuhr, und trug den winzigen silbernen Ring, den er mir schickte, an einer Kette um den Hals. Doch weder das noch seine Briefe voller Rechtschreibfehler waren ein angemessener Ersatz für seine Gegenwart, und ich fing ernsthaft an zu trinken. Meine Eltern waren die meiste Zeit weg, und jetzt, da Tommy auch nicht da war, machte mir die High-School keinen Spaß mehr. Ich konnte es gar nicht erwarten, aufs College gehen zu dürfen.

Ich stürzte mich auf die Anmeldeformulare. Meine Mutter hätte mich gern auf einer Universität der Ivy League gesehen, aber ich wollte aus New England wegkommen, um den Menschen, der ich geworden war, so weit wie möglich hinter mir zu lassen. Ich wollte an einem Ort sein, wo mich niemand kannte. Ich wollte noch einmal ganz von vorn anfangen.

Ich schrieb mich an der Universität von Michigan ein, denn dort gab es keine Studiengebühren und keine Aufnahmeprüfungen. Als ich drei Wochen später angenommen wurde, war mir klar, daß es genau das war, was ich brauchte: Tabula rasa. Ich hatte weder den Ort noch diesen Bundesstaat vorher auch nur einmal besucht.

Bis dahin war aber noch der Sommer zu überstehen. Ich bewarb mich um einen Job in der Eisdiele am Ort, aber meine Mutter hatte andere Pläne. An einem Wochenende kam sie plötzlich nach Hause und überreichte mir ein Ticket. »Wir fahren nach Europa!« rief sie gutgelaunt.

Oh großartig! Plötzlich wollte sie doch Zeit mit mir verbringen. »Ich habe keine Zeit«, brachte ich vor. »Ich muß Geld verdienen fürs College. Das war deine Idee.«

»Du kannst drüben arbeiten«, sagte sie. »Ich habe schon alles durchdacht.«

Und das hatte sie wirklich, unglücklicherweise. Meine Mutter hatte die wunderbare Welt des Arbeitens im Ausland entdeckt, und sie würde ein Buch darüber schreiben. Sie hatte sogar aus einem leichtgläubigen Verleger einen Vorschuß dafür rausgeklopft. Mom hatte an alles gedacht: Während sie in Paris blieb und dort junge Amerikaner ausfragte, würde ich als Gruppenleiterin in einem Camp auf einer kleinen Insel an der Atlantikküste Frankreichs arbeiten. Sie hatte das alles wohlüberlegt arrangiert. Ich saß in der Falle.

»Ich glaube nicht, daß es eine gute Idee ist, solch einen Job anzunehmen«, schrieb Béatrice. »In den Staaten in einem Camp zu arbeiten ist perfekt, und ich werde es selbst vielleicht in ein oder zwei Jahren machen. Aber ich fürchte, daß die Dinge in Frankreich ziemlich anders aussehen. Hier werden Sekretärinnen und Verkäuferinnen Gruppenleiter, weil sie kostenlose Ferien wollen. Es wird niemanden geben, mit dem du dich anfreunden kannst.«

Béatrice war besonders skeptisch, als sie hörte, daß ich in einer *colonie sanitaire* auf der Île-d'Oléron arbeiten würde. Erholungscamps waren eine ländliche Version des Polizeisportvereins, arme französische Kinder wurden dort hingeschickt, damit sie einmal einen Monat kostenlos auf dem Lande verbringen durften. »Denk nur an das Essen!« schrieb sie. »Du wirst hungern.«

Sie irrte sich in allem.

Oléron-Beeren-Tarte

Für 8 Personen

Für den Teig:
1 1/2 Tassen gesiebtes Mehl
1/4 Tasse Zucker
125 g Süßrahmbutter
2 Teelöffel Sahne
1 Eigelb

Mischen Sie Mehl und Zucker in einer Schüssel. Schneiden Sie die Butter in kleine Stückchen und fügen Sie sie der Mischung hinzu. Rühren Sie mit den Fingern, bis die Butter mit Mehl bedeckt ist, und kneten Sie dann alles durch, bis die Mischung aussieht wie Maismehl.

Vermischen Sie die Sahne mit dem Eigelb und geben Sie die Mischung zum Teig. Rühren Sie leicht mit einer Gabel, bis der Teig zusammenklebt. Sollte er nicht feucht genug sein, dann fügen Sie noch ungefähr einen Eßlöffel Wasser hinzu, um es zu vermischen.

Bestreuen Sie ein Holzbrett mit Mehl, und legen Sie den Teig auf das Mehl. Drücken Sie den Teig mit dem Handballen, bis alles gut durchgearbeitet ist. Rollen Sie ihn zu einem Ball zusammen, den Sie dann in Plastik wickeln und für 3 Stunden im Kühlschrank ruhen lassen.

Holen Sie den Teigball heraus und lassen Sie ihn 10 Minuten lang warm werden. Streuen Sie noch mehr Mehl auf das Brett. Drücken Sie den Ball flach und rollen Sie den Teig zu einem ungefähr 30 cm großen Kreis aus. Legen Sie ihn in eine Springform. Drücken Sie ihn sanft in die Form, ohne den Teig zu ziehen, schneiden Sie die Kanten gerade, und stellen Sie das Ganze für 10 Minuten in den Kühlschrank, bis der Teig hart ist.

Heizen Sie den Ofen auf 180° vor. Legen Sie den Tortenboden mit Backpapier aus, das Sie mit getrockneten Bohnen bedecken. 20 Minuten backen. Entfernen Sie dann das Backpapier und die Bohnen, und backen Sie den Kuchen noch weitere 4 bis 5 Minuten, bis er goldbraun ist.

Holen Sie ihn aus dem Ofen, und lassen Sie ihn abkühlen, während Sie die Füllung zubereiten.

Für die Füllung:
3/4 Tasse gebleichte Mandeln
3/4 Tasse Zucker
3 Eßlöffel weiche Butter
3 große Eigelb
1 Teelöffel Vanilleextrakt
4 Tassen Himbeeren

Geben Sie die Mandeln und 3 Eßlöffel des Zuckers in eine Küchenmaschine und mahlen Sie sie zu feinem Pulver.

Rühren Sie die Butter mit dem restlichen Zucker zusammen schaumig. Fügen Sie die Eigelb hinzu und rühren Sie, bis die Masse glatt ist. Schütten Sie dann die Mandel-Zucker-Mischung und den Vanilleextrakt hinzu.

Bestreichen Sie mit der Mandelcreme den Tortenboden.

Bedecken Sie die Tarte vorsichtig mit 2 Tassen Himbeeren.

Streuen Sie 2 Teelöffel Zucker darüber und backen Sie alles 40 Minuten lang auf 180°. Holen Sie die Tarte dann aus dem Ofen und lassen Sie sie 2 Stunden lang abkühlen.

Bedecken Sie die Tarte kurz vor dem Servieren mit den übrigen 2 Tassen Beeren. Ich glasiere die Tarte nicht, aber wenn Sie möchten, dann können Sie 2 Eßlöffel Johannisbeermarmelade mit 2 Eßlöffel Wasser in einem Topf erhitzen, dann abkühlen lassen und die Glasur über die Beeren streichen.

»*Vous commençez maintenant*«, sagte die Frau am Gare d'Austerlitz, indem sie neun kleine Jungen in meine Richtung schubste. Sie überreichte mir einen Stapel Fahrkarten, dann drehte sie sich um und verschwand in der Menge. Die Jungen beäugten mich neugierig, während sie ihre Ranzen von einem Arm auf den anderen hin- und herschoben. Dann sandte mir der kleinste, ein Kind mit dunkler Haut, schwarzem Haar und großen braunen Augen einen herausfordernden Blick zu und fing an wie ein Indianer zu heulen. Alle taten es ihm nach.

Die Reisenden, die in ihre Züge einstiegen, drehten sich um und schauten mißbilligend in meine Richtung. Auch die Frau, die gerade dabei war, zu verschwinden, drehte sich um, und sogar auf die Entfernung konnte ich sehen, wie ihr Mund sich bewegte. Mit einem Ausdruck von Ärger und Resignation auf dem Gesicht kam sie zurück. »Nikili«, sagte sie bestimmt und gab dem kleinsten Kind einen Schlag auf den Hinterkopf. »*Taisez-vous*«, sagte sie zu den anderen. Der Lärm verstummte augenblicklich.

Sie schaute mich streng an und sagte: »Sie werden für Disziplin sorgen müssen. Wissen Sie, wie Sie das anstellen werden?«

»Nein«, sagte ich und dachte, ich würde jetzt einen Schnellkurs für Gruppenleiter bekommen. Doch sie wollte mich einfach nur los sein. Sie zeigte auf eine Gruppe Jungen, die in einiger Entfernung vor einem Tor versammelt waren. »Der Zug fährt in zwanzig Minuten ab. Gehen Sie und warten Sie mit denen zusammen«, sagte sie und machte wieder kehrt, um zu gehen. Sie drehte sich noch einmal um, murmelte: »*Bonne chance*«, und floh.

Ich trieb die Jungen zu der Gruppe, auf die sie gezeigt hatte. »*Maison Heureuse*?« fragte ich den gutaussehenden Typen, der bei ihnen stand. »*Très heureuse*«, antwortete er, als sich das Tor öffnete. Die Jungen rasten sämtlich auf den Zug zu, und meine Gruppe galoppierte fröhlich hinterdrein. Ich mußte rennen, um mit ihnen Schritt zu halten, und schaute mich dann nach dem gutaussehenden Typen um, aber er war nicht mehr zu sehen. Enttäuscht pferchte ich die Jungs in ihre Sitze, befahl ihnen tausendmal, sich ruhig zu verhalten, und sah zu, wie wir aus dem Bahnhof rollten.

Eine Stunde später entdeckte ich, daß Nikili verschwunden war. Ich war außer mir und stellte mir bereits einen internationalen Skandal vor. »Unfähige Amerikanerin!« schimpfte ich mit mir selbst, schüttelte Nikilis Kumpel Roland und flehte: »*Où est-il?*«

Roland grinste irritierend und sagte nichts. Ich kaute auf meinen Fingernägeln und erwog, beim nächsten Halt auszusteigen und im französischen Landleben unterzutauchen. Wie hätte ich zugeben können, daß ich bereits einen der Camper verloren hatte? Die Jungs kicherten in ihren Sitzen und bewarfen einander mit Dingen, während ich mich fragte, was ich nur tun sollte. Gerade als die Tränen sich unter meinen Augenlider sammelten, schaute ich auf und sah ein Mädchen etwa in meinem Alter, das Nikili an seinem Ohr den Gang hinunterzerrte. Sie hatte einen dünnen, athletischen Körper, dickes schwarzes Haar und erstaunlich blaue Augen, aber sie machte den Eindruck, als habe sie überhaupt kein Interesse an ihrer eigenen Schönheit. Sie trug langweilige Kleidung, kein Make-up und sah nach Arbeit aus. Als sie Nikili auf seinen Sitz drückte, drohte sie ihm damit, daß sie ihn sofort nach unserer Ankunft zum Direktor bringen würde, wenn er es wagte, sich noch einmal zu rühren.

Er wagte es nicht.

»*Et vous autres*«, sagte sie streng, bevor sie sich zurück zu ihrem Sitzplatz begab, »euch werde ich auch beobachten.«

Ich folgte ihr zum Ende des Waggons, wo die anderen Gruppenleiter saßen. Indem ich sie beobachtete, kapierte ich ziemlich schnell, wie man in Frankreich Kinder beaufsichtigt. Es wurde vor allem viel geschrien. Die Lautstärke war wichtig, und Drohungen schienen zu helfen. Wenn alles nichts nutzte, war die bevorzugte Strategie, den Namen des gefürchteten Direktors fallen zu lassen. »Wir sind wirklich eine jämmerliche Gruppe«, sagte das Mädchen, das Nikili gefunden hatte. »Wir alle zählen auf einen Direktor, den wir noch gar nicht kennengelernt haben.«

Ich lächelte matt und sagte nichts. Ich war müde und hatte Heimweh und wünschte, ich wäre mit Julie in der Eisdiele. Ich tat mir selbst leid, und als wir in das Camp hineinzockelten und schließlich den verantwortlichen Mann kennenlernte, half das auch nicht viel. Auf der steinernen Terrasse stehend, die über die ganze Längsseite des Hauptgebäudes ging, referierte der Direktor über die Regeln. Kein Schubsen, kein Geschrei, keine Respektlosigkeiten. Duschen einmal die Woche. Und ganz wichtig: Jeder mußte seinen Teller leer essen. Die Camper wurden jede Woche gewogen, und die Regierung verlangte, daß jeder an Gewicht zulegte.

»Wenn es irgendwelche Probleme gibt …«, sagte er und machte demonstrativ eine lange Pause, »dann kommen Sie zu mir.« Und er hielt ein großes Paddel hoch. Wir waren entlassen.

»Herzlich willkommen bei der Armee«, sagte der gutaussehende Typ vom Zug, als wir die Jungen zu dem langen, niedrigen Schlafsaal geleiteten. Reihen von Bettstellen erstreckten sich über die gesamte Länge des Raumes, jede mit einer Truhe am Fußende. Die Gruppenleiter waren im Nachbarhaus untergebracht, jeweils zu viert in einem kleinen Schlafraum.

Ich begann auszupacken. Auf den kleinen Tisch neben meinem Bett stellte ich das gerahmte Bild von Tommy, eine Schachtel Kirschen mit Schokoladenglasur und das Buch, das ich gerade las, *Bonjour Tristesse*. Monique, die das Bett neben meinem hatte, holte eine riesige Flasche Eau de Cologne, einen Stapel Kinozeitschriften und einen kleinen Berg Kosmetika hervor. Suzanne bedeckte ihren Tisch akribisch mit Fotos von Johnny Haliday. Als diese zu ihrer Zufriedenheit arrangiert waren, zog sie vorsichtig ein Kissen aus ihrem Koffer, auf das »Johnny« geschrieben war, liebkoste es zärtlich und setzte es liebevoll auf ihr Bett.

In der Zwischenzeit sortierte Danielle, meine Retterin vom Zug, einen farblosen Stapel Bücher. Sie setzte sich ordentlich auf ihr Bett, holte eine Brille hervor und öffnete eines der Bücher. Monique legte ihren Kopf schief, um den Titel lesen zu können. *»Der Brechreiz«*, kicherte sie, »harte Sache. Kein Wunder, daß du eine Brille brauchst.« Sie schaute Danielle prüfend an und sagte: »Weißt du, du könntest sehr hübsch sein, wenn du mich dich mal richtig herausputzen ließest.«

Danielle schaute gereizt auf. »Bitte«, sagte sie, »ich versuche, etwas zu lernen.«

Monique zog eine Grimasse. »Ich wollte ja nur helfen.« Sie drehte sich zu mir um und sagte: »Wollen wir losgehen und nach den Typen sehen? Vielleicht will uns ja einer von ihnen in die Stadt ausführen.«

»Gute Idee«, sagte Suzanne.

»Warum nicht?« sagte ich.

»Tschüß«, sagte Danielle. Sie schaute nicht auf.

»Salut les copains«, sagte der gutaussehende Typ vom Zug, als wir das Boyardville Café betraten. Er bedeutete dem Kellner, drei weitere Gläser Pineau zu bringen, wobei er aussah, als würde ihm der Laden gehören. Ich verliebte mich augenblicklich. Aber Georges nahm nicht mehr Notiz von mir, als er es im Zug getan hatte; vielmehr widmete er den ganzen Sommer der Verführung von Monique. Nachts träumte ich von ihm, tagsüber tröstete ich mich, indem ich aß.

Das war nicht schwer. Wenn wir morgens aufwachten, schwebte der Geruch von backendem Brot durch das Waldstück. Wenn wir soweit waren, daß wir unsere Camper aus dem Bett gescheucht, ihre Gesichter gewaschen und ihre Hemden in die Hosen gesteckt hatten, war der Duft überaus verführerisch geworden. Dann gingen wir in den Speisesaal, um heißes Brot zu genießen, das mit Landbutter bestrichen und mit selbstgemachtem Pflaumenmus bedeckt war, das so voller Früchte war, daß jede Scheibe Brot wie ein Obsttörtchen aussah. Wir tauchten unsere Gesichter in die Schüsseln mit Café au lait und sogen das süße, bittere, seltsame französische Aroma ein, und Georges oder Jan oder einer der anderen Gruppenleiter sagte dann zum hundertsten Mal: *»On ne mange pas comme ça à Paris.«* Zwei Stunden später hatten wir ein *gouter*, einen Snack, bestehend aus Schokoladenriegeln, die in frischen, knusprigen Brötchen steckten. Und weitere zwei Stunden später gab es Mittagessen. Wir aßen den ganzen Tag.

Das war die Hauptbeschäftigung. Das »Glückliche Haus« bot keine Sportmöglichkeiten, keine Spiele, kein Basteln und keine irgendwie gearteten organisierten Aktivitäten. Die Insel war wild und wunderschön, ein Dschungel aus dichtem unberührtem Wald, der endlose Meilen menschenleeren Strandes säumte, und man erwartete von den Campern, daß sie sich gegenseitig unterhielten. Unser Job war lediglich, dafür zu sorgen, daß keiner verlorenging und daß sie alle zunahmen. Den größten Teil des Tages verbrachten wir am Strand. Danielle arbeitete hart, indem sie ernsthaft versuchte, ihren Campern das Schwimmen beizubringen, wir anderen arbeiteten an unserer Sonnenbräune. Das einzige, was wir unseren Gruppen beibrachten, war, die köstlichen Muscheln auszugraben, die direkt unter dem nassen Sand lagen, und sie mit uns zu einem späten Morgenimbiß zu teilen. So gestärkt gingen wir über den Strand und durch den Wald zurück zum Mittagessen.

Es war immer ein wunderbares Essen. Zunächst einmal gab es oft große Berge von *petits-gris*, kleinen Krabben, die in einer Mischung aus Wein, Wasser, Zitrone und Kräutern gedünstet worden waren. Wenn man die Köpfe abbrach, kamen die rosigen Krabben aus ihren Schalen gepurzelt; es war ziemlich viel Arbeit, sie zu puhlen, aber es lohnte sich. Danach gab es Eintopfgerichte aus frisch zubereiteten Landhühnern oder Kaninchen, oder manchmal kleine, wohlschmeckende, dicke Steaks mit großen Bergen von frisch gemachten Pommes Frites. Und dann Salat und Brot und Käse und Obst. Und, für die Gruppenleiter, die trockenen Landweine der Region.

Nach dem Mittagessen machten die Camper einen zweistündigen Mittagsschlaf. Nur ein paar der Gruppenleiter mußten dortbleiben und Kissenschlachten verhindern – diejenigen von uns, die nicht *de service* waren, durften in die Stadt gehen. Wir wanderten die kleinen Straßen von Boyardville hinunter, schrieben Postkarten an unsere Eltern und aßen die nicht besonders guten Eiscremetüten, die im *tabac* verkauft wurden. Aber früher oder später landeten wir immer im Boyardville Café.

Eines Tages saß ich dort, nippte an einer Tasse Kaffee und schaute sehnsüchtig zu Georges hinüber, als plötzlich eine Stimme über mir sagte: »*Tu permets?*«

Es war Danielle. Sie setzte sich und sagte entschuldigend: »Ich habe gerade herausgefunden, daß du Amerikanerin bist.«

»Und?« fragte ich.

Sie schwieg einen Augenblick, und dann sagte sie schüchtern. »Sag mal, kennst du Tony Curtis?«

Ich brach in Gelächter aus. »Kennst du Jacques Brel?« erwiderte ich.

»Ich bin aus Reims«, sagte sie, als würde das die Frage beantworten. »Ich werde Krankenschwester. Das ist ein nützlicher Beruf.«

Die anderen Gruppenleiterinnen fanden, daß Danielle eine Plage sei. Sie war ein Bücherwurm, ein Sauertopf, *»pas amusant«*. Aber weil sie sich nicht für Jungs interessierte, und die Jungs sich nicht für mich, wurden wir allmählich Freundinnen. Und ich entdeckte, daß sie erstaunlich unabhängig war. Als ich fragte, ob jemand mit auf die andere Seite der Insel trampen würde, um St. Trojan zu erkunden, waren alle zu ängstlich. »Das ist zu weit«, sagte Georges.

»Du wirst zu spät zurückkommen, man wird dich rausschmeißen«, sagte Suzanne.

»St. Trojan?« fragte Danielle und schaute die anderen abschätzig an. »Ja. Ich denke, es könnte interessant sein, sich das anzusehen.«

»Bist du verrückt?« fragte Monique. »Wenn der Direktor das herausbekommt, wird er dich nach Hause schicken.«

»Meinst du, daß er uns wirklich nach Hause schicken wird, wenn er das herausbekommt?« fragte Danielle, als wir losgingen. Es war ein heißer, trockener Tag. »Was ist, wenn wir es nicht rechtzeitig zurück schaffen?« Wir gingen durch Boyardville, am *tabac* vorbei und an dem einzigen Gemüseladen und dem Fischrestaurant, wo die Touristen immer hingingen.

»Der Direktor wird niemals herausbekommen, daß wir weg waren«, antwortete ich. »Monique wird uns decken.« Danielle nickte, aber als wir die Stelle erreichten, wo der Bürgersteig endete, konnte ich sehen, daß sie ihre Zuversicht verloren hatte.

Es war nicht viel Verkehr. Heute verbindet eine Brücke die

Île-d'Oléron mit dem Festland, aber damals mußte man von La Rochelle aus eine Fähre nehmen, und diese Mühe nahmen nur wenige Menschen auf sich.

»Vielleicht werden keine Autos kommen«, sagte Danielle. Ich hatte den Eindruck, als hoffte sie insgeheim darauf. Doch gerade als sie es sagte, näherte sich in einiger Entfernung ein Wagen. Mit herausgestreckten Daumen beobachteten wir, wie das Auto auf uns zukam. Es fuhr erst vorbei, wurde dann langsamer und kam mit kreischenden Reifen auf dem Seitenstreifen zum Stehen, wobei es eine Wolke von Staub aufwirbelte.

Wir liefen hinüber. Im Auto saß ein älteres Ehepaar aus Paris. Sie konnten uns, wie sie sagten, nicht den ganzen Weg nach St. Trojan mitnehmen, denn sie fuhren nur den halben Weg, um eine örtliche Käserei zu besuchen.

»*Ça ira*«, sagte ich und öffnete die Autotür. »Wir kommen mit, wenn Sie es erlauben.« Ich wußte, wenn wir nicht mit diesen Leuten fuhren, würde Danielle kneifen.

»Es wird Ihnen Freude machen«, sagte die Frau vertrauensvoll, als würde sie uns schon ihr ganzes Leben lang kennen und wüßte, was wir gern mochten. Sie hatte so ein unbestimmtes, etwas aufgedunsenes Gesicht, das wie eine Zeichnung aussah, an der zu oft radiert worden war. Ihr graues Haar war kurz geschnitten, sie hatte blaßblaue Augen und seufzte ziemlich häufig, als verberge sie eine schreckliche Traurigkeit in sich – aber wahrscheinlich war es nur eine Magenverstimmung.

Ihr Ehemann sah aus wie die Verkörperung des guten Lebens. Er war gebaut wie ein Hydrant und hatte ein großes Gesicht, das von geplatzten Äderchen durchzogen war, und einen riesigen Bauch, der weich am Steuerrad wabbelte. Das Auto war von einem mysteriösen leisen Klappern erfüllt; als ich hinuntersah, erkannte ich, daß es von den Marmelade- und Konfitüregläsern herrührte, die den Boden des Fahrzeugs bedeckten.

Sie hießen Deveau, und als sie herausfanden, daß ich Amerikanerin war, verloren sie jegliches Interesse an mir. »Die Amerikaner«, sagte Madame bestimmt, »wissen nicht, wie man ißt.« Aber als Danielle erzählte, daß sie aus Reims kam, waren sie freudig überrascht. »*Oh, la belle Champagne*«, keuchte Madame und bombardierte Danielle mit Fragen nach jenem Restaurant und diesem Weinlokal.

»In meiner Familie geht man nicht in Restaurants«, sagte Danielle schlicht.

Die Deveaus sahen bedauernd drein, als würde ihr damit eine große Erfahrung des Lebens vorenthalten. »Waren Sie schon einmal in Troyes?« erkundigte sich Madame.

»*Bien sûr*«, antwortete sie, »meine Tante und meine Onkel wohnen ganz in der Nähe, in dem Dorf Chaource.«

»Ah, Chaource«, sagte sie voller Ehrfurcht, »einer der großartigsten Käse der Welt. Haben Sie ihn schon einmal probiert?«

»Mein Onkel macht ihn«, erwiderte Danielle.

Da drehte sich Monsieur Deveau nach ihr um, und zwar so weit, daß ich dankbar war, daß die Straße gerade frei war. Er ignorierte das Schaukeln des Autos und starrte sie bewundernd an, als hätte er soeben auf dem Rücksitz seines Autos einen Filmstar entdeckt. »Wußten Sie, daß er schon seit dem vierzehnten Jahrhundert hergestellt wird?« fragte er mit einer Stimme, mit der die meisten Menschen über große Werke der Kunst sprechen.

»Ja«, sagte Danielle. »Es ist ein altehrwürdiger Käse.« Als er seinen Blick wieder der Straße zuwandte, flüsterte sie: »Ich mag ihn überhaupt nicht. Furchtbar! So fett!«

Von vorn war ein tiefer Seufzer zu hören, und das Gesicht von Madame Deveau erschien über der Rückenlehne ihres Sitzes. »Es ist heutzutage so schwer, einen guten Bauernkäse zu bekommen«, sagte sie klagend. Sie freute sich, uns sagen zu können, daß wir, wenn wir unser Ziel erreichten, auserwählt seien, einen besonderen Käse mit Namen Oléron zu probieren. »Selbstverständlich so gemacht, wie er sein sollte! Es ist eine traurige Geschichte, wenn der gute Käse Frankreichs in Fabriken gemacht wird!« Erneutes Seufzen.

Ich begann, diesen kleinen Ausflug zu bereuen – wir befanden uns mitten in der Wildnis und waren noch nicht einem einzigen anderen Auto begegnet. Danielle sah beunruhigt aus.

»Wenigstens werden wir nicht verhungern«, flüsterte ich und ließ mich ins Abenteuer fallen, als Monsieur eine enge Auffahrt hinauffuhr. Ein paar Schafe schauten schläfrig auf, als der Wagen vorbeifuhr, und kauten dann weiter ihr Gras. Die Luft bewegte sich kaum. Das Auto hielt vor einem kleinen Holzhaus, und wir stiegen alle aus. Es war seltsam, aber wenn ich tief einatmete, konnte ich immer noch das Meer riechen.

Eine Frau in einem rosafarbenen Kleid mit weißen Punkten und Turnschuhen kam heraus. Ihr dünnes blondes Haar war am Hinterkopf in einer Art Dutt zusammengehalten. Sie hatte große Zähne und ein wunderschönes Lächeln. »*Vous désirez?*« fragte sie, öffnete die Tür und bat uns herein.

Danielle schaute auf ihre Uhr. »Wir müssen in einer Stunde zurück sein«, drängte sie. »Wir hätten nicht hierherkommen sollen!«

»Keine Sorge«, sagte ich.

»Aber wir sind mitten im Nichts«, sagte sie unglücklich. »Wir können nicht weg, ehe sie auch wegfahren.«

»Es kann ja nicht so lange dauern, einen kleinen Käse anzuschauen«, bemerkte ich.

Da hatte ich Madame unterschätzt. Vor dem Käse die Schafe. Erst als wir sie genau betrachtet und diskutiert hatten, was sie fraßen, konnten wir zu dem Raum gehen, in dem der Käse gemacht wurde, und der Frau dabei zuschauen. Sie zeigte, wie sie den Weißkäse wusch, ihn zu kleinen Rädern preßte und ihn dann auf Matten legte, damit er trocknete. Sie ließ uns den Käse vom Vortag probieren, der frisch und mild war wie aus Sahne gemacht, und dann den, der eine Woche alt war. Er war zart im Mund und hatte den durchdringenden Geschmack von Schafsmilch. »Also dieser«, sagte Madame Deveau anerkennend, »hat wirklich Charakter!« Sie spießte ein zweites Stück auf und schob es sich in den Mund. »So etwas gibt es nicht in Paris«, sagte sie fröhlich. Sie begann schon mit den Verhandlungen, als sie noch etwas anderes auf dem Regal erspähte. Es sah aus wie ein Stück Kohle, völlig mit schwarzem Schimmel bedeckt.

»Den verkaufen wir nicht«, sagte die Frau. »Er ist für uns. Wir lagern ihn ein paar Monate.«

Die Augen von Madame Deveau glühten – sie hatte eine Rarität entdeckt, und die mußte sie haben. Sie begann, Geldscheine aus ihrer Brieftasche zu ziehen und bot immer mehr für einen der Familienkäse.

»Aber Madame«, sagte die Frau, »Sie haben ihn ja noch nicht einmal probiert.« Sie schaute zu uns und verzog ganz kurz den Mund.

»Ich weiß, daß er exzellent sein wird!« sagte Madame schmeichlerisch. »Ihre Schafe werden mit dem gesunden Gras der Insel gefüttert, und der Käse altert hier in der sauberen Luft. Ich weiß, daß es zu Hause nichts Vergleichbares geben wird. Meine Freundinnen werden so neidisch sein.«

Die Frau ließ sich sehr lange bitten. »Aber erst«, beharrte sie, »müssen Sie noch meine anderen Produkte kennenlernen.« Sie führte uns zurück in das Haus und bot uns ein kaltes Getränk an. »Vielleicht etwas von meiner Limonade?«

Madame fächelte sich Luft zu und ließ sich in einen Sessel fallen. Sie meinte, etwas Limonade wäre wunderbar. »Wir müssen gehen«, sagte Danielle und zeigte auf ihre Uhr. Es war fünfzehn Uhr, und sie sah blaß und verängstigt aus. Die Mittagspause ging in einer halben Stunde zu Ende.

Wenn wir jetzt sogleich aufbrachen, würden wir es gerade noch schaffen. Aber Madame Deveau fuhr nirgendwo hin. Die Käsemacherin hatte ein Tablett mit Limonade gebracht, und jetzt begann die richtige Verkaufsvorstellung.

Vier Sorten Marmelade. Honig. Ein Confit de canard, das sie selbst zubereitete. Madame probierte alles und kaufte alles gierig. »Oh«, sagte sie immer wieder, »das ist so köstlich! Meine Freundinnen werden so begeistert sein, nicht wahr, Henri?«

Monsieur saß in einem Sessel in der Ecke und döste ein wenig. »*Oui, ma chèrie*«, sagte er und rutschte pflichtschuldigst ein wenig wieder hoch. »Es ist genau, wie du sagst.«

Die Käsemacherin schien ein wenig verwirrt, aber sie war offenbar am Ende ihrer Show. Einen Moment lang sah sie sich um und verließ dann das Zimmer. Als sie zurückkehrte, hatte sie eine wunderschöne Decke über dem Arm. »Meine Schwägerin spinnt ihre eigene Wolle«, erklärte sie und hielt uns die Decke entgegen. Sie war in dunklen Farben gehalten, Rot-,

Braun- und Dunkelblautöne, und von der Feinsinnigkeit eines Quilts der Amish People. Ich streckte meine Hand aus, um sie zu berühren, doch Madame Deveau sagte mißbilligend: »Decken kann man nicht essen. Ich nehme nicht an«, fuhr sie dann wehmütig fort, »daß Sie Foie gras machen, oder?«

Wir hatten Glück – sie machte es nicht. Wir würden spät kommen, aber nicht so spät, um rausgeschmissen zu werden. Danielles Wangen bekamen wieder etwas Farbe.

Aber die Käsemacherin hatte noch eine Idee. »Bitte lassen Sie sich ein Stück von meiner *Tarte aux framboises* schmecken«, sagte sie. »Meine Torten sind auf der ganzen Insel bekannt.«

»Ich bin wirklich ein wenig hungrig«, konstatierte Madame. »Einkaufen ist so eine ermüdende Tätigkeit.«

Monsieur Deveau erwachte mit einem Schnarcher. »Ein kleiner Imbiß wäre nett«, stimmte er zu.

Danielle sah aus, als würde sie gleich anfangen zu weinen. »Was machen wir bloß?« fragte sie und kaute auf ihren Nägeln.

»Ein Stück Tarte essen«, schlug ich vor. »Wir sind Gefangene.«

Danielle nahm ihren Finger aus dem Mund und griff nach einem Stück. Ich beobachtete sie. Sie nahm noch ein Stück. Und noch eins. Ich holte mir selbst auch eines.

Es war wundervoll. Die Früchte waren berauschend frisch, und jede Beere gab ihren Saft erst im Mund preis, wo er mit der süßen, knusprigen Kruste zusammenkam. »Warum schmeckt diese hier so viel besser als andere Tartes?« fragte ich.

Madame Deveau sah mich mit so etwas wie Interesse an. »Die Amerikanerin wacht auf«, bemerkte sie. »Das liegt daran, daß die Produkte hier so gut sind«, sagte sie. »Gute Butter von fetten Kühen und wilde Beeren, die in der Inselluft gewachsen sind.«

Wenn die Käsemacherin über diese Mißachtung ihres Talentes beleidigt war, dann ließ sie es sich jedenfalls nicht anmerken. Aber Danielle tat es. »Madame«, sagte sie kühl, »meine Tante macht auch ihre eigene Butter, und ich versichere Ihnen, daß die sehr gut ist. Und wenn sie eine Tarte macht, dann sammele ich selbst die Beeren. Man sagt, sie sei eine sehr gute Köchin. Aber ich habe noch nie eine Tarte gegessen, die dieser hier vergleichbar gewesen wäre.«

Monsieur Deveau betrachtete sie mit einem gewissen Respekt. »*Bravo, ma fille*«, sagte er. »Das muß man sagen. Wir begegnen hier einem wahren Talent.«

Die Käsemacherin errötete, verleugnete sich jedoch nicht. »Ich habe eine gute Hand für Tartes«, sagte sie einfach. Sie begann, die Teller abzuräumen, und Danielle und ich sprangen auf, um ihr zu helfen. Als wir in die Küche gingen, zeigte Danielle auf ihre Armbanduhr: Es war vier Uhr. Wir waren geliefert. Als sich die Küchentür vor Madame Deveau schloß, die sich ein weiteres Stück von der Tarte abschnitt, brach Danielle in Tränen aus.

Ich war entsetzt, sie so völlig die Beherrschung verlieren zu sehen, und wußte nicht, was ich tun sollte. »Es tut mir leid«, sagte ich hilflos, »es ist alles meine Schuld.«

Die Käsemacherin legte ihren Arm um Danielle und setzte ein wundervolles Lächeln auf. »Was ist los, *mon chou*?« fragte sie. »Was ist passiert?«

»Ich hätte niemals so dumm sein sollen, hierherzukommen«, schluchzte Danielle. »Wir werden so spät ins Camp zurückkommen, daß man mich vor die Tür setzen wird. Ich werde nach Hause geschickt, und meine Eltern werden wütend auf mich sein. Ich habe mein Leben ruiniert!«

»Nicht doch, nicht doch«, beruhigte die Käsemacherin sie. »Sie werden Monsieur le directeur erzählen, daß Sie bei Marie waren. Und Sie werden ihm mit den besten Grüßen von mir eine Himbeer-Tarte überreichen. Er wird Sie nicht rauswerfen, das verspreche ich Ihnen.«

Sie war so überzeugt von der Macht Ihrer Tarte, daß wir ihr glaubten. Danielle sah jetzt schon fröhlicher aus. Dann zog ein Schatten über ihr Gesicht.

»Ich habe kein Geld«, sagte sie.

»Machen Sie sich darum keine Sorgen«, sagte Marie. »Sie haben mir bereits viel Glück gebracht. Ich habe noch niemals jemanden hiergehabt, der an einem Nachmittag so viel kaufte. Und dann zu solchen Preisen! Ich habe ihnen das Doppelte berechnet. Und sie werden ihre Freunde schicken, und dann werde ich die Preise noch einmal verdoppeln.«

Danielle murmelte etwas zum Dank. Sie sah aus, als wollte sie etwas sagen, wußte jedoch nicht, wie. Ich beobachtete sie, wie sie mit sich selbst kämpfte, als Madame Deveau aus dem vorderen Zimmer rief: *»Alors les filles! On y va?«* Danielle eilte auf die Tür zu, machte dann aber noch einmal kehrt.

»Madame«, begann sie schüchtern, »darf ich Sie etwas fragen?«

»Oui, ma fille.«

»Können Sie mir beibringen, wie man diese Tarte macht?«

»Wann ist Ihr freier Tag?«

»In vier Tagen.«

»Kommen Sie dann wieder. Ich werde es Ihnen zeigen. Und bringen Sie Ihre Freundin mit.« Zum ersten Mal an diesem Tag sah Danielle wirklich glücklich aus.

Als wir ins Auto stiegen, starrte Madame Deveau neidisch auf die Tarte. Und als wir dann losfuhren startete sie ihre Versuche, sie uns abzukaufen. Danielle sah schockiert aus. »Das war ein Geschenk!« sagte sie mit solchem Ernst, daß Madame Deveau das Thema fallenließ.

Die Fahrt zurück schien ewig zu dauern. Madame Deveau plapperte immer weiter über ihr großes Glück, solch eine talentierte Frau zu finden, und schien die nervöse Stille auf dem Rücksitz gar nicht zu bemerken. Als wir die Tore des Maison Heureuse erreichten, war die Mittagsruhe bereits seit zwei Stunden zu Ende. Wir wußten nicht, was uns erwartete. Wir sagten auf Wiedersehen und kletterten aus dem Auto. Madame warf einen letzten sehnsüchtigen Blick auf die Tarte, und dann waren sie weg.

»Was für eine fürchterliche Frau«, sagte Danielle, als wir verstohlen durch den Wald zum Strand liefen. Es gab einen kritischen Moment, als sie über die Wurzel eines Baumes stolperte, doch sie hielt die Tarte ganz fest, und sie war noch ganz, als wir oben auf der Klippe ankamen.

»Ich kann nicht hinschauen«, sagte Danielle. »Sind sie da?« Ich spähte über die Kante und sah hinunter. Nikili schlug

Roland mit einer Schaufel über den Kopf und Monique lag da mit dem Kopf auf Georges' Bauch.

»Alle da«, sagte ich.

Nikili sandte mir einen wissenden Blick zu, als wir an den Strand kamen, aber ich glaube, er war der einzige, der unsere Abwesenheit bemerkt hatte. Monique hatte einfach unsere Jungs mit ihren an den Strand getrieben, und keiner hatte sich getraut, ihr eine Frage zu stellen. »Wir können die Tarte selbst essen!« freute ich mich.

»Ganz sicher nicht«, sagte Danielle schockiert. »Das wäre doch Diebstahl. Marie hat sie mir für den Direktor mitgegeben.«

»Aber er wird wissen wollen, warum«, sagte ich. »Du würdest schlafende Hunde wecken.«

»Daran hatte ich nicht gedacht«, sagte Danielle und kämpfte mit ihrem Gewissen.

»Monique hätte rausgeschmissen werden können, weil sie uns gedeckt hat«, bemerkte ich. »Das bist du ihr schuldig.«

Danielle schwankte.

»Marie hat dir die Tarte gegeben, nicht ihm«, fügte ich hinzu.

Sie verzog das Gesicht. »Aber sie hätte sie mir nicht gegeben, wenn ich ihr nicht erzählt hätte, daß ich fürchtete, rausgeschmissen zu werden«, sagte sie spröde.

»Du bist wirklich sehr französisch«, seufzte ich. Und sagte nichts mehr dazu.

Den ganzen Abend lang grübelte Danielle über die Moral der Tarte nach. Sie lehnte es ab, ihre Entscheidung von schlichtem Eigeninteresse beeinflussen zu lassen, doch ich hatte die Sache schwieriger gemacht, indem ich einen widerstreitenden Anspruch eingebracht hatte. Jedesmal, wenn sie zugunsten von Monique entschied, hinterfragte sie ihre eigenen Motive. Man konnte dem Direktor seine Tarte nicht einfach vorenthalten, nur weil sie sich nicht traute, ihm zu sagen, wo wir gewesen waren.

»Die Tarte wird vergammelt sein, bis du dich endlich entschieden hast«, neckte ich sie, doch insgeheim bewunderte ich ihren Kampf.

»Laß mich in Ruhe«, sagte sie und ging allein weg.

Als sie zurückkam, hatte sie einen entschlossenen Gesichtsausdruck, und sie ging zu Monique und überreichte ihr feierlich die Tarte. »Die ist für dich«, sagte sie. »Du hast deinen Job für uns riskiert, und ich bin dir sehr dankbar.«

»Danke«, antwortete Monique. Als sie und Georges an diesem Abend in den Wald gingen, hatten sie die Tarte dabei.

»Warum läßt du sie den Beweis essen?« fragte ich Danielle, als wir ins Bett gingen.

»Ich glaube, daß das in Maries Sinn war«, sagte sie schläfrig. Sie machte das Licht aus. »Nächste Woche, wenn sie mir das Rezept zeigt, werde ich eine Tarte für den Direktor backen. Das ist das mindeste.«

7
Serafina

Die meisten neuen Studenten kamen in Ann Arbor mit ihren Eltern im Schlepptau an. Ich schaute neidisch zu, wie sie ihre Sachen in die Zimmer des Wohnheims trugen und dann zur Verabschiedungszeremonie verschwanden. Meine Mutter hielt sich immer noch in Europa auf und versuchte, ihr Buch fertigzustellen, und Dad kam es nicht in den Sinn, daß ich auf meiner ersten Fahrt zum College vielleicht gern Gesellschaft gehabt hätte. Andererseits bin ich sicher, daß ich ihm, wenn er gefragt hätte, geantwortet hätte, daß er zu Hause bleiben solle.

Als ich aus dem Bus stieg, wurde mir klar, daß die Universität von Michigan 30 000 Studenten hatte und daß ich nicht einen einzigen davon kannte. Ich griff meine Tasche und eilte in Richtung Couzens Hall, in der Hoffnung, daß meine Zimmernachbarin dasein würde.

Sie war nicht da. Alles, was ich vorfand, war ein Zettel, auf dem stand, daß sie zu ihren Eltern nach Detroit gereist war und daß ich mir ein Bett aussuchen könne. Ich schnüffelte in ihren Sachen herum, aber die waren nicht sehr aussagekräftig: Ich wußte am Ende nur, daß sie klein und dünn war und Serafina hieß.

Als Serafina zwei Tage später erschien, wurde mir klar, daß es wahrscheinlich doch eine gute Idee gewesen war, mich nicht von meiner Mutter zum College bringen zu lassen. Mom war sowieso nicht besonders begeistert von der Universität Michigan, und auf meine Zimmergenossin würde ich sie erst noch vorbereiten müssen. Serafina war wunderschön, mit großen glänzenden Augen, die von glattem, kurzem und glänzendem Haar eingerahmt waren. Sie war klug und witzig, mit einem ausgefallenem Sinn für Humor. Und ihre Haut war auch im Winter perfekt gebräunt.

Aber Mom gab mir keine Chance, sie vorzubereiten. Eines Tages Anfang Oktober kam ich aus dem Englischkurs zurück, und Serafina sagte: »Gerade hat deine Mutter angerufen. Sie kommt direkt aus Paris und wird morgen hier sein. Sie sagte, sie würde gern meine Eltern kennenlernen.«

»O-oh«, sagte ich. Serafinas Eltern waren die großzügigsten Menschen, die ich je kennengelernt habe. Sie lebten schon sehr lange in Amerika, aber sie sprachen immer noch einen karibischen Akzent und liebkosten jedes Wort, ehe sie es freiließen. Wenn sie von Guyana sprachen, dann war es, als wären sie nur kurz zu einem Besuch nach Detroit gekommen und würden jeden Moment wieder zurückkehren. Ich versuchte, mir meine Mutter in ihrer bescheidenen Wohnung vorzustellen, umgeben von dem Geruch von Curry und Kokosnüssen, aber es gelang mir nicht.

Doch Mom bat gar nicht darum, zu ihr nach Hause gehen zu können. Sie platzte in unser Zimmer, und das breite Lächeln auf ihrem Gesicht erstarb, als sie Serafina sah. Sie kämpfte um Haltung, sammelte ihre Gesichtszüge wieder und streckte ihre Hand aus. »Serafina?« fragte sie zögernd.

Später entschuldigte sie sich bei mir. »Ich kann einfach nichts dafür. Ich fürchte, ich habe Vorurteile. Es ist mir nie in den Sinn gekommen, daß deine Zimmernachbarin eine Schwarze sein könnte.«

»Oh, das ist sie auch nicht«, antwortete ich mit Inbrunst, indem ich nachplapperte, was Serafina mir selbst gesagt hatte. »Ihr Familie stammt aus Guyana. Sie haben französisches und indianisches Blut. Es sind keine Schwarzen.« Und um das zu beweisen, gab ich ihr etwas von dem Kokosnußbrot, das Serafinas Mutter uns geschickt hatte.

»Da bin ich aber erleichtert«, sagte Mom und nahm sich ein Stück.

Kokosnußbrot

1 Tasse warmes Wasser
1/2 Tasse Zucker
2 Tüten Trockenhefe
4 Tassen weißes Mehl, dazu noch etwas Mehl zum Kneten
250 g Butter
2 geschlagene Eier
1 Teelöffel Salz
1 Teelöffel Vanille-Extrakt
1/2 mittelgroße frische Kokosnuß

Geben Sie das Wasser in eine große Schüssel. Schütten Sie den Zucker hinzu und rühren Sie, bis er sich aufgelöst hat. Fügen Sie die Hefe hinzu, rühren Sie um, und lassen Sie das Ganze ein paar Minuten stehen, bis die Hefe Bläschen wirft.

Fügen Sie 1 1/2 Tassen des Mehls hinzu und rühren Sie, bis die Masse weich ist.

Mixen Sie in einer anderen Schüssel Butter, Eier, Salz und Vanille zusammen, bis alles sehr gut miteinander verbunden ist.

Lösen Sie das Kokosnußfleisch aus der Schale, schneiden Sie es klein, pürieren Sie es mit dem Pürierstab fein und rühren Sie es dann unter die Buttermischung.

Geben Sie jetzt die Koksnuß-Butter-Mischung zum Mehl und mischen Sie das Ganze durch, bis es einen weichen Teig gibt. Fügen Sie nach und nach das restliche Mehl hinzu. Kneten Sie den Teig auf einer gemehlten Unterlage ungefähr zehn Minuten lang, bis er eine weiche Kugel ist.

Legen Sie den Teig in eine leicht eingefettete Schüssel, decken Sie ihn zu und lassen Sie ihn gehen, bis er sich verdoppelt hat.

Kneten Sie ihn noch einmal durch, formen Sie einen Brotlaib daraus und setzen Sie diesen auf ein nicht eingefettetes Backblech. Mit einem Tuch bedecken und nochmals eine halbe Stunde gehen lassen. Heizen Sie den Ofen auf 180° vor.

50 bis 60 Minuten backen und dann auf einem Rost auskühlen lassen.

»Ich wußte gleich, daß du reich bist«, erzählte mir Serafina später. Wir saßen spät am Abend in unserem Zimmer und aßen gemeinsam eine Pizza, die wir uns bestellt hatten. Ich hatte Sorge wegen der Kalorien, aß aber trotzdem davon, wobei Serafina, die eine perfekte Figur hatte – mit vollen Brüsten, flachem Bauch und schlanker Taille – das meiste aß.

»Ich bin nicht reich«, sagte ich und bereute bereits die Pizza – ich hatte mir den Gaumen verbrannt und stieß jetzt immer wieder mit der Zunge an die Wunde.

»Du mußt reich sein«, sagte sie. »Ich habe noch nie jemanden gesehen, der in einem Restaurant so schlechte Manieren an den Tag legt.«

»Wie?« fragte ich, ehrlich erstaunt. »Schlechte Manieren heißt, daß ich reich bin?«

»Nein«, sagte sie. »Schlechte Manieren in Restaurants zeigen, daß du reich bist. Du sitzt da mit den Ellbogen auf dem Tisch! Als ob es für dich eine alltägliche Sache wäre, zum Essen auszugehen. Ich traue mich kaum, die Hände aus dem Schoß zu nehmen.«

Serafina, das lernte ich bald, bemerkte Dinge, die anderen Leuten entgingen. Ihre Eltern hatten sich krummgelegt, damit sie zur Katholischen Schule gehen konnte, und sie waren sehr erfreut, als sie ein Vollstipendium für das College bekam. Serafina sah die Sache ein wenig kritischer. Sie war darüber verärgert, daß der Opportunity Award einen Sommerkurs, der die Stipendiaten an das Universitätsleben gewöhnen sollte, beinhaltete. »Nur weil wir arm sind«, fauchte sie, »denken die, sie müßten uns beibringen, wie man sich benimmt.« Sie nahm noch ein Stück Pizza.

Ich wies darauf hin, daß es einige Vorteile hatte, früh zu kommen – als ich in Ann Arbor ankam, hatte sie bereits einen Freund. Rob war klein und süß, folgte ihr in seiner Anbetung überallhin und war immer bereit, sie zu einem Kurs zu bringen, sie zum Essen auszuführen und sie seinen Kollegen aus der Studentenvereinigung vorzustellen.

Serafina schaute in die Schachtel. »Ist es okay, wenn ich das letzte Stück nehme?« fragte sie.

»Bitte sehr«, erwiderte ich.

»Möchtest du nächste Woche mit zum Tanzen in Robs Studentenvereinigung kommen?« fragte sie, während sie sich mit der Grazie einer Katze die Finger ableckte. »Ich kann einen von seinen Freunden bitten, dich dorthin auszuführen.«

Natürlich wollte ich mitkommen. Doch als ich runterging und Rob klein wie einen Zwerg neben einem 130-Kilo-Quarterback namens Chuck Mason stehen sah, hätte ich fast kehrtgemacht und wäre geflohen. Chuck war in einen schwarzen Anzug gezwängt und hatte ein kleines Ansteckbukett in seiner riesigen Pranke. Ich merkte, daß auch er nicht sonderlich von mir beeindruckt war. Wir schluckten beide und reichten uns artig die Hände.

Chuck, der aus Marietta in Georgia stammte, war sehr enttäuscht festzustellen, daß ich das Trinken aufgegeben hatte. Die meiste Zeit des Abends verbrachte er damit, von den Saufpartys zu Hause zu erzählen. Wir tanzten ein wenig, jedoch ohne einander zu nahe zu kommen. Ich langweilte mich. Dann kam Serafina strahlend zu uns und hielt etwas in der Hand.

»Schaut mal«, sagte sie. Es war Robs Verbindungsnadel. »Rob hat mich gefragt, ob ich sie tragen will.«

»Das ist ja wunderbar!« sagte ich, ein wenig neidisch. Einen Moment lang fragte ich mich, was sie hatte, das ich nicht hatte. Dann bemerkte ich, daß Chuck sichtlich eingeschnappt war. »Was ist los?« fragte ich. Er zog mich beiseite.

»Wenn ein Mann einer Frau seine Nadel gibt«, sagte er großartig, »dann wird sie ein Teil der Gemeinschaft.«

»Und?« fragte ich höflich.

»Das kann sie aber nicht«, sagte er geradeheraus.

»Warum nicht?« fragte ich. »Es haben auch schon andere Mädchen in eurer Verbindung eine Nadel bekommen, oder?«

Er nickte. »Aber die sind nicht wie sie.«

Ich begriff immer noch nicht.

Er schaute in den Raum hinein und dachte nach. Dann sah er mich wieder an. Er sah verärgert aus. »Sie sind keine Neger«, sagte er überdeutlich in seinem Akzent aus Georgia, so daß es klang wie »Nigger«.

»Ich verstehe«, sagte ich gutgelaunt, »das ist kein Problem. Serafina ist es auch nicht.«

Später machte mich die Sache sehr wütend, aber damals dachte ich nicht viel darüber nach. Ich war zu sehr mit Serafinas Sex-Problemen beschäftigt. Nun, da sie seine Nadel trug, fand Rob, daß er gewisse Rechte habe. »*Jeder* tut es, wenn das Mädchen die Nadel trägt«, klagte er angeblich Abend für Abend.

»Ich nicht«, sagte Serafina mit blitzenden Augen. Ich sagte nichts. Ich hatte auch irgendwie gedacht, daß die Nadel-Sex-Verbindung offenkundig sei, aber Serafina war von der Sorte Katholiken, die freitags Fisch aßen. Sie mußte an ihr Seelenheil denken.

Auf jeden Fall war Rob nicht von Dauer. Ein Jahr später sagte Serafina verachtungsvoll: »Kannst du dir vorstellen, daß ich mal mit einem Verbindungstypen gegangen bin?«

Das konnte ich, ehrlich gesagt, nicht. Wir zogen in dem Jahr in ein Apartment des Wohnheims. Wir kochten selbst, wobei wir uns eine Küche mit zwei anderen Mädchen teilten. Unsere Nachbarinnen waren affektierte Hühner aus dem Mittleren Westen, die karierte Faltenröcke mit passenden Twinsets trugen und einen Hackbraten exotisch fanden. Das größte Experiment, zu dem sich Marina in dem ganzen Jahr einmal verstieg, war gebratenes Huhn, und Susan blieb bei Steak und Kochbeutelreis.

Aber Serafina war eine großartige Köchin. Sie blieb nächtelang auf, um Hühnchen in Curry, Zwiebeln und Küchenkräutern zu marinieren. Sie machte kleine fritierte Brötchen, die »Bakes« genannt wurden. Und sie bat ihre Mutter um das Rezept für das Kokosnußbrot. Schon bald machte sie Braten und Pökelfleisch und erfüllte die Küche mit Gerüchen, die alle meine Vorstellungen überstiegen.

Ich für meinen Teil hielt mich an *Besser essen für wenig Geld*, ein Taschenbuch, das sogar Rezepte für Gänsebraten und Spanferkel in seinen Sparmenüs enthielt. Einige der Rezepte waren seltsam: Einmal machte ich Osso Buco, und als es zum Risotto kam, wurde es wirklich erstaunlich. James Beard und Sam Aaron, die Autoren, nannten es »eine beliebte italienische Methode, Reis zuzubereiten, die einfacher ist als die meisten anderen« und leiteten mich an, den Reis mit kochender Brühe zu bedecken und im Ofen zu backen, bis die Flüssigkeit verdampft sei. Es schmeckte genauso wie der Reis, den meine Mutter gewöhnlich zu ihren Hühnchen kochte, nur weniger fettig. War das italienische Küche?

Als Serafina und ich den Bauernmarkt am anderen Ende der Stadt entdeckten, fingen wir an, jeden Samstagmorgen dorthin zu gehen, um frisches Obst und Gemüse und die süßen Kartoffelkuchen zu kaufen, die ein alter Mann mit tiefschwarzer Haut und traurigen Augen verkaufte. Später nahm mich Serafina mit zum Eastern Market in Detroit, und wir begannen griechisch zu kochen, mit Olivenöl, Lamm und Weinblättern, die wir von unseren Ausflügen mitbrachten. An dem Abend, als wir Moussaka machten, sahen Marina und Susan beide krank aus. »Gehacktes Lammfleisch?« fragte Marina und griff nach dem Telefon. »Wie abstoßend!« Sie rief den Pizzaservice an.

Aber das gefiel ihnen immer noch besser, als wenn Mohammed, ein Marokkaner, der sich mit mir angefreundet hatte, um französisch sprechen zu können, zu uns kam und Couscous kochte, wobei er die Körner mit den Händen auflockerte. Sie fanden die Vorstellung von gerösteter Ziege, die Mohammed manchmal zubereitete, wirklich abstoßend und flohen, wann immer sie nur seinen Namen hörten.

Als wir im folgenden Jahr aus dem Wohnheim in unsere eigene Wohnung zogen, gingen Serafina und ich eigentlich davon aus, daß wir viel kochen würden. Aber unsere Wohnung war nur einen halben Block vom Campus entfernt und befand sich über einem Café. Sie war somit einfach zu praktisch gelegen für unsere Freunde. Wenn eine von uns in die Küche ging und anfing Zwiebeln zu schneiden, dann saßen, wenn das Essen fertig war, bereits fünfzehn Personen in froher Erwartung da. Wir konnten es uns nicht leisten, für so viele zu kochen, die immer bei uns herumhingen, und so verschwanden die regelmäßigen Mahlzeiten aus unserem Leben.

Unsere Tür war nie verschlossen. Wenn ich morgens durch das Wohnzimmer ging, fand ich meist ein paar Typen schlafend auf dem Fußboden liegen, die Arme um die Kissen gelegt, die sie von dem altersschwachen Sofa gezerrt hatten. Manchmal kannte ich sie, manchmal nicht. Übervolle Aschenbecher verteilten ihren Inhalt auf die hellen indianischen Decken, die wir über den Fußboden gelegt hatten. Oft flackerte noch eine Kerze in dem schmiedeeisernen Vogelkäfig, der von der Decke hing. Wir saßen gern im Dunkeln und drehten den Käfig, um dann seine Schatten über die Wände huschen zu sehen. Meist drehte sich auch noch eine Schallplatte auf dem Plattenspieler, die leise spielte, während die Leute schliefen.

Wenn ich die Musik nicht mochte, ging ich hinüber und machte sie aus und ersetzte was immer dort spielte durch Bob Dylan oder Bessie Smith. Serafina hörte am liebsten Jazz – es gab eine drei Monate währende Periode, in der sie ununterbrochen ein und dieselbe Lalo-Schifrin-Platte spielte.

Auf der anderen Seite der Straße war eine Bushaltestelle, und wann immer wir aus dem Fenster schauten, konnten wir dort einen Mann sehen, immer denselben Mann, der einfach dort saß. Serafina war davon überzeugt, daß er ein FBI-Agent sei. Damals fand ich das lächerlich, heute bin ich nicht mehr so sicher. Ich weiß nicht, was das FBI zu entdecken meinte, aber es ärgerte uns, wenn wir daran dachten, wie die Steuergelder verschwendet wurden. Wir pflegten am Fenster zu stehen und dem Typen auf der Bank zuzuwinken, und wenn wir rausgingen, überquerten wir die Straße und höhnten im Vorbeigehen: »Kein Geld für den Krieg.«

Der Krieg war für uns allgegenwärtig. Die meisten Jungs, die wir kannten, blieben an der Uni, um nicht eingezogen zu werden, und machten sich Sorgen wegen ihrer Tauglichkeits-Einstufungen. Diejenigen, die ihren Abschluß machten, mußten sich etwas anderes ausdenken, um Vietnam zu entgehen. Manche leisteten Ersatzdienst und schrieben uns Briefe aus den Lazaretten in den Ozark Mountains, in die sie geschickt worden waren. Andere gaben vor, verrückt zu sein. Diese Bemühungen brachten einige tatsächlich aus dem Gleichgewicht, und sie schwebten – nicht mehr von dieser Welt – durch die Wohnung. Kanada war eine letzte Zuflucht, und wir feierten viele Grenzübergangspartys.

Derweil riefen meine Eltern jeden Sonntagmorgen an, und meine Mutter schrieb überdies sehr deutlich formulierte Briefe über die anständigen Kinder ihrer Freundinnen. Manchmal schrieb ich zurück. »Ich weiß, daß Loren Labe bei euch gewohnt hat«, schrieb ich, »und dir ein Geschenk mitgebracht hat und mit einem Jungen von Yale ausging und jeden Abend zu einer vernünftigen Zeit zurück nach Hause kam und nett angezogen war und dir einen höflichen Dankeschön-Brief geschrieben hat, nachdem sie weg war. Sehr *comme il faut.*« Und dann fügte ich hinzu: »Ich könnte das nicht.«

Einmal verbrachte ich einen ganzen Nachmittag allein im Wohnzimmer mit dem Plattenspieler. Immer wieder setzte ich die Nadel zurück, um den ganzen Text von *It's All Right, Ma* aufschreiben zu können. Dann schickte ich ihn an meine Eltern als Versuch, mich ihnen zu erklären. »Wenn ich mir die Gesellschaft ansehe«, sagte ich ihnen, »dann sehe ich nichts als einen Haufen frustrierter, grau aussehender Leute, die sich selbst mit Regeln umgeben haben, die sie vom Leben abhalten. Was für die Wirklichkeit genommen wird, ist eine schreiende Form von Künstlichkeit. Ich will kein Ersatz-Leben leben.«

Meistens versuchte ich jedoch, nicht an meine Eltern denken zu müssen. Zu den wichtigsten Feiertagen – Thanksgiving, Weihnachten, Ostern – fuhr ich treu und brav nach Hause und haßte jede dieser Fahrten. Im Sommer fand ich Jobs, die mich fernhielten. Einen Sommer lang arbeiteten Serafina und ich in New York. In einem anderen Sommer blieben wir in Ann Arbor und übernahmen dann den Auftrag, einen Volkswagen nach San Francisco zu fahren. Dort endeten wir in einer Bude auf der Haight Street, mit dreißig Leuten um uns herum, die wir nicht kannten und die unentwegt LSD rauchten. Wir backten Brot mit den Diggers und hingen im Thou Café herum, wo Leonard Woolf die Leute für ein Buch interviewte, das er schrieb. Uns wollte er nicht interviewen.

»Ihr seid keine echten Hippies«, sagte er. Serafina und ich waren schockiert und aufgebracht. Woher wußte er, daß wir kein LSD nahmen?

»Oh«, sagte er, »ihr seid einfach zu sauber.«

Ich weiß nicht, wann Serafina aufhörte, in die Kirche zu gehen, aber es schien kein dramatischer Schritt zu sein, sie blieb einfach weg. Das Protestieren war zu unserer Religion geworden: Wir gingen zu Teach-ins und Sit-ins und kleideten uns ausschließlich in Schwarz. Ich verliebte mich unentwegt in Jungs, die sich nicht für mich interessierten, während Serafina abends zu Hause blieb, Lalo Schifrin hörte und in ihrem Tagebuch schrieb. Wir bestellten Pizza und redeten endlos über das Leben und die Welt und unseren Platz darin. Wir hinterließen einander kleine Zettelchen. »Wir befinden uns in einem Stadium des Übergangs – warum also unser gegenwärtiges Selbst hassen?« schrieb mir Serafina einmal. »Laß uns die Energie sparen für die Zeiten, wenn wir achtzig sind und uns wahrscheinlich vor oder nach der Veränderung befinden. Dann können wir hassen, wenn wir schon hassen müssen.«

Doch in unserem letzten Jahr auf dem College wurde alles anders. Einer der schicken Typen hatte sich in Serafina verliebt. Bill war ein Sohn aus reichem politischem Haus, dem seine eigene Herkunft peinlich war. Er war süß und ein bißchen berühmt, und ich hatte ein Auge auf ihn geworfen, so daß ich eifersüchtig war, als er anfing, bei uns rumzuhängen. Serafina war mehr geschmeichelt als begeistert, aber als Bill sagte, er wolle ihre Eltern kennenlernen, nahm sie ihn mit nach Detroit.

Als sie zurückkamen, war alles anders. Über Nacht. Sie warf ihre Lalo-Schifrin-Platten raus und ersetzte sie durch Aretha Franklin. Sie besorgte sich alle Platten, die neuen wie Respect, und die älteren, auf denen Arethas Stimme sanft und gospelartig klang. Serafina summte mit, tanzte manchmal, aber sprach nicht. Bill kam nicht mehr vorbei, und Serafina zog sich in sich selbst zurück. Nachts, wenn ich durch das Zimmer flüsterte, drehte sie sich um und kehrte mir den Rücken zu.

Zunächst war ich verletzt. Dann war ich einsam. Am Ende war ich wütend. »Warum tust du mir das an?« schrie ich. Sie antwortete nicht.

Ich rief ihre Eltern an, um zu fragen, ob irgend etwas passiert sei. »Da mußt du Serafina fragen«, antwortete ihre Mutter. Es klang, als hätte sie geweint. Sie ließ sich ein wenig erweichen. »Frag sie nach dem Pelau«, sagte sie.

An diesem Abend machte ich ein großes Essen und kochte sehr sorgfältig, als wollte ich einen Liebhaber verführen. Ich machte die Dinge, von denen ich wußte, daß Serafina sie gern mochte: Hühnerfrikassee mit Weißwein, Sahne und Pilzen, einen großen Salat, Schokoladenkuchen. Ich brachte all die rumhängenden Typen dazu, woanders hinzugehen. Ich habe sogar einem von ihnen eine Karte für *La Notte*, meinen derzeitigen Lieblingsfilm, gekauft, um ihn aus der Wohnung zu bekommen. Ich legte *Carmina Burana* auf, eine Platte, die Serafina einmal sehr mochte. Und ich hoffte, sie würde zum Essen erscheinen.

»Was ist das denn?« fragte sie, als sie mißtrauisch in die Küche ging. Ich war nervös und ein wenig peinlich berührt.

»Ich dachte mir, ich mache was zu essen«, sagte ich so leichthin, wie ich nur konnte. »Hast du Hunger?«

Sie sah aus, als würde sie geradewegs kehrtmachen, durch die Tür gehen und die Treppe herunter. Aber sie sah mein Gesicht und gab nach. Sie setzte sich. »Okay«, sagte sie, »ich werde essen.«

Ich häufte etwas Reis auf die Teller. Ich drückte eine Zitrone über dem Hühnerfrikassee aus und goß die sahnige Soße über den Reis. Ich öffnete die Weinflasche, goß jedem von uns etwas ein und setzte mich hin.

Wir stießen befangen miteinander an. »Prost«, rutschte es mir heraus. »Einen schönen Tag«, fügte sie hinzu, und dann lachten wir beide, und die Spannung war gebrochen.

»Das ist großartig«, sagte sie und aß so gierig, daß ich mich fragte, ob sie wohl vergessen hatte, sich zu ernähren.

Ich holte tief Atem. Jetzt oder nie. »Deine Mom sagt, ich

soll dich nach dem Pelau fragen …«, fing ich an. Serafina setzte sich auf, ihre Nasenflügel bebten wie bei einem Tier, das Gefahr wittert.

»Was ist passiert, als ihr in Detroit wart?« fragte ich.

Sie zögerte, als würde sie abwägen, was sie mir erzählen konnte. »Meine Mutter hat Pelau für Bill gemacht«, sagte sie schließlich.

Ich wartete. Sie machte eine Pause, ehe sie weitersprach. »Ich denke, er wollte mit mir nach Hause kommen, um zum gemeinen Volk gehören zu können. Er fand die Vorstellung toll, daß mein Vater Hausmeister ist. Und er wurde nicht enttäuscht. Als wir die kleine, heiße Wohnung betraten, merkte ich, wie er das Gefühl hatte, angekommen zu sein. Ich sah plötzlich, daß ich alles war, was er von einer Frau wollte: die Fahrkarte heraus aus der Bourgeoisie.«

Sie holte tief Luft und nahm dann einen Schluck Wein. »Mom machte Pelau. Sie fing gerade an, es auf die große Steingutplatte zu füllen, als die zerbrach. Sie brach ihr in den Händen einfach in zwei Teile.« Serafina hielt inne, trank noch etwas Wein.

»Paps sagte, das sei doch keine große Sache, er und Bill würden in den Keller hinuntergehen und die Platte wieder zusammenkleben. Sie gingen, und Bill sah überglücklich aus, daß er eine sinnvolle Arbeit mit seinen Händen würde tun können. Während sie weg waren, fragte ich Mom, ob Pelau in Guyana anders schmeckte. Ich erzählte ihr, daß ich mich nicht an Guyana erinnern könnte. Und sie sagte mir, daß ich nie dortgewesen sei.«

Ich schaute sie fassungslos an. Serafina sah mir direkt in die Augen und sagte geradeheraus: »Sie sagte, daß sie mich erst in Detroit adoptiert hätten.«

Mir fiel die Gabel aus der Hand. Sie schien diese Antwort zu schätzen.

»Ich konnte es kaum glauben. Adoptiert! Sie sagte es so nebenher: ›Wir haben dich adoptiert, als du anderthalb Jahre alt warst.‹ Dann kamen Bill und Paps zurück, und wir setzten uns und aßen.«

Ich stand auf und legte meine Arme um Serafina, aber sie

schüttelte mich ab. »Das Essen war die Hölle. Ich weiß nicht mehr, worüber sie redeten. Ich schaute das Gesicht meines Vaters an, das genauso ist wie meines, und seine Hände, und ich wußte, daß ich von seinem Fleisch und Blut war. Ich wußte es. Ich entschied, daß Mom einfach großherzig war und daß ich in Wirklichkeit Dads Kind war, das er von einer Frau hatte, mit der er eine Affäre gehabt hatte, und daß Mom sich bereiterklärt hatte, mich großzuziehen. Da fühlte ich mich besser.«

Ich sagte nichts. Ich bin nicht einmal sicher, ob ich atmete.

»Ich konnte vor Bill nicht sprechen, und so beendeten wir die Mahlzeit und fuhren nach Hause«, fuhr Serafina fort. »Bill palaverte die ganze Fahrt über, was für ›echte‹ Leute meine Eltern waren. Und ich konnte die ganze Zeit nur denken: ›Warum haben sie es mir nie gesagt?‹«

»Hast du deinen Vater gefragt?«

Sie nickte und schaute in ihr Glas. »Er sah mich einfach an und sagte: ›Fina, ich wünschte, du wärest von mir, aber du bist es nicht.‹ Und er erzählte mir, wo sie mich adoptiert hatten.«

Ihre Stimme wurde rauh, als würde sie Tränen unterdrücken, aber ihre Augen waren trocken. »Also lieh ich mir am nächsten Tag ein Auto und fuhr zu dem Ort, wo sie mich adoptiert hatten. Aber dort weigerten sie sich, mir irgend etwas zu erzählen. Ich fuhr wieder und wieder hin. Und schließlich fand ich die Wahrheit heraus.«

Sie sah mich geradeheraus an, und die Tränen begannen ihr die Wangen hinunterzulaufen. »Ich bin nicht aus Guyana. Ich bin nicht von indianischer und französischer Abstammung. Ich bin schwarz.« Das Wort kam mit einem Krächzen, als würde es sie schmerzen, es auszusprechen. »Meine Mutter war eine polnische Krankenschwester. Mein Vater war ein Schwarzer, ein Müllmann.« Und dann wiederholte sie es, weniger schmerzhaft. »Ich bin schwarz. Farbig. Obwohl meine Nase europäischer ist als deine. Ich wünschte, ich hätte niemals nach diesem verdammten Pelau gefragt!«

Sie schob ihren Teller zurück.

»Möchtest du etwas Salat?« fragte ich.

»Nein, ich will keinen verdammten Salat!« sagte sie. »Ist das alles, was du zu sagen hast?«

Ich konnte nicht sagen, was ich in Wirklichkeit fühlte, denn das würde sie nicht verstehen. Ich war wieder mal neidisch. Ich wünschte mir sehnsüchtig, daß ich herausfinden könnte, adoptiert zu sein, schwarz zu sein. Die ganze Zeit lang waren wir marschiert und hatten protestiert, aber Serafina hatte schließlich etwas eigenes gefunden, über das sie wütend sein konnte.

Sie stürzte sich mit Leidenschaft darauf, wurde von Tag zu Tag schwärzer. Jedesmal, wenn ich hinsah, hatte sie sich weiter entfernt. Sie ließ ihr Haar wachsen, um sich einen Afro-Look zuzulegen, obwohl ihr Haar das wirklich nicht mitmachte, und sie fing an, sich in bunte afrikanische Tücher zu hüllen. Eldridge Cleaver kam zu einem Vortrag, und Serafina fing an, von Black Power zu reden.

Nach außen hatte sich nichts verändert. Wir teilten uns immer noch eine Wohnung, aber sie verbrachte ihre Tage in den Seminaren und arbeitete abends, wobei sie ihre Arbeitsstunden so legte, daß wir einander nur selten sahen. Wir kommunizierten meist durch Zettel.

Eines Tages, kurz bevor die Schule aus war, kam ich nach Hause und fand die folgende Nachricht auf dem Küchentisch:

»Du bist der einzige weiße Mensch, dem etwas gesagt werden muß. Ich gehöre zu meinen Leuten. Ich bin nicht mehr verloren.« Und: »Ich hoffe, du wirst dein Afrika finden.«

8
Sommer der Liebe

»Dieser Mann ist in dich verliebt«, sagte meine Mutter, nachdem sie Mac zum ersten Mal getroffen hatte. Er war zum Flughafen gefahren, um meine Eltern abzuholen, als sie mich in meinem ersten Studienjahr besuchten.

»So ein Quatsch«, sagte ich. »Du glaubst doch nicht im Ernst, daß ein Schwarzer mein Freund sein wollte. Er hat mich noch nicht mal geküßt!«

Das stimmte. Trotzdem waren wir unzertrennlich. Serafina hatte mich mit Mac bekannt gemacht, der der sanfteste Mann war, den ich je getroffen hatte, und mit dem man am besten reden konnte. Zuerst gingen wir in größeren Gruppen miteinander aus, aber als die anderen nach und nach zu Pärchen wurden, fingen wir an, einfach als Freunde viel Zeit miteinander zu verbringen. Sogar in jenen Zeiten der Bürgerrechtsmärsche und der Antikriegs-Sit-ins müssen wir ein seltsames Paar abgegeben haben. Ich war blaß und pummelig, mit einer Mähne von lockigem schwarzen Haar. Er war mager und sehr schwarz, und es schien ihm, worauf meine Mutter nicht müde wurde, hinzuweisen, eine Menge Zähne zu fehlen.

Mac war mit einem Stipendium für Leichtathletik nach Michigan gekommen, aber soweit ich es beurteilen konnte, interessierte er sich nicht für Sport. Als ich ihn kennenlernte, hatte er gerade seinen Abschluß in Psychologie gemacht und arbeitete am staatlichen Krankenhaus mit behinderten Kindern. Es wurde gemunkelt, er habe die Fähigkeit, autistische Kinder zum Reden zu bringen. Ich weiß nicht, ob das wirklich stimmte, aber ich zog es auch nie in Zweifel. Er war ein stiller Mensch, und seine Stimme war so sanft, daß man instinktiv jede Frage beantwortete, die er fragte.

»Menschen sind was Tolles«, sagte Mac, und er meinte es auch so. Während seines Studiums arbeitete er nachts als Müllmann, und er schaffte es sogar, diesen Job zu mögen. »Es ist so interessant, was du durch das, was die Leute wegwerfen, über sie herausfinden kannst«, sagte er. »Außerdem wird es gut bezahlt, und der Dienst ist kurz.«

Mac eröffnete mir eine völlig neue Welt. Meine Eltern hatten mich auf alle möglichen Reisen mitgenommen, aber nun entdeckte ich hier zu Hause ein neues Land. Wir fuhren in seinem bequemen schwarzen 1955er Cadillac herum und hörten Soul im Radio. Die Musik klang so wie das, was ich immer schon gefühlt hatte, aber nie hatte ausdrücken können. Mac mochte alle Arten von Musik, aber für mich war es vor allem der Blues, der mich vor Glückseligkeit erzittern ließ. Später, als ich ihn besser kannte, fuhren wir nach Detroit, schauten bei Freunden von ihm herein, um einen Joint zu rauchen und dann Süßigkeiten und Gemüse und gebratenes Huhn zu essen, als gäbe es in der ganzen Welt nicht genug Essen, um uns satt zu machen.

Mac regte mich als erster dazu an, darüber nachzudenken, wie das Essen Menschen zusammenbrachte – oder auch trennte. Als wir einen Blues-Club in Chicago besuchten, hielt uns auf dem Rückweg zum Auto ein Polizist an und forderte uns auf, schnell zu verschwinden, ehe wir einen Rassenkonflikt provozierten. In South Bend, Indiana, mußten wir feststellen, daß man in den Cafés gemischtrassige Paare nicht bediente. Und Macs Lieblingskneipe in Ann Arbor war eine kuriose Spelunke mit Namen Clint's, wo über der abgenutzten hölzernen Bar ein Schild hing, auf dem stand: »Dies ist eine von zwei Bars in der Stadt, die uns gehören. Bitte respektieren Sie das.«

Um zu der abgestoßenen Tür zum Clint's zu kommen, mußte man durch eine Billardhalle gehen. Im Durchgang standen Männer mit ihren Queues, rauchten Zigaretten, stießen einander an und pfiffen den weißen Mädchen hinterher, die in die Bar gingen. Im Clint's pflegte man sich nicht viel um die Alterskontrolle zu kümmern, was ein Grund dafür war, daß es unter Studenten so beliebt war. Der andere Grund war Washboard Willie, der an vier Abenden in der Woche spielte.

Wenn Washboard spielte, tanzten die schwarzen Frauen um ihn herum, als hätten ihre Körper keine Knochen. Und die weißen Mädchen, betrunken von irgendwelchen süßen Sachen mit dämlichen Namen – vor allem Black Russians waren beliebt –, versuchten sie zu imitieren.

Ich war so fasziniert vom Clint's, daß ich beschloß, für meinen Soziologiekurs ein Referat darüber zu schreiben. »Clint's, Untersuchung einer integrierten örtlichen Bar« lieferte mir eine wunderbare Ausrede, jeden Abend damit zu verbringen, in einer Kneipe zu hocken. Und als meine Eltern in die Stadt kamen, gingen sie mit.

Meine Mutter begegnete zunächst Claritha, einer Frau, die stolz eine karottengelbe Perücke trug. Sie war so dick, daß ihre Brüste jedesmal, wenn sie den Kopf bewegte, erbebten und zusammenstießen. Es war unmöglich, den Blick von ihnen zu wenden. Mom beobachtete die Brüste, die sich unter dem zerlumpten Perlon-Pullover bewegten, während Claritha ihr erzählte, was für eine wunderbare Tochter sie doch habe. Ohne vom Tisch aufzustehen, tanzte Claritha zur Musik von Washboard, und die Bewegungen unter ihrem Pullover wurden stärker.

Dad schien das alles zu genießen, aber bei Mom war ich da nicht so sicher. »Warte ab, bis du Clarithas Hühnchen probiert hast!« rief ich aus. Claritha behauptete, das beste gebratene Hühnchen der Welt zu machen, und es hatte eine Menge Bier gekostet, ihr das Rezept zu entlocken.

»Erklär mir das noch mal«, hatte ich gesagt und ihr noch ein Glas Bier bestellt. »Du packst das Huhn in Salz, sowie du es zu Hause hast, und läßt es so über Nacht liegen?«

»Genau so, mein Mädel.« Sie nickte.

»Dann nimmst du es aus dem Salz und legst es in einen Topf mit Buttermilch?«

»Du mußt den Vogel ganz damit bedecken!« sagte sie.

»Und dann mehlst du jedes Stück ein und läßt es trocknen?«

»Ja, ja«, sagte sie, als befände sie sich in der Kirche.

Das alles tat ich und hoffte, es würde so gut sein, wie sie gesagt hatte. Denn ich hatte etwas im Hinterkopf, als ich kochte: Nach dem Essen wollten Serafina und ich meine Eltern um einen Gefallen bitten. Wir wollten uns für den Sommer ihre Wohnung in New York ausleihen.

Sie sagten beide sofort ja. Wenn sie gewußt hätten, was auf sie zukam, hätten sie es sich vielleicht noch einmal überlegt.

Clarithas gebratene Hühner

Für 4 Personen

ca. 1 1/2 Kilo Huhn, zerlegt
Salz
3 Tassen Buttermilch
2 Zwiebeln, dünn geschnitten
1 Tasse Mehl
3 Teelöffel Salz
1/2 Teelöffel Cayennepfeffer
1 Teelöffel grobgemahlenen schwarzen Pfeffer
1 Tasse Pflanzenfett
1/4 Tasse Butter

Legen Sie die Hühnchenteile in eine Schüssel, bedecken Sie sie mit Salz und lassen Sie das Ganze 2 Stunden lang ziehen.

Nehmen Sie das Huhn aus dem Salz, waschen Sie die Teile gut ab und geben Sie sie in eine Schüssel mit der Buttermilch und den geschnittenen Zwiebeln. Zugedeckt über Nacht in den Kühlschrank stellen.

Vermischen Sie Mehl, Salz, Cayennepfeffer und schwarzen Pfeffer in einer Papiertüte. Nehmen Sie jeweils ein Stück Huhn, tun Sie es in die Tüte und schütteln Sie es gut durch, um es mit der Gewürzmischung zu überziehen. Legen Sie es auf Backpapier. Wiederholen Sie diesen Vorgang so lange, bis alle Hühnchenteile gut überzogen sind.

Lassen Sie die Hühnchenteile eine halbe Stunde lang trocknen und Zimmertemperatur annehmen.

Mischen Sie das Pflanzenfett und die Butter in einer großen Bratpfanne über großer Hitze, fügen Sie die Hühnchenteile hinzu und decken Sie die Pfanne zu. Stellen Sie den Herd herunter und lassen Sie alles 10 Minuten lang braten. Wenden Sie die Teile und lassen Sie sie noch einmal ohne Deckel braten: Hühnerbrust 8 Minuten lang, das dunkle Fleisch 12 Minuten lang. Stechen Sie in das Fleisch, um herauszufinden, ob es gar ist.

»Ich hatte vergessen, daß die Wohnung keine Klimaanlage hat«, sagte ich Anfang Juli entschuldigend. Serafina und ich saßen am offenen Fenster und hofften auf einen Luftzug. Weit entfernt, die Zehnte Straße hinunter und über den Fluß, konnten wir die Leuchtreklame vom Maxwell House Coffee blinken sehen. »Meine Eltern sind niemals im Sommer hier.«

»Das ist in Ordnung«, sagte sie. Sie hielt ihr Gesicht hoch, um die letzten Sonnenstrahlen einzufangen, und fügte hinzu: »In der Bar ist es so kalt und dunkel, daß ich jedesmal, wenn ich zur Arbeit gehe, das Gefühl habe, als würde ich in eine Tiefkühltruhe marschieren.«

»Du Glückliche«, sagte ich. »Die ganze Südbronx fühlt sich an wie ein Inferno. Es ist so heiß, daß der Asphalt einem an den Schuhen kleben bleibt, wenn man die Straße überquert, und jedesmal, wenn ich einen Faustkampf sehe, rechne ich damit, daß die Flammen aufsteigen. Wie bin ich nur darauf gekommen, Sozialarbeiterin werden zu wollen?«

Die Community Service Society auf der Tremont Avenue war der deprimierendste Ort, an dem ich je gewesen war. Jeden Morgen sprang ich in die U-Bahn und fühlte mich jung und optimistisch. »Dies ist der Bright D«, empfing mich der Schaffner, als sich die Türen schlossen. »Nächster Halt 34ste Straße.«

Wenn ich abends zur U-Bahn-Station zurückkam, waren alle guten Gefühle in der Luft der Bronx verlorengegangen, und ich fühlte mich schmutzig und voller Verzweiflung. »Brighton D«, verkündete der Schaffner. Wie könnte ich einem dieser Leute helfen?

Meine liebste Klientin, Mrs. Forest, war klein, hübsch und genauso alt wie ich. Aber sie hatte mit neunzehn bereits drei Kinder. Crystal, die Älteste, war sechs Jahre alt. Ich versuchte mir vorzustellen, wie es gewesen sein mußte, mit zwölf Jahren schwanger zu sein, aber meine Phantasie reichte nicht aus. Als ich Französisch lernte und den High-School-Abschluß machte, heiratete sie und bekam Kinder. »Als ich meinem Mann sagte, daß ich sie bekommen würde«, sie nickte in Richtung Baby Charisse, »verschwand er. Er hat nicht einmal seiner Mama auf Wiedersehen gesagt.«

Mrs. Forest hatte immer noch Träume. Sie wollte Krankenpflegerin werden. Sie schob eine widerspenstige Haarsträhne zurück und sagte: »Aber wie soll ich einen Job bekommen, ehe meine Mädchen alle in der Schule sind?« Ich fragte mich, ob ihr Traum wohl fünf Jahre anhalten würde. Sich mit drei Kindern in der Südlichen Bronx durchzuschlagen forderte seinen Tribut, ebenso wie zuzusehen, wie Menschen verbluteten, während man beim Arzt wartete. Ich wußte das.

Meine Aufgabe war es, so hilfreich wie möglich zu sein und die Klienten bei der Navigation durch das endlose Meer der Sozialbürokratie zu unterstützen. Wie die anderen Studenten in dem Sommer-Praktikum sah ich Dinge, über die ich bis dahin nur gelesen hatte. Da war Ben, ein tauber Neunjähriger, dessen Eltern nicht daran gedacht hatten, ihn zur Schule zu schicken. Wir sprachen über Ringen, als ich ihn durch das leere, hallende Gebäude führte, damit es ihm im Herbst, wenn die Schule begann, vertraut sein würde. Ich begleitete ein Paar alter Schwestern mit Parkinson zu Krankenhaus-Terminen und ein vierzehn Jahre altes Mädchen, dem die rechte Hand fehlte, zum Anpassen einer Prothese. Ich mochte die meisten dieser Menschen und bewunderte ihre Courage.

Mrs. Williams hingegen war die andere Seite der Medaille. Jedesmal, wenn ich die fünf Etagen zu ihrer Wohnung erklomm, wurden meine geheimsten Glaubenssätze in ihren Grundfesten erschüttert. Eine dicke, schlampige Frau, die Latschen trug, die Strümpfe bis zu den Knöcheln heruntergerollt. Sie hatte acht Kinder von acht verschiedenen Männern. Die Kinder schienen alles zu unternehmen, um sich selbst zu erziehen, wobei sie nur sehr wenig Hilfe von ihr erfuhren. Die Wohnung war so dreckig, daß schmutzige Windeln auf dem Fußboden herumlagen und in den fettigen Töpfen auf dem Herd die Ratten tanzten. Ich schlug Schneisen durch das Chaos, vereinbarte Arzttermine für die Kinder und versuchte Mrs. Williams zu erklären, warum jede Schwangerschaft sie ärmer machte. »Aber mein monatlicher Scheck wird größer«, sagte sie dann und schüttelte den Kopf über meine Dummheit.

Mrs. Forest hingegen war sich ihrer Situation absolut bewußt. »Ich lasse keinen Mann mehr an mich ran«, sagte sie. »Ich will keine Kinder mehr.« Sie hielt ihre kleine, armselig eingerichtete Wohnung tadellos sauber, und ihre Kinder spurten. Wenn sie sagte: »Hol mal die Rute«, dann diskutierten die Mädchen nicht. Manchmal redeten Crystal und Janisse in der U-Bahn darüber, ob der Gürtel oder das Verlängerungskabel mehr weh tat, aber nach ein paar Haltestellen wurden sie immer von völliger Aufregung überwältigt und sprachen überhaupt nicht mehr. Ehe ich sie kennenlernte, hatten sie die Bronx noch nie verlassen, und jeder Ausflug nach Manhattan war so aufregend wie eine Tour durch den Himalaja.

»Also, das Haus hat ihnen wirklich gefallen«, sagte Mrs. Forest, als ich sie von einem Ausflug zum Empire State Building zurückbrachte. Manhattan war für sie ebenso exotisch wie für ihre Kinder. Ich fragte sie, ob sie uns nicht begleiten wollte, wenn wir die Freiheitsstatue besuchten.

Sie sagte, sie würde es sich überlegen, und sprach nie wieder darüber. Doch eine Woche später erwartete mich die ganze Familie auf dem schmalen Absatz, als ich die vier dunklen Treppen zu ihrer Wohnung hinaufkam.

Mrs. Forest sagte nicht viel und hielt in der U-Bahn nur still das Baby auf dem Arm. Die Kinder waren in ihrer Gegenwart sehr schüchtern, und als ich verzweifelt versuchte, ein leichtes Gespräch in Gang zu bringen, fing ich an zu bereuen, daß ich sie mitgenommen hatte. Doch dann, als wir die Fähre bestiegen, veränderte sich ihr Gesichtsausdruck. Sie stand vorn am Bug und lehnte sich in den Wind, als das Boot die Anlegestelle verließ. Sie sah aus wie eine seltsame Galionsfigur.

»So viel kostet es gar nicht«, sagte sie und schaute zurück zur Stadt und dann auf die andere Seite zur Statue. Ich wußte, daß sie an ihre kleine, stickige Wohnung dachte. »Es ist so kühl und frisch«, wiederholte sie immer wieder. Als es an der Zeit war, das Boot zu verlassen, griff sie das Baby fester und sagte schüchtern: »Ist es okay, wenn ich einfach weiterfahre?«

»Klar«, sagte ich. »Ich gehe mit den Mädchen auf die Statue hinauf.« Ich fragte mich, ob es ihr wohl peinlich wäre, wenn ich ihr eine Handvoll Kleingeld gäbe, aber sie gab mir keine Gelegenheit dazu. »Janisse«, sagte sie streng und griff die Fünfjährige am Arm, »denk dran, was ich dir gesagt habe. Einen Spritzer Senf auf diesem Kleid, und du kriegst Prügel, wenn wir nach Hause kommen.« Und dann schob sie sich entschlossen in die Menge, die zurück nach Manhattan fuhr.

Die Schlange für die Statue wand sich um das Podest, und die Mädchen zappelten nervös, während wir warteten. Es war heiß. Als wir drinnen waren, bestanden sie darauf, den ganzen Weg bis zur Krone hinauf zu laufen. Wir folgten der Menge, die sich langsam die engen Metallstufen hinaufschob, und als wir endlich oben ankamen, schaute Crystal auf die Fähren hinunter, die durch den Hafen kreuzten, und fragte: »Was glaubst du, auf welcher Mama und Charisse sind?« Sie blinzelte in das Licht, das das Wasser sprenkelte, und sagte: »Es sieht aus, als würden sie auf Diamanten fahren.« Wir schauten eine Weile aufs Wasser und machten dann kehrt und gingen die steilen Stufen hinunter. Janisse hielt sich die ganze Zeit ängstlich an meinen Beinen fest.

Am Imbißstand wollten beide Mädchen Hot Dogs. »Willst du Senf?« fragte ich Janisse. Sie nickte ernsthaft. »Bist du sicher?« beharrte ich. Das war sie. Ich bedeckte die Vorderseite ihres Kleides mit Papierservietten, aber sie drückte so fest, während sie aß, daß es nichts nutzte. Ich schaute verzweifelt auf den goldenen Fleck auf ihrem grünen Faltenrock, als Mrs. Forest zu uns kam.

Sie war aufgekratzt. »Ich könnte das den ganzen Tag machen«, sagte sie. »Wir sind viermal hin- und zurückgefahren. So kühl und schön.«

»Von oben war es auch schön, Mama«, sagte Crystal scheu. »Und wir konnten euer Boot sehen. Ihr saht so klein aus.« Sie hielt ihre Finger hoch, um es zu zeigen.

Die Vorstellung, in die Bronx zurückzukehren, fand ich furchtbar, und ich versuchte, mir noch einen anderen kühlen und schönen Ort einfallen zu lassen, zu dem ich sie mitnehmen konnte. Kurz dachte ich an das Metropolitan Museum, aber als ich mir Mrs. Forest vorstellte, wie sie das Baby durch diese riesigen Hallen schleppte, stimmte das Bild irgendwie nicht. Crystal und Janisse würden sich langweilen, dann würden sie unruhig werden, und ihre Mutter würde sich schämen und dann wütend sein. Deshalb sagte ich nichts, und wir gingen alle zurück zur Fähre. Ich beobachtete Mrs. Forest, wie sie dastand, ihr Haar vom Wind zurückgeweht, mit der Sonne auf ihrer ebenholzfarbenen Haut. Ich wünschte, ich hätte eine Kamera, so daß sie sich selbst sehen könnte.

Sie lachte, als wir die Kinder von der Fähre heruntertrieben. Und es klang jung und leicht. Ich hatte sie noch nie zuvor lachen hören. Wir hielten beim Eismann und setzten uns dann auf eine grüne Parkbank, um zu essen. Nachdem sie alle gerösteten Mandeln von dem Eis geleckt hatte, fütterte sie mit sinnlichen, hypnotischen Bewegungen das Baby langsam mit einem großen Becher Vanilleeis. Sie war so beschäftigt, daß sie nicht bemerkte, wie das Eis von Janisse anfing, ihren Arm herunterzutropfen. Ich trieb die Mädchen schnell zum Springbrunnen, wo ich sie so gut wie möglich saubermachte. Mrs. Forest war immer noch ganz auf das Baby konzentriert und schien nicht zu merken, daß wir fort waren.

Die U-Bahnen hatten keine Klimaanlage, im Waggon war es heiß und stickig. Ich spürte, wie mein Kleid anfing, am Sitz festzukleben. An der 59sten Straße wurde der Zug voll, und von den Leuten, die über uns standen, tropfte der Schweiß. Als wir in der Bronx ankamen, waren alle guten Gefühle verschwunden. Auf dem Weg von der U-Bahn hinauf drückte Mrs. Forest einen Finger auf den Senffleck auf Janisses Kleid und sagte: »Du weißt ja, was ich dir gesagt habe.« Janisse brach in Tränen aus.

Ihr Meckern begleitete uns durch die stinkenden, mit Müll übersäten Straßen. »Vielleicht können wir ja noch mal einen Ausflug machen«, sagte ich fröhlich und fühlte mich wie die Avon-Beraterin. Mir war klar, daß das kühle Wasser für die Forests bereits wie ein ferner Traum erschien. In dem verzweifelten Bemühen, es zurückzubringen, sagte ich plötzlich: »Ich habe einen Freund, den Sie wirklich kennenlernen sollten.«

Mac würde auf dem Weg zum Newport Jazz Festival in die Stadt kommen, aber ich hatte keine Ahnung, was ich von ihm erwartete. Ich hatte lediglich das undeutliche Gefühl, als wäre es für Mrs. Forest gut, ihn kennenzulernen. Er würde ihr vielleicht etwas Hoffnung geben. Sie war immer noch so jung.

»Vielleicht«, sagte sie unbestimmt. Sie übergab Crystal das Baby und schickte die Kinder die Treppe hinauf. »Hol die Rute, klar?« rief sie hinter Janisse her. Dann wandte sie sich mir zu. »Wir werden über weitere Ausflüge und ihren Freund reden, wenn Sie nächste Woche kommen«, sagte sie abweisend. »Jetzt habe ich Wäsche zu machen.« Und damit folgte sie den Kindern.

»Du wirst sie wirklich mögen«, versprach ich Mac in der folgenden Woche. Er und Serafina streckten sich auf dem Wohnzimmerfußboden meiner Eltern aus, rauchten Marihuana und hörten Quiet Nights. Ich lag auf dem türkisfarbenen Sofa und war so stoned, daß ich in dem abstrakten Gemälde an der Wand Muster entdecken konnte. Mac konnte seine Zweifel nicht verbergen, aber ich wußte, daß er mitkommen würde, wenn ich es wirklich wollte.

»Die Kinder sind großartig«, drängelte ich. »Wir können mit ihnen in den Central Park gehen und dann zum Karussell. Vielleicht auch noch in den Zoo. Bitte, komm mit.«

Mac rollte sich auf den Rücken und schaute zur Decke hinauf. »Ich habe den Eindruck«, sagte er überlegend, »als sollten wir wieder auf die Fähre gehen. Du hast gesagt, daß sie das wirklich toll fand.«

Wahrscheinlich hatte er recht. »Vielleicht könnten wir mit

der Fähre fahren und dann nach Chinatown gehen. Ich wette, daß sie Dim Sum mögen werden.« Ich stellte mir die Forests in einer der engen Sitzecken im Nom Wah Tea Parlor vor, und das schien mir in Ordnung. »Da gibt es ein Lokal, in das wir immer gingen, als ich klein war. Dort tragen sie einfach Teller mit Essen auf einem Tablett herum, und du nimmst dir, was du willst. Wenn du fertig bist, zählen sie die Teller, um deine Rechnung zu erstellen. Ihr solltet die riesigen gebratenen Shrimps da sehen, sie sind so groß wie Trommelschlegel!«

»Davon möchte ich genau jetzt ein paar«, sagte Serafina.

»Ich weiß nicht«, sagte Mac vernünftigerweise, »wird die Frau nicht beschämt sein, wenn sie sieht, wie du für sie und ihre Kinder bezahlst?«

Ich sah sofort ein, daß er recht hatte.

»Ich habe Hunger«, stellte Serafina fest. »Laßt uns losgehen und ein paar von diesen Shrimps besorgen.«

Wir gingen untergehakt die Fifth Avenue hinunter, unter dem Washington Square Memorial Arch vorbei und durch Little Italy, wo Männer mit nacktem Oberkörper auf den Straßen Boccia spielten. Wir waren glücklich, zusammen in New York zu sein, ohne Verpflichtungen und mit einem ganzen Wochenende vor uns. Irgendwo südlich der Houston Street und nördlich der Canal überfiel uns der durch die Straßen wabernde Geruch von Knoblauch, und wir wußten, daß wir zu stoned und zu hungrig waren, um bis Chinatown zu kommen.

»Laßt uns ins Luna gehen«, sagte Serafina, als wir unter dem niedrigen Restaurantschild, einer Mondsichel aus Neon, vorbeigingen. Wir setzten uns an einen der langen Gemeinschaftstische und bestellten von dem billigen Rotwein, den sie aus Krügen ausschenkten. Er schmeckte wie eine Mischung aus Himbeerlimonade und Essig, und ich wußte aus Erfahrung, daß ich eine Stunde später Kopfschmerzen haben würde. Aber ich trank ihn trotzdem, und wir verschlangen körbeweise Brot und Teller mit Spaghetti Bolognese.

»New York!« rief Mac erstaunt, und mir fiel ein, daß es ja sein erster Besuch in der Stadt war. Und so nahmen Serafina und ich in dem Versuch, gute Gastgeberinnen zu sein, ihn auf einen Drink zu Max's Kansas City, damit er die Leute aus Andy

Warhols Factory sich produzieren sehen konnte, und dann ins Bradley's, damit er Jazz hören konnte. »Was für eine Stadt!« sagte Mac, als wir nach Hause spazierten.

Der Fahrstuhlführer sah ärgerlich und verschlafen aus, als wir auf die Türklingel drückten. Es war fast vier Uhr, und mein Kopf fing an, weh zu tun – ich spürte den Wein, den ich den ganzen Abend lang getrunken hatte. Wir zogen das Sofa im Wohnzimmer aus und warfen ein paar Bettücher für Mac darauf. Serafina und ich fielen in meinem alten Zimmer in unsere Betten. Wir schliefen bis nach Mittag.

Am nächsten Tag schafften wir dann schließlich doch den ganzen Weg nach Chinatown. Danach gingen wir auf die Fähre nach Staten Island, um uns abzukühlen.

»Kein Wunder, daß diese Frau – wie heißt sie gleich? – die Fähre so gern mag«, sagte Mac, der bewunderte, wie die Stadt hinter uns immer kleiner wurde.

»Mrs. Forest«, sagte ich.

»Ja«, sagte er, »das ist wirkliche eine tolle Sache für ein paar Pfennige.«

»Sollten wir sie also vielleicht mit auf die Fähre und dann mit nach Hause nehmen?« fragte ich.

Mac seufzte. »Ich bin sicher, daß es dir nicht erlaubt ist, Klienten mit nach Hause zu nehmen«, sagte er.

»Ist mir egal«, sagte ich. »Meine Eltern haben ja nicht gerade eine tolle Wohnung oder so.«

Mac starrte mich nur entsetzt an.

»Auf mich könnt ihr nicht rechnen«, sagte Serafina, »ich werde bei der Arbeit sein.«

Den ganzen Abend lang überlegten wir, was man mit den Forests machen könnte. Wir diskutierten es zwischen den Sets von John Hammond im Café Wha? und während wir zu dritt im Washington Square Park eine ganze Wassermelone vertilgten. Wir sprachen darüber, während wir in einer Diskothek namens Arthur tanzten. Dann pflückte sich Serafina einen der Andy Warhol Superstars, und die Konversation veränderte sich.

»Dieser Typ«, sagte ich düster, »ich traue ihm einfach nicht. Er wirkt wie ein Gauner, der irgend etwas zu verbergen hat.«

»Wir sind alle Gauner, und wir alle haben etwas zu verbergen«, sagte Mac. »Ich denke, wir sollten deine Freundin mit auf die Fähre nehmen, und dann zu einem Picknick in den Park.« Er schüttelte seinen Kopf und fügte hinzu: »Ich hoffe, du gerätst nicht in Schwierigkeiten. Ich weiß nicht, warum ich da überhaupt mitmache.«

Und ich war mir nicht mehr sicher, warum ich ihn gefragt hatte. Vor allem in den ersten schrecklichen Minuten, als ich die Familie in der Bronx abholte und Mrs. Forest sagte, daß jemand, den ich kenne, am Fähranleger auf uns warten würde. Sie machte eine Bemerkung, und mir wurde klar, daß sie annahm, dieser jemand sei weiblich und weiß. Ich wußte nicht, wie ich es ihr beibringen sollte, und deshalb sah sie absolut überrumpelt aus, als Mac mit der großen Einkaufstasche, die unser Essen enthielt, auf uns zukam.

Aber Mac kannte sich aus mit Menschen, er wußte einfach, was zu tun war. Er beugte sich über Charisse und sagte: »Hey, das ist ein wunderhübsches Baby«, und machte dann einen Witz darüber, daß er mir nicht zutraute, sie zu halten. Es dauerte nicht lange, da tauschten sie sich über Familienstammbäume aus, und es stellte sich heraus, daß sie beide in zwei Städten in Georgia, die nur ein paar Meilen auseinanderlagen, Wurzeln hatten.

»Wenn ihr so weitermacht, werdet ihr noch herausfinden, daß ihr Cousins seid«, sagte ich.

»Wahrscheinlich«, erwiderte Mrs. Forest. In Macs Gegenwart war sie weicher, weshalb sich auch die Mädchen entspannten. Sie sahen alle glücklich aus. Mac, der sonst nur selten von sich redete, fing an, Mrs. Forest von seiner Mutter zu erzählen und wie er überhaupt an die Universität von Michigan gekommen war.

»Ich bin dorthin gekommen, weil ich Glück hatte«, sagte er.

»Ich habe unglücklich angefangen«, sagte Mrs. Forest. Sie war nüchtern, aber nicht verbittert. »Ich war schwanger, bevor ich erwachsen war.«

»Aber Sie müssen nicht unglücklich bleiben«, sagte Mac.

Wir fuhren hin und zurück, hin und zurück. Mrs. Forest schien das den ganzen Tag tun zu können, aber nachdem die

Mädchen jeden Zentimeter des Bootes erkundet hatten, wurden sie unruhig. »Wann gehen wir wieder runter?« fragte Crystal auf unserer sechsten Rückfahrt.

Mac grinste auf sie hinunter. »Kriegst du langsam Hunger?« fragte er.

Sie nickte.

»Rate, was ich für euch zum Essen dabei habe«, sagte er.

»Sandwiches mit Erdnußbutter und Marmelade?«

Er tat so, als sähe er gekränkt aus. »Woher weißt du das?«

»Weil das alle Leute immer für Kinder mitbringen«, sagte sie. »Mama sagt, es ist billig und ehrhaft.«

»Nahrhaft«, verbesserte Mrs. Forest sie. »Und nun verrate mal nicht alle unsere Geheimnisse. Wir essen nicht jeden Tag Erdnußbutter.«

»Doch, das tun wir«, sagte Crystal.

»Widersprich mir nicht, mein Fräulein«, sagte Mrs. Forest in dem strengsten Ton, den sie den ganzen Tag über gebraucht hatte. Crystal verstummte augenblicklich.

»Also ich habe, als ich klein war, jeden Tag Erdnußbutter gegessen«, sagte Mac, »und deshalb bin ich so groß und stark geworden.«

Beide Mädchen kicherten – Mac wirkte nämlich ziemlich schwächlich. Wir gingen von der Fähre hinunter, und Mac trieb uns alle zu einem großen Checker-Taxi. »Fahren wir mit dem Taxi?« fragte Janisse. »Wir?«

»Ich lade ein«, sagte Mac, öffnete die Tür und zog die beiden kleinen Extrasitze für die Mädchen hervor.

»Ein Taxi«, sagte Crystal atemlos, »wir fahren mit einem Taxi!« Ich wußte, wie sie sich fühlte. Selbst in unserer Familie nahm man nur dann ein Taxi, wenn es entweder so spät war, daß kein Bus mehr fuhr, oder wenn man todkrank war. Ein Taxi mitten am Tag, das fühlte sich ein wenig sündhaft an. Sogar eines, das so voll war wie dieses.

Wir purzelten am Washington Square Park heraus und gingen zum Springbrunnen, um uns dort auszubreiten. Wir aßen unsere Sandwiches und redeten und hörten zu, wie einer der Musiker auf seiner Gitarre herumzupfte. Die Mädchen, von Mrs. Forest aufgefordert, sich nicht naß zu machen, wateten sofort in den Springbrunnen hinein. Es war klar, daß das hier kein Tag für Prügel war.

Aber dann mußte Janisse aufs Klo, und die Toiletten im Park waren geschlossen. »So ist es immer«, sagte Mrs. Forest resignierend.

»Ich wohne nur drei Blocks entfernt«, sagte ich spontan. »Wir können dorthin gehen und die Toilette benutzen.«

Als wir dort ankamen, hüpfte Janisse schon auf und ab im Klo-Tanz, und ich war so damit beschäftigt zu beten, sie möge nicht schon vor der Wohnung pinkeln, daß ich den sauren Blick des Fahrstuhlmannes nicht bemerkte.

»Der ist ja freundlich«, sagte Mac, als wir ausstiegen. Der Sarkasmus hatte keine Wirkung auf mich, ich fummelte erst einen Schlüssel ins Schloß, dann einen anderen und kämpfte mit den drei Schlössern. Dann führte ich Janisse zum Klo und gab einen großen Erleichterungsseufzer von mir. Einer nach dem anderen marschierten wir zur Toilette. Und dann gingen wir wieder. Falls Mrs. Forest die seltsamen Kunstgegenstände oder den toten Baum bemerkte, ließ sie es sich nicht anmerken. Die Mädchen kicherten über das abstrakte Gemälde im Eingang, hielten aber sofort inne, als Mrs. Forest eine Grimasse zog.

Wir gingen die Zehnte Straße hinunter zur Sixth Avenue und dann die Sixth hinunter zur U-Bahn-Station. Dort ließ Mac uns allein und sagte, er wolle eine Vorlesung an der University of the Streets besuchen. »Nett, Sie kennengelernt zu haben«, sagte Mrs. Forest. Und das war's.

»Bye«, riefen Crystal und Janisse im Chor. Mrs. Forest scherzte den ganzen Weg zur Bronx mit den Mädchen, und als wir an der Tremont Avenue ausstiegen, war sie immer noch in bester Laune.

»Was meint ihr Mädchen, wohin wir als nächstes fahren werden?« fragte sie. »Vielleicht wird Ruth uns zum Mond ausführen.«

»Zum Mond, zum Mond«, sangen die Mädchen und versuchten so fröhlich zu sein wie sie.

»Zum Mond«, sagte ich winkend, als sie die Treppen hinaufstiegen, und überlegte, daß wir als nächstes zum Planetarium fahren sollten. »Wartet nur, bis ihr seht, wieviel ihr dort wiegt!«

Ich ging zurück ins Büro und schrieb meinen Bericht, wobei ich Mac und den Teil, wo wir zum Pinkeln zu mir nach Hause gefahren waren, ausließ. Und dann ging ich zur U-Bahn und fuhr zurück nach Manhattan.

Der Fahrstuhlführer war so mürrisch wie immer, aber ich dachte nicht weiter darüber nach. »Keine Gesellschaft?« fragte er.

»Ganz allein!« sagte ich gutgelaunt und fischte meine Schlüssel aus der Tasche. Als ich in den Flur trat, konnte ich das Telefon klingeln hören.

»Hallo, Schätzchen«, vernahm ich die Stimme meiner Mutter als ich den Hörer abnahm. Ich war sofort mißtrauisch.

»Hi«, sagte ich, »stimmt was nicht?«

»Nur eine Kleinigkeit«, sagte sie fröhlich.

»Mmm?«

»Ich habe gerade einen Anruf vom Hausverwalter bekommen. Er wollte wissen, wer die Wohnung benutzt.«

»So?«

»Ich habe ihm gesagt, daß du und deine Zimmergenossin den Sommer über dort wohnt. Aber er sagte, daß du auch einen Schwarzen da wohnen hast.«

»Mac ist für ein paar Tage hier«, sagte ich. Sie seufzte.

»Er sagte auch, du hättest ein schwarzes Ehepaar mit drei Kindern mit nach oben genommen.«

»Und?« fragte ich. »Was geht es ihn an, wen ich in der Wohnung habe?«

»Nun, Liebling, die Sache ist so ...« Mom zögerte.

»Ja?«

»Sie hätten es lieber, wenn deine schwarzen Freunde den Lastenaufzug benutzen.«

»Bist du verrückt?« fragte ich. »Wir haben 1967. Das hier ist nicht der Süden, es ist New York! Und es ist nicht irgendeine stinkvornehme Adresse in der Park Avenue. Dies ist das Village!«

»Ich weiß, Liebes, aber manche Leute mögen es einfach nicht.«

Ich holte tief Luft. Und dann sagte ich mit der würdevollsten Stimme, die ich hinkriegen konnte: »Ich werde vergessen, daß wir diese Unterhaltung jemals geführt haben. Und ich werde ganz sicher weder Serafina, noch Mac, noch sonst irgendwem, den ich kenne, erzählen, daß das hier stattgefunden hat. Es ist mir egal, was du dem Hausverwalter sagst.«

Ich weiß nicht, was meine Mutter tat. Ich habe nie wieder mit irgend jemandem darüber gesprochen. Mac kam von der University of the Streets zurück, und Serafina kam von der Bar nach Hause. Und wir fuhren im vorderen Personenaufzug nach unten und gingen essen.

9
Der Philosoph am Tisch

Ich fing an, im L'Escargot zu arbeiten wegen Alan Jones. Ich blieb wegen allen anderen.

Er war ein drahtiger Intellektueller, der herumlief und Sachen sagte wie: »Du wirst deine bourgeoise Abhängigkeit von der Bequemlichkeit überwinden müssen.« Als wir uns auf einer Antikriegs-Demonstration kennenlernten, war es für mich Liebe auf den ersten Blick. Als er mir erzählte, daß er einen Job als Kellner in diesem schicken neuen französischen Restaurant bekommen habe, fragte ich ihn nicht, wie er das mit seinem Gewissen würde vereinbaren können – ich fragte nur, wo ich hingehen mußte, um mich selbst dort zu bewerben. Ich hatte keine Ahnung, wie man an Tischen bediente, aber ich stellte mir vor, wie wir beide abends spät Schluß hatten und dann gemeinsam im Mondlicht nach Hause schlenderten. Wer weiß, was passieren würde?

»Hast du schon jemals in einem Restaurant gearbeitet?« fragte der Besitzer, als ich mich vorstellte. Er war ein dünner, durchsichtiger Mann mit dunklem Haar und edler Kleidung. Ich war schockiert, als ich feststellte, daß sein Gesicht mit dickem Make-up bedeckt war. Das hinderte ihn nicht daran, mich abschätzend von oben bis unten zu mustern. Ich schüttelte meinen Kopf und murmelte etwas davon, daß ich schnell lernen würde und hart arbeiten könne. »Nun denn«, sagte er, »wir brauchen Leute. Geh und probiere eine Uniform an.«

Die Uniform war eine clevere Kreuzung aus einem französischen Bauernkostüm und einem Playboy-Häschen-Outfit. Der Rock war kurz und weit, und die Weste war so eng geschnürt, daß meine Brüste alarmierend weit aus der tief ausgeschnittenen weißen Bluse herausschauten. Schwarze Strumpfhosen und hohe Absätze vervollständigten das Ensemble. »Gut, gut«, sagte Maurice, als er mich begutachtete. »Das wird gehen. Jetzt zeige ich dir das Restaurant.«

Er schlenderte voller Besitzerstolz durch sein Universum, wobei er immer wieder auf Dinge zeigte, als sei er ein Führer an einer bedeutenden historischen Stätte. Unter einer Lampe im Eingangsbereich blieb er stehen und zeigte hinauf. »Siehst du den Kronleuchter dort?« fragte er. »Der hing früher im Schlafzimmer des Herzogs von Wales.« Er schielte zu mir hinüber und fügte hinzu: »Nein, wirklich. Ich habe ihn auf einer Haushaltsauflösung in England gekauft.« Er führte mich zum großen Speisesaal und wies stolz auf das Sideboard aus Mahagoni und die langen roten Samtstolen. Von der Mitte der Decke hing ein weiterer wunderbarer Kronleuchter. Er schaute bewundernd hinauf und sagte: »Ist er nicht herrlich? Den habe ich in Frankreich gekauft.«

Während er mir die Stühle (geschnitzte Eiche), die Teller (Limoges) und die Gläser (Kristall) zeigte, sagte er: »Nur vom Feinsten! Die Leute sagen, Ann Arbor sei noch nicht für wirkliche Klasse zu haben, aber ich werde beweisen, daß sie sich irren. Ich habe meine gesamten Ersparnisse in dieses Restaurant gesteckt.« Dann ging er mit mir in die Küche, damit ich den Chef de Cuisine kennenlernte.

Der war ein fetter alter Franzose, der eine Kochmütze trug, die doppelt so groß war wie sein Kopf. »Ich habe ihn vom Vier Jahreszeiten in New York abgeworben«, prahlte Maurice. Der Sous Chef, Rolf, war angeblich auch vom Vier Jahreszeiten. »Und das hier«, sagte er, »ist Lincoln. Er kommt vom London Chop House in Detroit. Er ist der beste Grill-Koch in Michigan.« Lincoln grinste mit sehr weißen Zähnen in seinem dunklen Gesicht und hielt mir seine Hand entgegen. Der Chef sah mich an, als wäre ich Dreck, und Rolf sagte: »Ah, Maurice, endlich wirst du vernünftig. Du hast mir eine kleine Kirsche gebracht, mit der ich die Küche dekorieren kann.« Er sprach mit starkem deutschem Akzent. Ich errötete.

Rolf griff mir unters Kinn und sagte: »Dein Job wird es sein, mein Täubchen, mir Bier zu bringen und mich bei guter Laune zu halten. Sei nett, und du wirst niemals auf deine Bestellungen warten müssen.«

Maurice verschränkte die Arme vor seiner Brust und umarmte sich selbst, als sei die Luft in der Küche kühl. Er rieb seine Schultern, als er in Richtung Tür ging. »Jetzt werde ich dich Henry vorstellen«, sagte er. »Er wird dir zeigen, was du tun mußt.« Immer noch in seine eigenen Arme gekuschelt, führte er mich aus der heißen, hell erleuchteten Küche.

Maurice ließ seine Arme fallen, als sich die Tür zum Speisesaal mit einem Schwung schloß. Er seufzte, als würde er von einer gefährlichen Reise zurückkehren. Er schritt besitzergreifend durch den Raum und streichelte jedes Tischtuch, an dem er vorbeikam, indem er seine Hände liebevoll über seine Oberfläche laufen ließ. Ich fragte mich, wie wohl das Haus aussah, in dem er lebte.

»Das ist Henry«, sagte er und führte mich zu einem grauhaarigen Schwarzen, der stereotyp die Gläser von einem Tisch nahm und unsichtbare Staubkörnchen wegwischte. »Er ist der beste Kellner, den ich kenne.« Henry setzte das Glas mit Sorgfalt wieder ab und bewegte es dann einen Achtel Zentimeter hinüber, als wäre da eine Zeichnung auf dem Tischtuch, die nur er sehen konnte. Er hielt seinen Kopf schief und reichte mir die Hand. Dann nahm er das nächste Glas auf und hielt es kritisch gegen das Licht. Ohne mich anzusehen, sagte er: »Hat sie Ahnung?«

Maurice schüttelte den Kopf.

»Okay, Boß«, sagte Henry, »wir werden ganz von vorn anfangen.« Er stellte das Glas mit derselben Präzision ab wie das letzte, schob mich zum Tisch und setzte sich auf einen Stuhl. Der Unterricht konnte beginnen.

»Weißt du, was ein Restaurant ist?« fragte er.

»Ein Ort, wo die Leute fürs Essen bezahlen?«

»Ein Kriegsgebiet«, erwiderte er. »Vergiß das nie. Die da«, er zeigte auf die Tür zur Küche, »sind auf der einen Seite. Diese Leute«, er fuhr mit seinem Arm durch den Speisesaal, »sind auf der anderen.« Er machte eine Pause, starrte mich unverwandt an und sagte: »Wir? Wir sind nichts als Vermittler. Die Küche vergißt den Feind niemals, aber wenn du deinen Job gut machst, dann wird der Kunde rausgehen und nicht einmal wissen, daß er sich auf einem Kriegsschauplatz befand.«

Henry zeigte mir, wie man anrichtete und servierte. Er riet mir, den Barkeeper zu bestechen und den Hilfskellnern gegenüber großzügig zu sein (»Die können dein Trinkgeld um die Hälfte reduzieren, wenn sie beschließen, daß sie dich nicht mögen«, begründete er). Er zeigte mir, wie man Steak Diane sautiert und wie man Crêpes Suzette macht.

»Es bedeutet pures Gold, wenn du deine Karten richtig ausspielst«, sagte er, als er die Butter in der Kupferpfanne ausließ. »Und das nicht nur, weil sie 2 Dollar 95 für ein paar schlabbrige Pfannkuchen verlangen.« Er fügte Zitronensaft und Curaçao hinzu, entzündete ein Streichholz und betrachtete die Flamme.

Den gemischten Salat hob er bis zum Schluß auf. »Dies ist deine größte Chance, dem Kunden gegenüber eine Persönlichkeit zu entwickeln«, sagte er. »Es ist, als stünde man auf der Bühne.«

Laut Henry waren wir Kellner verpflichtet, eine gute Story über uns für die Kunden zu erfinden, denn das erhöhte das Erlebnis für sie. Seine eigene Geschichte, über Jahre hinweg ausgefeilt, war, daß er aus einer Familie von Tänzern stamme, wo man tief enttäuscht über seinen Mangel an Rhythmus gewesen sei. »Alles Blödsinn«, sagte er bedauernd, als er die Crêpes in der Kupferpfanne wendete.

»Das ist nicht wahr?« fragte ich.

»Die Wahrheit«, erwiderte er, »wird entschieden überbewertet. Das einzige, was meine Familie je mit ihren Füßen tat, war, sie in eine Reihe Baumwolle zu stellen und sie dann Richtung Norden zu bewegen. Aber wer will das schon hören? Ich gebe den Leuten etwas mit, das sie ihren Freunden erzählen können, wenn sie nach Hause kommen. Das ist auf jeden Fall interessanter, als über das Steak zu reden, das sie im teuersten Restaurant des Mittleren Westens gegessen haben.«

Unter Henrys Anleitung entwickelte ich bald einen netten französischen Akzent und eine pathetische Story: Ich war eine Austauschschülerin, deren Familie die Summe unterschätzt hatte, die das Leben in Amerika kostete. Jeden Abend schmückte ich die Geschichte ein wenig mehr aus, indem ich Details über den Bauernhof auf der Île-d'Oléron hinzufügte, wo ich aufgewachsen war. Niemand schien sich daran zu stören, außer Marielle, einer älteren französischen Kellnerin. Sie sagte niemals etwas, schaute mich aber mit solchem Haß an, daß ich kaum reden konnte, wenn sie in Hörweite war.

»Kümmere dich nicht um sie«, sagte Henry eines Abends, als wir an der Seite standen und unsere Tische beobachteten. »Du tust den Kunden einen Gefallen. Die Leute wissen das zu schätzen.«

Der Show-Salat

Für 4 Personen

2 Knoblauchzehen
1/2 Tasse Olivenöl
1 Tasse hartes, in kleine Stückchen geschnittenes Baguette
1 Ei
1 kleiner Kopf Römer-Salat
1/2 Teelöffel Worcestersauce
1/2 Teelöffel Salz
Pfeffer
1/2 große, saftige Zitrone
4 Anchovisfilets, in Viertel geschnitten
1/4 Tasse frisch geriebener Parmesan

Für die Croutons:

Pressen Sie eine Knoblauchzehe aus und erhitzen Sie sie langsam in 2 Teelöffeln Olivenöl. Fügen Sie die Brotstückchen hinzu und braten Sie sie unter ständigem Rühren bei mittlerer Hitze, bis die Croutons auf allen Seiten knusprig und goldfarben sind. Auf etwas Küchenpapier abtropfen lassen und beiseite stellen.

Pochieren Sie das Ei, indem Sie es 1 Minute lang in kochendem Salzwasser kochen. (Es ist wichtig, kontrollierte Eier von einem vertrauenswürdigen Produzenten zu verwenden, da das Ei hiermit nicht ausreichend gekocht ist, um mögliche Bakterien, wie zum Beispiel Salmonellen, abzutöten, die das rohe Ei enthalten könnte.)

Waschen und trocknen Sie den Salat gut und reißen Sie ihn in mundgerechte Stücke. Wickeln Sie ihn in ein Küchentuch und legen Sie ihn in den Kühlschrank, bis er gebraucht wird.

Stellen Sie alle Zutaten auf ein Tablett am Tisch.

Pellen Sie vor Ihren Gästen die letzte Knoblauchzehe, schneiden Sie sie durch und zerdrücken Sie die Hälften auf dem Boden einer Salatschüssel. Fügen Sie die Salatblätter und das restliche Olivenöl hinzu, und wenden Sie alles gründlich und effektvoll, bis jedes Blatt mit Öl bedeckt ist. Fügen Sie dann die Worcestersauce hinzu und schmecken Sie mit Salz und Pfeffer ab.

Schlagen Sie das Ei über dem Salat auf und wenden Sie ihn, bis die Blätter glänzen. Stecken Sie eine Gabel in die halbe Zitrone und drücken Sie den Saft über den Salat. Wenden Sie alles, bis das Dressing cremig aussieht. Geben Sie die Anchovis hinzu und mischen Sie noch ein wenig.

Jetzt müssen Sie probieren. Vielleicht noch etwas Zitrone? Fügen Sie sie hinzu! Ein wenig mehr Pfeffer? Warum nicht? Vielleicht möchten Sie auch Ihre Gäste bitten, den Salat zu probieren. Wenn er zu Ihrer Zufriedenheit gewürzt ist, werfen Sie den Käse und die Croutons hinein und servieren Sie ihn.

Jeder im L'Escargot wußte, daß das Restaurant zum Untergang verdammt war. Außer mir. Und Maurice.

»Du hast keine Ahnung«, sagte Henry, »und Maurice, wie

er sich selbst nennt, ist ein Dummkopf. Aber eines bewundere ich an dem Mann: Er hat den Mut, zu träumen.«

Henry brauchte nicht zu träumen: Er liebte seine Arbeit. Wenn ich ihn beobachtete, wie er über einen Gast gebeugt sanft murmelte, daß die Hollandaise zum Spargel heute abend besonders gut sei, fühlte ich mich an meinen Vater erinnert, der mit den Händen über eine Buchseite fuhr, als würde die Schrift zu ihm sprechen. Auch er war ein Mann, der seine Arbeit liebte.

Henry wußte alles über Restaurants, und er war mit seinem Wissen großzügig. Am ersten Abend zeigte er mir, wie man Cocktails auf einem Tablett balancierte und in welcher Reihenfolge man sie herunternehmen mußte, um eine Katastrophe zu vermeiden. Am nächsten Abend zeigte er mir, wie man mit der Küche umging, wenn ein Gast ein Essen zurückgehen ließ.

»Die Küche ist nicht mit dir im Krieg«, erklärte er, »also mußt du die Schuld auf dich nehmen. Sagen wir mal, der Gast beschwert sich, weil das Steak zu gut durchgebraten ist. Rolf wird sagen, daß das nicht stimmt, denn er muß seine Ehre verteidigen. Aber wenn du sagst, daß der Mann medium bestellt hat, daß du aber versehentlich ›durch‹ aufgeschrieben hast, dann ist das eine andere Geschichte, denn dann hast du den Fehler gemacht. Rolf wird dich anschreien. Er wird dich eine Idiotin nennen. Aber er wird dir ein neues Steak geben.«

Am dritten Abend vergaß ich bei einem Gast den Shrimps-Cocktail, und Henry bat Maurice, dem Mann zur Entschuldigung eine Flasche Champagner zu schicken. Als ich mich bei Maurice bedankte, murmelte Henry, daß das nicht nötig sei. »Es ist in seinem Interesse«, erklärte er. »Maurice will keine unzufriedenen Kunden. Und weißt du was? Je reicher der Kunde, desto mehr freut er sich über Sachen, die er umsonst bekommt.«

Am vierten Abend erzählte ich ihm von meinem neuen, immer wiederkehrenden Alptraum. »Da ist dieser Tisch, und die Leute rufen unentwegt: ›Fräulein, Fräulein‹, und winken mir. Ich sage die ganze Zeit: ›Ich komme gleich‹, aber ich schaffe es nie bis zu ihnen.«

»Kenne ich«, sagte er ermutigend. »Wird vorübergehen.« Plötzlich zog eine seltsame Miene über sein Gesicht, wie eine Welle, die über ruhiges Wasser zieht.

»Dein Freund da drüben hat zu viel Curaçao genommen«, sagte er. Und weg war er. Im nächsten Moment zündete Alan Jones ein Streichholz an und hielt es an die Pfanne. Die Flammen schossen hoch und leckten an den roten Samtvorhängen. Doch Henry hatte das Feuer gelöscht, noch ehe der Gast merkte, was geschehen war.

»Danke, Mann«, sagte Alan und sah aus wie ein begossener Pudel.

Henry schlenderte zurück zu mir. »Wie haben Sie das gemacht?« fragte ich.

»Hab's erstickt«, sagte er nebenbei, faltete ein Stück Öltuch zusammen und schob es wieder in seine Westentasche.

Doch es gab drei Probleme, bei denen mir Henry nicht behilflich sein konnte: Alan Jones, Rolf und Marielle.

Alan Jones brachte mich zwar die meisten Abende nach der Arbeit nach Hause, aber er hielt nicht meine Hand. Sowie er aus seinem Frack geschlüpft und in seine olivgrüne Jacke aus Armee-Beständen gestiegen war, fing er an, mir Vorträge über meine materialistischen Neigungen zu halten und erzählte mir von seinen Leseerlebnissen mit Gurdjieff und seinem neuesten Interessengebiet, der Makrobiotik. Ich fand ihn einfach wundervoll, ich war verzweifelt.

Rolf besaß unglücklicherweise alle Leidenschaft, die Alan Jones vermissen ließ. Wenn der Abend fortschritt, und die Temperatur in der Küche auf 50° stieg, verlangte er immer häufiger nach Bier. Je betrunkener er wurde, desto unverschämter wurde er auch.

»Einmal Coq au Vin«, sagte ich.

»Was?«

»Einmal Coq au Vin«, wiederholte ich.

»Lauter.«

»Einmal Coq au Vin.«

»Hört ihr, sie will den Koch«, sagte er dann, und die ganze Küche brach in schallendes Gelächter aus, als ich schön rot wurde.

Eines Abends folgte er mir in den Gang, wo wir immer unsere Zigaretten rauchten. »Ich habe etwas für dich«, sagte er und ging zum Mülleimer und wühlte darin herum.

»Müll?« fragte ich.

»Warte ab«, sagte er. »Du wirst schon sehen.« Sein Kopf steckte in dem Mülleimer, und er warf zerbrochene Eierschalen und benutzte Papiertücher in die Luft. Schließlich tauchte er wieder auf und hielt ein langes Paket in den Händen, das in Silberfolie eingewickelt war. »Fühl mal«, sagte er und warf es mir zu. Es war erstaunlich schwer. »Ein ganzes Filetstück«, sagte er. »Wenn du nett zu mir bist, gehört es dir.«

»Nein danke«, sagte ich.

»Aber du solltest trotzdem nett zu mir sein«, sagte er, kam angekrochen und schaute mit gierigem Blick auf die Stelle, wo meine Brüste aus der Bluse quollen.

»Was soll ich nur tun?« heulte ich Henry vor.

»Wieviel bringst du nach Hause?« fragte er streng.

»An guten Abenden 35 Dollar.«

»Willst du in einer Cocktail Bar arbeiten, wo du nur die Hälfte verdienst und wo die Männer dir ihre Hände unter den Rock schieben?«

Das wollte ich nicht.

»Rolf wird nichts machen«, sagte Henry beruhigend, »er redet bloß, tut aber nichts. Außerdem wird es nicht mehr lange dauern, bis Maurice pleite macht.«

»Warum?« fragte ich.

»Maurice hat alles falsch gemacht«, sagte er voller Überzeugung. »Kein Mensch kauft Porzellan aus Limoges und Kristallgläser für ein Restaurant. Und weißt du, warum?« Er machte eine kleines Pause. »Weil sie in der Geschirrspülmaschine kaputtgehen. In ein paar Monaten wird keines mehr da sein. Außerdem verliert er bereits die Hälfte vom Fleisch – der fette Franzose klaut es ihm unter den Augen weg.«

»Aber Rolf ist der Dieb!« sagte ich. »Er hat mir das Fleisch angeboten.«

»Er hat nur versucht, die gestohlene Ware des Franzosen an den Mann zu bringen. Rolf stiehlt nicht selbst.«

»Du meinst, jeder weiß, daß der Chef stiehlt?« fragte ich.

»Natürlich«, sagte Henry philosophisch. »Und wenn Maurice nur ein bißchen Grips hätte, dann würde er jeden Abend diese Mülleimer kontrollieren.«

»Meinst du nicht, daß du es ihm sagen solltest?«

»Das geht mich nichts an«, sagte er würdevoll und kehrte zu unserem ursprünglichen Gesprächsthema zurück. »Aber das nächste Mal, wenn Rolf dir auf die Pelle rückt, dann denk dran, daß er in einem Jahr wieder in irgendeinem Restaurant in New York arbeiten wird und daß du Cocktails herumtragen wirst.«

Und dann war da noch Marielle. Während des Personalessens schaute sie mich finster an, und im Speisesaal ging sie mir aus dem Weg. Doch sie hatte Respekt vor Henry, und solange er da war, blieb sie auf Distanz.

Aber an seinem ersten freien Abend schaute sie mit hochgezogenen Augenbrauen zu, wie ich einen gemischten Salat für einen Vierertisch anrichtete. Die Männer waren kräftig, mit gestreiften Schlipsen und Diamantringen, und ihre Frauen waren dick und freundlich. Ich holte alles aus meiner Story raus, klagte darüber, wie ich die Schönheit meiner verlorenen Insel, die Schafe der Familie, die selbstgemachte Marmelade meiner Mutter vermißte. Ich erzählte ihnen, wie kalt es in Amerika war, wie elend ich mir vorkam. Der Wasserstoffsuperoxyd-Blondine standen die Tränen in den Augen.

Allerdings konnte sie jeden Moment wirklich anfangen zu weinen. Sie hatte nämlich Dover-Scholle bestellt, das einzige Gericht, das ich nicht beherrschte. Ich hatte furchtbare Angst, daß ich eine Gräte vergessen und einen Gast umbringen würde. Sonst filettierte Henry die Schollen immer für mich. Aber diesmal war ich auf mich selbst gestellt. Als ich über dem Fisch zögerte, rauschte Marielle heran und holte zum tödlichen Schlag aus.

»*Alors, ma petite*«, sagte sie, »*on a terminé le drame*?« Und dann begann sie in ihrem prägnanten Pariser Französisch, Anweisungen zu geben. Wie sie mir später berichtete, dachte sie, daß ich nicht ein Wort davon verstehen würde und daß ich in Tränen aufgelöst fliehen und niemals wiederkehren würde. Oder daß ich wenigstens nicht mehr als angebliche Französin wiederkommen würde.

Doch statt dessen folgte ich ihren Anweisungen peinlich genau. »Fang mit den Gräten oben an«, sagte sie. »Nimm die Gabel und hebe sie heraus. Sie sind klein. *Oui, c'est ça*. Und jetzt der Boden. Fahre mit dem Messer genau in der Mitte des Fisches herunter, *doucement, doucement*, du kannst die Mittelgräte spüren.«

Schritt für Schritt führte sie mich durch das Ritual. Am Ende sagte sie mir, daß ich die erste Portion der dicken Tussi rechts mit dem schrecklichen Blumenkleid servieren solle. Als ich entsetzt aufschaute, sagte sie, immer noch auf französisch: »Oh, die Amerikaner! Sie verstehen niemals auch nur ein Wort!« Und sie zog sich an ihren Platz zurück.

Als ich später hinging, um ihr zu danken, schüttelte sie den Kopf und sagte: *»J'étais loin de croire que tu me comprendrais.«* Es war mir nicht entgangen, daß sie während des Entgrätens des Fisches von *vous* zu *tu* übergegangen war – in Marielles Augen war ich Französin geworden. Und sie übernahm meine Ausbildung.

»Übergib sie mir, Henry«, sagte sie am folgenden Abend. »Du hast ihr die amerikanische Art beigebracht. Jetzt werde ich ihr die französische zeigen. Wenn wir fertig sind, wird sie uns vielleicht bei unserem kleinen Projekt behilflich sein.«

»Welches Projekt?« fragte ich, aber keiner von beiden gab mir eine Antwort.

Langsam und stolz begann Marielle, mir alles beizubringen, was sie in der Hotelfachschule gelernt hatte. Sie zeigte mir, wie man Fische entgrätete, Omeletts zubereitete und mit Löffel und Gabel und einer Hand auf dem Rücken vorlegte. Sie ließ mich immer und immer wieder Salatsoßen probieren, bis ich die korrekte Mischung von Olivenöl und Essig zusammengießen konnte, ohne hinschauen zu müssen. »Das ist wie Schreibmaschine schreiben«, sagte sie, »du mußt es in den Fingern haben, damit du nicht mit dem Kopf darüber nachdenken mußt. Das wirst du später gebrauchen können.«

Abends spät, nachdem die letzten Gäste das Restaurant verlassen und wir alle Tische wieder in Ordnung gebracht hatten, nachdem Rolf den Topf mit Sahne auf den Sparbrenner gestellt hatte, damit er über Nacht einkochte, und wenn William, der

Kassierer, die Abrechnung fertig hatte, gingen wir zusammen auf einen Drink aus. Sie erzählten alle Geschichten von den Restaurants, in denen sie gearbeitet hatten, und versuchten, einander mit Horrorstories zu übertreffen. Ich war nicht alt genug, um offiziell trinken zu dürfen, doch ich ging in der Menge unter, und kein Barkeeper fragte je nach meinem Ausweis.

Eines Sonntags lud uns Lincoln alle in seine Hütte am Whitmore Lake ein. Der beste Grill-Chef des Mittleren Westen hatte eine Barbecue-Grube gegraben und verbrachte den ganzen Tag damit, Rippchen zu braten, die er auf alte Sprungfedern gelegt hatte. Der Duft schwebte in der Luft, und wir tranken Bier und erzählten einander Witze. Rolf, der zur Abwechslung einmal nüchtern war, ging allein spazieren und kam mit etwas in der Hand zurück.

»Schaut«, sagte er und öffnete seine Hände, als hätte er einen großen Schatz entdeckt, »Morcheln.«

»O ja«, sagte Lincoln, »es gibt sie hier überall. Bedient euch.«

In seiner Begeisterung sah Rolf plötzlich viel jünger aus. »Wir müssen so viele wie möglich sammeln«, sagte er. »Wenn wir genug finden, werde ich sie morgen auf die Speisekarte setzen.« Er teilte uns in Teams ein, um nach Pilzen zu suchen.

»Was ist, wenn wir die falschen nehmen?« fragte Marielle, wie immer praktisch veranlagt. »Wir werden die Gäste vergiften.«

»Unmöglich«, sagte Rolf und hielt etwas hoch, das aussah wie der Schirm einer Fee aus einem Kinderbuch. »Kein anderer Pilz sieht aus wie eine Morchel. Nicht einmal Alan Jones könnte eine Morchel mit einem Giftpilz verwechseln.«

Wir kamen mit Armen voller Morcheln zurück – sie waren einfach überall. Als Rolf Zwiebeln schnitt und begann, sie in Lincolns rustikaler Hütte zu braten, wirkte er in seinem Glück fast anziehend.

»›Rolf and Lincoln's Mushrooms and Ribs‹«, sagte er. »Was meinst du, Lincoln, willst du mit mir zusammen ein Geschäft aufmachen, wenn Maurice pleite geht?«

»Schon möglich«, sagte Lincoln, »aber ich glaube, daß es ›Lincoln and Rolf's Ribs and Mushrooms‹ heißen würde.«

»Was meint ihr, wie lange er noch durchhält?« fragte Alan Jones.

»Nun«, sagte Henry bedächtig, »so wie ich es sehe, hat er vielleicht noch sechs Monate. Wenn dieser fette Franzose nicht zu gierig wird.«

»Ich habe ihm gesagt, er solle aufhören zu klauen«, sagte Rolf, »sonst würde ich es Maurice sagen. Das ist der beste Job, den ich je gehabt habe, und ich wünschte, es gäbe einen Weg, ihn zu erhalten.«

»Warum nicht?« fragte ich.

»Ja, genau«, sagte Alan Jones, »kann Maurice das Porzellan und das Kristall nicht einfach durch billigeres Zeug ersetzen?«

Die anderen schauten uns an, als wären wir süße, aber leider etwas beschränkte Kinder. »Es geht um die Gäste«, sagten sie im Chor.

»Was ist mit ihnen?« fragte ich.

Rolf kam zu mir und steckte mir eine Morchel in den Mund. Sie hatte ein erdiges Aroma, als würde sich die gesamte Landschaft in einem kleinen Bissen konzentrieren. »Ein bißchen mehr Salz?« fragte er. Er streute mit den Fingern etwas Salz in den Topf und steckte mir eine weitere Morchel in den Mund. Das Salz hatte den Geschmack intensiviert, ihn tiefer gemacht.

»Ich wußte nicht, daß es etwas gibt, das so schmeckt«, sagte ich ehrfürchtig.

»Exactement!« sagte Marielle und schaute mit neu erwachtem Respekt zu Rolf. »Die Amerikaner wissen nicht, was sie haben. Ein Restaurant wie das L'Escargot ist an sie verschwendet.«

»Hast du einmal darüber nachgedacht«, fragte Henry freundlich, »wie viele Stammkunden wir haben?«

Einen: den Professor für Kunstgeschichte, der jeden Abend allein kam und den Chef bat, ihm etwas Spezielles zuzubereiten. Niemand sonst kam je ein zweites Mal. »Nachdem jede neugierige Person das Restaurant ausprobiert hat«, fuhr er fort, »werden Maurice die Gäste ausgehen. Er ist seiner Zeit voraus.«

»Was würdet ihr anders machen?« fragte ich. Henry schaute zu Marielle, und ich konnte sehen, daß sein Blick sie etwas fragte. Sie nickte fast unmerklich.

»Wir haben uns schon alles genau überlegt«, sagte er. »Das Problem von Maurice ist, daß das Essen zu schick ist. Es verschreckt die Leute. Ich habe mein ganzes Leben lang an Tischen bedient, und ich weiß genau, was die Leute wollen. Wir werden ihnen das Essen geben, das sie kennen, nur wird es besser sein. Wenn die Leute unser Restaurant verlassen, werden sie sagen: ›Ich wußte nicht, daß Maccaroni und Käse so köstlich schmecken können.‹ Es ist wirklich ganz einfach.«

»Wir werden die Smokings ausziehen«, sagte Marielle, »wir werden freundlicher sein. Die Leute werden gern in unser Restaurant kommen. Du wirst schon sehen.«

So vergingen die Wochen, und Maurice sah immer grauer und faltiger aus. Er hörte auf, Make-up zu tragen, seine sonst tadellosen Kleider hatten manchmal Flecken, und er verlor das Elastische in seinem Gang. Eines Tages kam ich früher als gewöhnlich und fand ihn im Speisesaal außer sich vor Wut von Tisch zu Tisch rennen. »Schau dir diesen Teller an!« sagte er und hielt ihn so hoch, daß sein Finger über dem langen Sprung lag, der genau durch die Mitte des Tellers ging. Er schleuderte ihn an die Wand und schaute zu, wie er zerbarst und die Scherben in winzigen Stücken auf den Teppich rieselten. Dann ging er zu einem anderen Tisch, begutachtete die Teller und warf noch einen an die Wand. Und dann noch einen.

Als er fertig war, legte er die Hand über die Augen und schaute mich dann mit aschfahlem Gesicht an. »Es tut mir leid«, flüsterte er und ging, um den Besen zu holen.

An diesem Abend ging Rolf in Maurices »Büro«, den staubigen Raum, in dem die zusätzlichen Stühle und Tische aufbewahrt wurden. Als ich hinaufging, um mich umzuziehen, sah ich, wie sie Zahlen auf ein Stück Papier schrieben und abwechselnd aus einer Flasche Rotwein tranken. Als sie wieder herunterkamen, ging Maurice in die Küche und sagte etwas zu dem Chef, der mit den Schultern zuckte und anfing, seine Messer einzupacken.

»Wir brauchen ihn und seinen fetten Lohn nicht«, sagte Rolf, der hinter mir her kam und mich erschreckte. »Er ist eine sinnlose Ausgabe.« Der Chef sagte nicht einmal auf Wiedersehen.

Wir brauchten auch nicht alle Kellner, und als die Gäste weniger wurden, sanken auch die Trinkgelder. Schon bald lief das Restaurant mit einer Basis-Mannschaft. Als Alan Jones ging, um seinen Ersatzdienst abzuleisten, wurde er nicht ersetzt. Dann kürzte Maurice meine Stundenzahl auf ausschließlich die Wochenenden. Ich nahm einen zusätzlichen Job als Cocktail-Bedienung in einem Lokal gleich die Straße hinunter an.

Jeden Abend auf dem Nachhauseweg kam ich vorbei, aber die Stimmung im Restaurant wurde immer grimmiger. »Fällt dir etwas auf?« fragte Henry eines Abends. Ich schaute mich um, bemerkte aber nichts. Ich ging zum Herd hinüber und nahm mir etwas übriggebliebenem Coq au Vin. »Ich kann nicht begreifen«, sagte ich, »daß die Idioten, die ich bediene, lieber den Mist da unten an der Straße essen als Rolfs Gerichte. Das hier ist großartig!«

»Ah, die Amerikaner!« sagte Marielle, die gerade hereinkam. »Was wissen die schon?«

»Aber fällt dir sonst noch etwas auf!« beharrte Henry. Er zeigte auf eine Dose mit passierten Tomaten. Sie sah genauso aus wie die, die in meinem Kühlschrankfach Schimmel ansetzte. »Die hier kommt aus dem Supermarkt, und das bedeutet, daß Maurice seine Rechnungen nicht mehr zahlen kann. Es wird nicht mehr lange dauern. Maurice hat überall Schulden und bekommt keinen Kredit mehr. Es ist eine Schande.«

An dem Abend kam Maurice zum ersten Mal mit uns auf einen Drink. Er bestellte einen Rémy Martin und hielt den Schwenker hoch. »Auf mich«, sagte er voller Bitterkeit, »den letzten Träumer.«

»Was werden Sie tun?« fragte Henry.

»Alles verhökern, die Tür abschließen und dann so schnell wie möglich aus diesem Staat verschwinden«, sagte Maurice.

»Es wartet ein Job auf Sie, wenn Sie zurückkommen«, sagte Henry. Er schaute zu Marielle hinüber, die nickte. »Die französische Lady und ich werden unseren eigenen Laden aufmachen. Rolf wird für uns kochen. Wir könnten einen Oberkellner gebrauchen.«

Maurice schaute ihn lange an. Dann schüttelte er den Kopf. »Ich glaube nicht«, sagte er, »aber ich wünsche euch alles Gute. Und, Henry …«

»Ja?«

»Haltet es einfach.«

»Das haben Sie also begriffen«, sagte Henry.

10
Tunis

Mein letztes Jahr im College verbrachte ich damit, mir Sorgen über die Zukunft zu machen. Ich würde einen Bachelor-Abschluß haben, mit Auszeichnung in Soziologie, und auf absolut nichts vorbereitet sein. Ich wünschte, das Studium wäre nie zu Ende.

Serafina hatte ebensowenig Lust, weiterzumachen. Sie war tief in die Politik eingestiegen und wußte überhaupt nicht, was sie mit ihrem Leben anfangen wollte.

Wir verbrachten beide den Sommer 1968 in Ann Arbor, aber nicht zusammen. Serafina hatte deutlich gemacht, daß sie kein Interesse an weißen Freundinnen hatte. Ich verstand sie zwar, aber das machte mich nicht weniger einsam. Sie sprach immer mit mir, wenn ich sie anrief, aber sie rief nie zurück.

Es war eine recht deprimierende Zeit. Das L'Escargot war geschlossen, Henrys Restaurant war noch nicht eröffnet, und mein Job als Bedienung in einer Cocktailbar war in allen Einzelheiten genauso schlimm, wie Henry mir prophezeit hatte, bis hin zu dem kurzen Rock und den Händen der Männer.

Serafina fehlte mir. Und Mac fehlte mir auch. Er hatte vorsichtig angedeutet, daß er unsere Beziehung sehr gern etwas ausweiten würde – meine Mutter hatte also doch recht gehabt. Als ich darauf nicht reagierte, ging er weg und verliebte sich in jemand anders. Es ging mir elend. Es war ganz klar an der Zeit, neue Freunde zu gewinnen.

So ergriff ich sofort die Gelegenheit, als ein Mädchen aus meinem Geschichtskurs mich fragte, ob ich mit in ihre Wohnung einziehen wolle. Pat war einsachtzig groß, eine Künstlerin und die schillerndste Person, der ich je begegnet war. Sie ging barfuß in die Seminare, in Berge von Stoff eingewickelt und von einer Wolke Patchouli umgeben. Bei jedem Schritt klingelten Glöckchen und Armreifen. Sie war auf dem ganzen Campus bekannt, und ich war aufgeregt und erschrocken über die Idee, ihre Mitbewohnerin zu werden – in ihrer Gegenwart kam ich mir so langweilig vor.

Pat putzte die ganze Wohnung von oben bis unten, ehe ich einzog. Sie räumte sogar ein paar Schränke aus. Ich war angerührt und überrascht: Ich hatte nicht erwartet, daß sie sich für mich interessierte, und ich hatte auf keinen Fall damit gerechnet, daß sie nett sein würde. Abgesehen von einer beachtlichen Neigung zu sportlicher Betätigung – sie stand jeden Morgen um sechs Uhr auf, um barfuß über eine Aschenbahn zu laufen –, stellte sich Pat als erstaunlich wenig furchteinflößend heraus.

Viel später sagte Pat mir einmal, daß ich die deprimierendste Person gewesen sei, die sie je getroffen hatte. Das war genau, was ich fühlte. Draußen in der wirklichen Welt gab es die Studentenunruhen um die Chicago Convention und ein Love-in in Woodstock, aber ich war in meinem eigenen Elend eingesperrt. Ich fühlte mich wie betäubt. Als Serafina anrief und fragte, ob ich mit ihr zusammen verreisen wollte, hatte ich das Gefühl, als würde sie mir einen Rettungsring zuwerfen. »Ich gehe überallhin«, sagte ich, »solange es billig ist.«

»Wie wäre es mit Nordafrika?« fragte sie. »Wir können billig nach Rom fliegen und die Fähre von Neapel nach Tunis nehmen. Von dort aus können wir nach Algier und Marokko fahren. Mohammed sagt, wir können bei seiner Familie in Meknès wohnen. Er sagt, seine Mutter wird uns ihre berühmte Bistija beibringen.«

»Gut«, sagte ich.

»Warum willst du denn da hin?« fragte meine Mutter, als ich ihr von meinen Plänen berichtete.

»Weil es exotisch ist«, sagte ich. »Weil niemand sonst dorthin fährt. Und weil es billig ist.«

Ich hätte noch hinzufügen können, daß ich verzweifelt versuchte, Serafina nicht zu verlieren. Aber das wußte ich ja selbst nicht.

Mohammeds Bistija

Für 10 Personen

3 Tassen Hühnerbrühe
2 keine Hühnchen, gewaschen
4 Zehen Knoblauch, geschält
1 Teelöffel Salz
1 Zimtstange
1 Bund Petersilie
1 große Zwiebel, kleingehackt
eine mittelgroße frische Ingwerwurzel, geschält
1 Teelöffel Pfeffer
125 g Butter
1/4 Tasse Zitronensaft
8 große Eier, verquirlt
2 Eßlöffel Butter
375 g Mandeln
1/4 Tasse Puderzucker
2 Teelöffel gemahlener Zimt
1 Paket Blätterteig, falls gefroren, sollte er aufgetaut sein
250 g ausgelassene Butter

Geben Sie die ersten 10 Zutaten in einen großen Topf. Bringen Sie ihn zum Kochen, drehen Sie die Hitze zurück und lassen Sie alles 1 1/2 Stunden lang köcheln.

Nehmen Sie das Huhn aus dem Topf und schneiden Sie das Fleisch in mundgerechte Stücke. Stellen Sie es beiseite.

Seihen Sie die gekochte Flüssigkeit ab, und lassen Sie sie einkochen, bis es nur noch ungefähr 2 Tassen sind. Fügen Sie den

Zitronensaft hinzu und lassen Sie alles ungefähr 5 Minuten lang köcheln. Fügen Sie langsam die verquirlten Eier hinzu und rühren Sie ständig mit einem Holzlöffel um, bis die Eier in eine dicke Masse gebunden sind und die meiste Flüssigkeit verdampft ist. Das dauert ungefähr 10 Minuten. Das Ganze abkühlen lassen.

Erhitzen Sie die beiden Eßlöffel Butter in einer Pfanne und braten Sie die Mandeln. Wenn man sie riechen kann und sie leicht gebräunt sind, auf einem Papiertuch abtropfen lassen, kleinhacken und mit dem Puderzucker und dem Zimt vermischen.

Heizen Sie den Ofen eine Stunde vor dem Essen auf 200° vor.

Rollen Sie den Blätterteig aus, und legen Sie die Blätter unter ein feuchtes Tuch, damit sie weich bleiben, während Sie arbeiten. Wischen sie den Boden einer Pizzaform, einer Paellaform oder einer sehr großen Kuchenform mit der ausgelassenen Butter aus. Legen Sie den Boden der Form mit den Blätterteigscheiben aus, bis die ganze Fläche bedeckt ist und der Blätterteig auf allen Seiten ungefähr 5 Zentimeter über den Rand der Form herausragt. Bepinseln Sie die Oberfläche des Teigs mit Butter.

Füllen Sie den Teig mit der Hälfte der Nußmischung, bedecken Sie diese leicht mit weiterem Blätterteig und bepinseln Sie diesen wieder mit Butter. Verteilen Sie darüber die Hälfte des Hühnchens, das Sie ebenfalls mit Blätterteig bedecken und mit Butter bepinseln. Die nächste Schicht füllen Sie mit der Hälfte der Eimischung, und darauf legen Sie eine weitere Lage Blätterteig, die Sie mit Butter bepinseln. Fügen Sie das restliche Huhn hinzu und ein paar weitere Blätter Teig, die dann gebuttert werden. Füllen Sie jetzt die restliche Eimischung ein, legen Sie zwei weitere Lagen mit Butter eingeriebenen Blätterteigs auf und streuen Sie die restliche Nußmischung obenauf. Bedecken Sie das mit allen, aber höchsten drei, verbleibenden Lagen Blätterteig, die Sie wieder mit Butter bepinseln.

Falten Sie die Enden der Bistija oben ein, um ein nettes Paket aus allem zu machen. Legen Sie die restlichen Scheiben Blätterteig darauf und gießen Sie die übrige Butter darüber.

Lassen Sie die Bistija 20 oder 25 Minuten lang backen, bis die oberen Schichten goldfarben sind. Holen Sie die Form dann aus dem Ofen, heben Sie sie vorsichtig auf ein großes eingefettetes Backblech, bepinseln Sie sie mit der verbliebenen Butter und backen Sie sie weitere zehn Minuten.

Streuen Sie Puderzucker und Zimt darüber und servieren Sie sie sofort. Bistija ißt man mit den Fingern. Man muß sich ein wenig dabei verbrennen.

Keine von uns wollte es zugeben, aber wir hatten Angst. Tunis erschien uns so sehr fremdartig, obwohl wir schon in Neapel gewesen waren. Die Überfahrt – zwölf Dollar für einen Schlafplatz an Deck – war eher schmuddelig als romantisch gewesen, und jetzt waren wir hier und schleppten uns auf der Suche nach einer Unterkunft mühsam über eine staubige Straße. Die Landschaft war verdorrt und farblos, und bei jedem Schritt, den wir machten, wirbelten kleine Wolken von Sand auf. Unsere Taschen wurden schwer. »Ich denke gerade an Gary Cooper in *Drei Fremdenlegionäre*«, sagte Serafina und schluckte schwer. »Dreh dich nicht um, wir werden verfolgt.«

»Ich weiß«, sagte ich. Das schwarze Auto fuhr schon seit einigen Blocks hinter uns her, immer diskret etwas Distanz haltend. Ich mochte nicht genauer hinschauen, aber ich meinte, daß zwei Jungs in dem Auto waren. Aber vielleicht waren es auch Männer. Serafina wollte sich umdrehen. »Schau nicht hin«, zischte ich. Wir gingen, erhitzt und ohne etwas zu sagen, einen Block weiter. Ich war froh, daß wir zu zweit waren, froh, daß wir zusammen waren.

Das Auto kam näher. »Wir kennen ein Hotel«, sagte einer der Jungs und lehnte sich aus dem Fenster.

»Das kann ich mir vorstellen«, sagte Serafina atemlos. Ich drehte mich um und schaute die Jungs an. Sie sahen irgendwie nett aus. »Wir sprechen nicht mit Männern«, sagte ich. Einer der Jungs lachte.

»Geht einfach hinter uns her«, sagte er und lächelte. Seine

Zähne waren sehr weiß gegen seine kaffeebraune Haut und sein dunkles Haar. Der Fahrer brachte den Wagen auf unsere Höhe, und so gingen wir einige Straßen weiter. Wenigstens schienen sie uns in Richtung Stadtmitte zu führen.

Der Fahrer hielt den Wagen an und stieg aus. Er entfaltete sich aus dem winzigen Gefährt, und als er daneben stand, sah das Auto noch kleiner aus. Serafina kicherte. Ich bedachte sie mit einem unheilvollen Blick, aber es war schon geschehen – er nahm das Lachen als Einladung. Der große Mann hielt ihr seine Hand entgegen. »Taeb«, sagte er und begrüßte sie. Der kleine streckte ebenfalls die Hand aus. »Noureddine«, sagte er. Ich nahm sie.

Sie folgten uns in das Hotel hinein und begannen in rasantem Arabisch mit dem Mann hinter dem Tresen zu spechen. Der schaute von meinem rosafarbenen, sonnenverbrannten Gesicht zu Serafinas kühlem, dunklem, und schrieb etwas auf ein Stück Papier. Noureddine schaute darauf, lachte geringschätzig, griff sich das Stück Papier und riß es in Stücke. Der Mann schrieb eine weitere Zahl auf. Noureddine zerriß wieder das Papier. Dieses Spiel schien ihnen beiden Freude zu machen, denn es ging ziemlich lange hin und her. Am Ende schüttelte Noureddine den Kopf und wandte sich mir zu. »Okay?« fragte er und zeigte mir die Zahl. Er waren ungefähr 75 Cents die Nacht. »Wir müssen das Zimmer anschauen«, sagte ich großspurig, und der Mann hinter dem Tresen griff nach einem Schlüssel und führte uns hinauf.

Es war ein schönes Zimmer, viel schöner, als alle unsere Zimmer in Italien gewesen waren. Wir sagten, daß wir es nehmen würden, und ließen unsere Taschen auf die Betten fallen. Dann gingen wir hinunter, um uns bei den Jungs zu bedanken.

»Kommt mit auf einen Tee«, sagte Noureddine. Serafina und ich schauten einander an, nickten und quetschten uns auf den Rücksitz des Autos.

Es war heiß. Unsere nackten Beine klebten an den Plastiksitzen, und die Luft im Auto war so stickig, daß ich jedesmal, wenn ich Luft holte, die Hitze durch meine Kehle hindurch in die Spitzen meiner Lunge vordringen spürte. Serafina drehte ihre Scheibe hinunter. Taeb stellte den Fuß aufs Gaspedal und sauste so schnell davon, daß er die erste Kurve auf zwei Reifen nahm.

Ich schielte zu Serafina hinüber. Warum hatten wir ja gesagt? Wer waren diese Männer? Wohin fuhren wir? Noureddine zeigte in die Ferne, und wir konnten die Medina sehen, eine verrückte Mischung aus Steingebäuden, die wie eine mittelalterliche Stadt zusammengedrängt waren. Das Auto fuhr darauf zu, bog von der breiten, geraden Straße auf kleine Sträßchen ab, die sich wanden und nach jeder Kurve enger wurden. Die Wände der Häuser kamen näher und näher, bis wir schließlich auf jeder Seite unsere Hand ausstrecken und sie berühren konnten. Als es nicht weiterging, hielt Taeb einfach an und öffnete seine Tür. Er stieg aus. Wir folgten, still und ängstlich.

Kleine Jungen kamen auf uns zugeeilt und schnatterten in Arabisch, Französisch und Englisch. Noureddine verscheuchte sie ungeduldig und tauchte in ein mysteriöses Labyrinth ein, das nach Safran, Cayenne, Minze und Kümmel roch. Ich konnte das Rascheln von Stoff hören und, aus weiter Entfernung, den hohen arabischen und klagenden Singsang, der wie Freuden- und Angstschreie klingt.

Wir kamen an dunklen Geschäften voller gemusterter Teppiche, gewobener Kleider und bernsteinfarbener Perlenketten vorbei. Die kühlen, dicken Wände schlossen sich um uns. Serafina leckte ihre Lippen und zischte mir zu: »Wenn wir uns hier verlaufen, finden wir nie wieder heraus. Wir würden für immer verschwinden. Es weiß nicht einmal jemand, daß wir in Tunis sind!«

Dann hielt Taeb an, schob einen Vorhang beiseite und forderte uns auf, einen Laden zu betreten. Wir beide zögerten. Keine von uns war je in einer solchen Teestube gewesen. Es war dunkel. Niedrige Tische waren von Stapeln verblichener orientalischer Teppiche umgeben, auf denen Männer sich niedergelassen hatten, die mit Kräutern gefüllte Teegläser in der Hand hatten. Es gab keine Frauen. Die Luft war von klagender Musik erfüllt, und während die Männer mit geschlossenen Augen zuhörten, klopften sie den Takt mit ihren Händen. »Es sieht aus wie eine Opiumhöhle«, flüsterte Serafina. »Laß uns nicht hineingehen.«

Es könnte gefährlich sein. Ich wußte, daß wir uns unvernünftig verhielten. Aber Serafina und ich waren zusammen, und ich war so glücklich wie lange nicht. Abgesehen davon war es zu spät, um aus diesem Abenteuer auszusteigen. Wir waren bereits drin, und der Tee war bestellt. Noureddine nickte mit dem Kopf zu der Musik und sagte ehrfürchtig: »Das ist Oum Kalthoum.«

Der Tee kam. Er war entsetzlich süß und voller Minze, aber er schien keine gefährlichen Drogen zu enthalten. »Jeder in Tunis kommt in den Suk, um Tee zu trinken«, sagte Noureddine, der sich wie ein Pascha zurücklehnte. »Das ist so Brauch. Ihr werdet sehen. Wenn man Tunis erst einmal besser kennenlernt, ist es unmöglich, wieder zu gehen.« Ich schaute zu Serafina hinüber – das klang wie der Anfang eines bösen Märchens.

Taeb und Noureddine wechselten zu Französisch über, was ich noch verfolgen konnte, und dann zu Arabisch, was ich nicht mehr verstand. Sie wedelten mit den Armen, und der Klang wurde schärfer. Je intensiver die Debatte geführt wurde, desto unruhiger wurde ich. Worüber sprachen sie?

Ich beobachtete sie, während sie stritten. Der Große, Taeb, hatte ein schmales Gesicht mit scharf geschnittenen Linien und einer aristokratischen Nase. Er war von gespannter Ruhe. Mit seinem weißen Hemd und den dunklen Hosen sah er aus wie eine der Figuren, die übellaunig durch die Filme von Antonioni schlendern. Der Kleine war engagierter und weniger attraktiv. Sein viereckiges Gesicht war von lockigem Haar umgeben, und er sah kräftig genug aus, einen Schädel zwischen seinen Händen zerdrücken zu können. Jetzt hörte er plötzlich auf zu reden.

»Attention!« sagte er. Ich setzte mich auf. »Wir haben entschieden, wohin wir euch zum Essen ausführen werden.«

Serafina und ich schauten einander erstaunt an. Sie hatten über das Essen gestritten?

»Natürlich«, sagte Noureddine, »ist der erste Geschmack, den man von einer neuen Stadt bekommt, besonders wichtig. Wir wollen, daß ihr Tunis mögt. Heute abend werden wir ein kleines Restaurant im Suk besuchen. Morgen abend wird meine Mutter Couscous für euch machen.«

»Was soll das?« murmelte Serafina. »Seid ihr das Begrüßungskommando?«

»Entschuldigung?« sagte Taeb. »Ich verstehe nicht.«

»Ich auch nicht«, sagte Serafina.

Als sie uns im Hotel absetzten, war mir so schwindelig, als hätte ich stundenlang den Atem angehalten. Die Erleichterung überströmte uns. Und wir plapperten, als wir die Treppen zu unserem Zimmer hinaufgingen.

»Was haben wir uns bloß dabei gedacht«, sagte ich, »mit zwei fremden Männern loszuziehen?«

»Im ersten Moment«, sagte Serafina, »dachte ich, wir würden von der Medina verschluckt.«

»Was glaubst du, was sie wollen?« fragte ich.

»Oh, bloß unsere Körper«, erwiderte sie.

»Wir sollten vielleicht dankbar sein, daß wir rausgekommen sind, und das Essen vergessen«, sagte ich.

Wir wußten beide, daß wir hingehen würden.

Das Restaurant, das sie ausgewählt hatten, befand sich im alten arabischen Viertel. Wir folgten der Beschreibung, die sie uns gegeben hatten, und gingen enge Straßen hinunter, an verfallenen Gebäuden vorbei, und bogen schließlich in eine Gasse ein, an deren Ende eine Tür mit einem Perlenvorhang war. Dahinter war ein kleiner überfüllter Raum, dessen Wände kreuz und quer mit aus Zeitungen ausgerissenen Bildern beklebt war. Noureddine sprang auf, als er uns sah, und begann heftig zu winken, als hätten wir Schwierigkeiten, ihn zu finden. Sie saßen an einem Tisch, der mit backsteinroter Farbe bestrichen und mit einer Plastikdecke bedeckt war. Zuerst sagte niemand etwas, und dann tauchten wir in eine dieser surrealen Konversationen ein, die man führt, wenn man mit Fremden zusammen ist und sich selbst neu erfinden kann. Wir sagten, wir seien Studentinnen. Sie sagten, sie seien Ingenieure, die in Frankreich studiert hätten. Ich fragte mich, ob das stimmte.

Während wir sprachen, stellte eine hübsche Frau mit glänzendem schwarzem Haar, das auf ihrem Kopf aufgetürmt war, eine Platte mit dreieckigen Pastetchen auf den Tisch. »Attention!« sagte Noureddine und griff nach einer der Pasteten. »Das ist das Nationalgericht von Tunesien. Ich werde euch jetzt zeigen, wie man ein Brik ißt.«

Serafina konnte es nie leiden, wenn man ihr sagte, wie sie etwas zu tun habe. Bevor er noch weiterreden konnte, nahm sie die nächstgelegene Pastete und biß hinein. Es gab ein Spritzen und einen Ausruf des Erstaunens: Serafina hatte Ei im ganzen Gesicht.

Noureddine und Taeb lachten beide, und nachdem ich zunächst versucht hatte, es zu unterdrücken, lachte ich auch. »Hört doch zu«, sagte Noureddine, »es braucht ein wenig Übung, ein Brik zu essen. Ich werde es zeigen.« Er hielt das knusprige, blättrige Dreieck an den beiden vorderen Ecken, nahm dann die dritte vorsichtig zwischen seine Zähne, zog ein wenig und begann dann zu saugen. Im Schlucken sagte er: »Seht ihr? Ihr müßt erst das Ei essen.«

Ich aß zwei Stück zur Übung und genoß das Erlebnis, etwas so Gehaltvolles und Gefährliches zu essen, und dann noch ein drittes, weil es so gut schmeckte. Das Ei lag auf einem Bett von Gemüse, das mit viel Chili vermischt war, und jedesmal, wenn das Eigelb zwischen den zerbrechenden Lagen von Teig herausgeschossen kam, fühlte sich das unglaublich an.

»Morgen wirst du es schon besser können«, sagte Taeb sanft zu Serafina und hielt ihr eine Platte mit Tomaten, Gurken, Zwiebeln, Oliven und einen Korb mit Brot hin. Sie schenkte ihm einen langen Blick unter ihren Wimpern hervor und biß in das Brot.

Ich war eifersüchtig. Taeb hatte den leichten Charme eines Mannes, der weiß, daß er auf Frauen attraktiv wirkt, dem es aber egal ist. Er redete nicht viel. Noureddine sprach für sie beide, trotz seines Aussehens war er ernst und belesen. Und äußerst patriotisch. Im Moment tauchte er gerade in die Geschichte der Hafsiden ein, die früher einmal über sein Land geherrscht hatten. » Im dreizehnten Jahrhundert erbaute Abu Zakarija die Suks, und seine Frau richtete in ganz Nordafrika Schulen ein. Tunesien war der erleuchtetste Teil der Welt, und die Menschen kamen aus ganz Europa, um hier zu leben«, sagte er stolz.

»Wirklich?« fragte Serafina gedehnt. Ihre Hand schoß vor und nahm ein Brik auf. Indem sie die Ecken vorsichtig zwischen den Fingern hielt, steckte sie die vordere Ecke in den Mund. Während sie langsam das Ei einsog, wandte sie ihren Blick nicht von Taeb.

»Bravo!« sagte er. »Du mußt tunesisches Blut haben.«

»Er hat nicht einmal meine Hand berührt!« klagte Serafina später. »Sogar als wir getanzt haben, blieb er auf Distanz.«

»Ich würde nicht zulassen, daß Noureddine meine Hand berührt«, sagte ich und war bereits deprimiert. Nach dem Essen hatten sie uns in einen großen Nachtclub im neuen Teil der Stadt mitgenommen. Noureddine war erstaunlich leichtfüßig, und er schob mich schwungvoll über den Tanzboden, während ich sehnsüchtig zu Taeb schaute. Ich war nicht sicher, ob wir schon als zwei Pärchen unterwegs waren, aber wenn, dann hatte ich verloren.

»Und er bestand darauf, während aller langsamen Tänze zu sitzen«, fuhr Serafina fort, indem sie meinen Kommentar ignorierte. »Der bestaussehendste Mann, seit ich von zu Hause weg bin, und seine Vorstellung von einem schönen Abend ist der Twist!«

»Vor acht Stunden«, erinnerte ich sie, »warst du noch voller Sorge, daß er vielleicht deinen Körper will. Jetzt hast du Angst, daß er ihn vielleicht nicht will.«

Serafina schüttelte immer noch den Kopf, und dann sagte sie finster: »Möglicherweise war es ein Fehler, hierherzukommen.

Am folgenden Abend nahm uns Noureddine mit zum Haus seiner Mutter. Als wir durch den Garten gingen, glänzten die Orangenblüten, die das Mondlicht einfingen, silbern. Die Luft war von Gerüchen erfüllt, und Bienen summten in ihren Körben. Noureddine beugte sich herab, um seine Schuhe auszuziehen, wobei seine Statur den ganzen schmalen Eingang ausfüllte, und geleitete uns dann in einen dunklen Raum mit niedriger Decke. Überall waren Teppiche, auf dem Fußboden verstreut, an die Wände genagelt, über Möbel geworfen. Mitten im Raum stand Noureddines Mutter, von Kopf bis Fuß verschleiert und die Hände zur Begrüßung verschränkt. Als ich in ihre Augen sah, hatte ich das Gefühl, hundert Jahre zurückversetzt zu werden.

Später erzählte mir Noureddine, daß seine Mutter nicht lesen könne, und ich versuchte mir vorzustellen, was für ein Gefühl es für einen Ingenieur, der drei Sprachen sprach, sein mußte, wenn die Mutter Analphabetin war. Das konnte ich mir nicht vorstellen, aber einfach schon der Anblick dieser mysteriösen Frau machte, daß ich mir unbeholfen vorkam und meine Zunge wie gelähmt war. Dann platzte die Schwester von Noureddine ins Zimmer und rettete uns. Sie trug einen einfachen blauen Rock und eine weiße Seidenbluse. »Mina unterrichtet an der Universität«, konnte Noureddine gerade noch sagen, bevor sie das Gespräch an sich riß und fragte, wo wir schon gewesen seien, wo wir hinwollten und warum wir nach Tunis gekommen seien.

Während sie sprach, stellte ihre Mutter Platten mit Essen auf einen niedrigen runden Tisch in der Ecke. Da waren glänzende granatrote Rüben und geriebene Karotten, die mit Orangenblütenwasser parfümiert waren. Gurken waren mit Oliven besteckt, Orangen mit Rosenwasser besprenkelt. Das Essen glitzerte. Als ihre Mutter das Zimmer verlassen hatte, begannen Noureddine und Mina, sich zu bedienen, indem sie das Essen mit den Fingern aufnahmen.

»Darf ich fragen«, sagte Mina in ihrem singenden Tonfall, »aus was für Familien ihr kommt?«

Ich fragte mich, ob ich sagen sollte, daß ich Jüdin war. Plötzlich stellte ich mir vor, daß alle aufspringen, den Tisch umwerfen und verlangen würden, daß ich das Haus verlasse. Aber Mina nickte nur gnädig und sagte: »Tunis ist für viele Juden ein Zuhause geworden.« Sie wandte sich Serafina zu.

»Es ist doch ungewöhnlich, daß eine weiße und eine dunkelhäutige Frau in Amerika Freundinnen sind, oder nicht?« fragte Mina.

»Nein«, sagte ich.

»Ja«, sagte Serafina gleichzeitig, »das ist es.«

Wir verfielen wieder in Schweigen, als Noureddines Mutter noch einmal mit einem großen Laib Brot erschien. Taeb riß ein Stück ab und tauchte es in die würzigen, mit Tomaten vermischten grünen Peperoni. Serafina machte es ihm nach, doch als sie das Brot vom Laib abriß und in die gehaltvolle Auberginenmischung tauchte, wirkte die Geste plötzlich verführerisch. Serafina leckte ihre Finger ab.

»Attention!« sagte Noureddine. »Dies ist erst der erste Gang.« Und dann begann er, uns von der Landwirtschaft in Tunesien zu erzählen. Als er bei der jährlichen Dattelproduktion angekommen war, fiel es mir schwer, mein Lachen zu unterdrücken. Ich begegnete Serafinas Blick. »Hör auf!« schien sie zu sagen, doch dann brachen wir beide in unbeherrschbare Wellen der Heiterkeit aus. Es gab einen Moment der Spannung, und dann zogen sich Minas Mundwinkel hoch, sie kicherte auch, und alles war in Ordnung.

Wir konnten nicht mehr essen.

Wir aßen trotzdem.

Die Platten kamen und gingen nacheinander wie im Traum. Jede schien den Tisch ebenso voll zu verlassen, wie sie kam, und ich fragte mich, was wohl mit den ganzen Resten geschah.

Dann erschien das Hauptgericht, eine triumphale Pyramide aus Körnern, Fisch und Gewürzen, die groß genug war, um eine Kleinstadt zu ernähren. Noureddine hielt seine rechte Hand hoch. »Ich werde euch zeigen, wie man richtig Couscous ißt«, sagte er und griff vorsichtig in das Essen. Er holte ein paar Körner zu sich hin, rollte sie zusammen, während er zog, und steckte sich dann den Ball in den Mund. »Ihr werdet bemerkt haben«, sagte er, »daß meine Finger meinen Mund nicht berühren. Jetzt versucht ihr es.«

Ich versuchte es. Die Körner rannen zwischen meinen Fingern hindurch, und alles, was ich zu fassen bekam, war eine Handvoll Luft. »Versuch es noch einmal«, beharrte er. Diesmal ergatterte ich drei Körner Couscous und ein Stückchen Fisch. »Schon besser«, sagte Noureddine, »aber du hast deinen Mund berührt. Noch einmal.«

Ich versuchte es immer weiter und vergaß, wie satt ich schon war. Als ich schließlich die Technik beherrschte, war Serafina schon dabei, von Taeb diese Kunst zu lernen, und sie rückte für den Unterricht näher an ihn heran. Als er ihr zeigte, wie sie die Körner greifen müsse, lehnte sie sich gegen ihn. Er wich ihr jedoch aus. Doch einmal nahm er unbewußt seine Hand und wischte etwas Couscous von ihrer Wange, zuckte dann aber zurück, als wäre ihre Haut von Feuer.

Wir hatten vorgehabt, ein paar Tage in Tunis zu verbringen und dann weiter nach Algier und Meknès zu reisen. Doch inzwischen war mehr als eine Woche vergangen, und keine von uns hatte von Abreise gesprochen. Die Jungs waren immer mit uns zusammen, und unsere Knochen schienen mit süßem tunesischem Honig gefüllt zu sein, der uns träge machte und unseren Rhythmus veränderte.

Wir spazierten umher und tanzten. In der Dämmerung saßen wir auf der Terrasse des Café de Paris und tranken kühle Limonade, und abends aßen wir gewürzte Tajines und gegrillte Merguez-Würstchen. Wir wanderten durch die Straßen der Medina und erhaschten kurze Blicke auf Brunnen, die in sonnendurchfluteten Innenhöfen plätscherten. Manchmal nahm Noureddine meine Hand, wie ein Bruder oder ein Cousin. Und dann war da noch Taeb.

Wir träumten beide von ihm. Serafina tat noch mehr als das, aber er schien es kaum zu bemerken. »Ich kenne ihn schon so lange, und wir sind immer noch nur Freunde«, ärgerte sie sich. »Ich wünschte, ich würde dieses Land verstehen.«

Dann begann Noureddine davon zu reden, die Küste entlang nach Sousse, Mahdia und Sfax zu fahren. »Ihr müßt die

Große Moschee sehen«, beharrte er. »Sie wurde 851 erbaut. Und dann die Ribat, ein Meisterwerk islamischer Architektur, die sogar noch älter ist.«

»Wie aufregend«, sagte Serafina und unterdrückte ein Gähnen.

»Nicht noch mehr Sehenswürdigkeiten«, wandte ich ein.

Es war Taeb, der weiter insistierte: »Die Sahel ist mehr als eine Sehenswürdigkeit«, sagte er. »Die Strände dort sind die schönsten der Welt. Wir werden nächste Woche zur Hochzeit meiner Schwester zurück sein.« Und dann entschied er es, indem er seine Hand auf Serafinas Arm legte und sagte: »Bitte kommt mit.«

Die Straße nach Süden war leer, oder jedenfalls habe ich es so in Erinnerung, und von Palmen gesäumt. Am Straßenrand grasten Esel, die aufschauten und die Ohren aufstellten, als wir vorüberfuhren. Ab und zu schaukelte ein Dromedar über die Straße, so daß Taeb ungeduldig hupen mußte, um den Reiter dazu zu bewegen, Platz zu machen.

Nach ein paar Stunden Fahrt hielten wir an, um baden zu gehen. Am Strand war niemand, und als wir uns zurückzogen, um unsere Badeanzüge anzuziehen, schämte ich mich plötzlich, denn mir fiel ein, daß die Jungs uns nie in etwas anderem als in Röcken und Blusen gesehen hatten. Wenn ich mir Serafinas volle Brüste und ihre schmalen Hüften anschaute, bereute ich jedes Körnchen Couscous. Und tatsächlich blieb den Jungs der Mund offen stehen, als sie ihrer ansichtig wurden.

Etwas später fuhren wir bei einer kleinen weißgekalkten Hütte mit blauer Markise von der Straße ab. Wir waren die einzigen Gäste, und der Besitzer lief umher und schob Stühle an einen Tisch. Es gab Verhandlungen – natürlich sprach Noureddine –, dann ging der Mann. Wir konnten ihn in der Küche hantieren und mit dem Koch sprechen hören.

Ich war erstaunt, als eine Flasche Rosé auf dem Tisch auftauchte – in Tunis hatten die Jungs keinen Alkohol angerührt. Er war frisch, eiskalt und schwer im Mund. Zu der ersten Flasche aßen wir eingelegte Mandeln und Oliven von den Bäumen, die überall um uns herum wuchsen. Wir tranken eine zweite Flasche zusammen mit der Mechouia, einer gewürzten

Mischung von auf Kohle gegrillten Chilies und Tomaten. Als der gegrillte Fisch gebracht wurde, konnte ich fühlen, wie meine Wangen anfingen zu glühen. Auf der anderen Seite des Tisches fütterte Taeb Serafina mit Datteln, langsam, mit den Fingern. Dann nahm sie eine Scheibe Wassermelone – die Frucht war fast unerträglich süß – und aß sie mit scharfen, vorsichtigen kleinen Bissen. Taeb schaute ihr so gebannt zu, daß zum ersten Mal sie diejenige war, die den Blick senkte.

Als wir in unserem Hotel eincheckten, das aus ein paar einfachen Bungalows bestand, die zwischen Palmen auf dem Strand verstreut waren, war es fast dunkel. Serafina summte vor sich hin, während sie sich auszog, und ich war traurig und fühlte mich leer. Wir redeten nicht viel. Mitten in der Nacht wachte ich auf und meinte, Serafina sei nicht in ihrem Bett. Doch am Morgen war sie da und schlief tief und fest. Hatte ich geträumt?

Wir aßen Brötchen und tranken Kaffee im Hotel und gingen dann zum Strand hinunter, der so schön war, wie die beiden es versprochen hatten. Alles war menschenleer und ruhig. Das Meer war sehr blau, und die Sonne war hell, aber nicht zu heiß. Am Horizont trieben Fischerboote. Wir lagen eine Weile auf Decken, bis Taeb aufsprang und sagte, daß er seine Tante besuchen werde. Noureddine sagte, er würde mitgehen, um seine Aufwartung zu machen.

»Du hast gar nicht gesagt, daß du hier eine Tante hast«, sagte Serafina.

»Tunesier haben überall Familie«, erwiderte er. »Kommt ihr mit?«

Ich hätte die beiden natürlich begleitet, wenn Serafina mitgegangen wäre, aber sie wollte nicht. Zierte sie sich? Ich konnte es nicht sagen. Sie wandte sich wieder ihrem Buch zu, und ich drehte mich auf die Seite, schaute träge aufs Wasser und schlief ein.

Als ich aufwachte, hatte ich großen Hunger. Doch als wir die Straße am Meer entlang zur Stadt liefen, wurde ich ängstlich – wir waren es nicht gewohnt, in Tunesien allein unterwegs zu sein. »Alles sieht furchtbar leer aus«, sagte ich. »Es sieht nicht so aus, als wäre hier je ein einziger Tourist gewesen.«

»Ooh«, machte Serafina sich lustig, »wie gruselig.« Wir erreichten die Ausläufer der Stadt und schauten uns die Menükarten an, die in den Fenstern der Cafés standen. Nicht eine einzige war übersetzt.

»Das macht nichts«, sagte sie und marschierte auf ein kleines Café zu, wo rote, weiße und blaue Plastikstreifen vor der Tür hingen. Wir setzten uns draußen an einen Tisch unter eine Markise, und Serafina bestellte ein Omelett, einen Salat und ein Glas Wein.

Der Kellner sah entsetzt aus. In stockendem Französisch sagte er etwas über Fliegen, Insekten, daß wir hineingehen müßten. »Da drinnen wird es stickig sein«, sagte Serafina, »wir gehen nicht hinein. Ein paar Fliegen machen uns nichts aus.«

Der Mann nickte und ging weg. Zehn Minuten vergingen. Zwanzig. Vierzig. Nichts kam. Wir riefen den Mann heraus, und er sagte, ja, ja, das Essen würde jeden Moment kommen. »Und der Wein«, sagte ich, »vergessen Sie den Wein nicht.«

Er nickte und ging wieder hinein. Eine weitere halbe Stunde verging. Nichts passierte. »Das ist ja lächerlich!« sagte Serafina. »Ich habe das Gefühl, als würde ich auf Godot warten.«

Sie ging los, um den Kellner zu suchen, und kam mit einem fragenden Gesichtsausdruck zurück. »Sie sind alle weg«, sagte sie, »und die Tür ist verschlossen. Wir sind die einzigen Menschen hier. Was meinst du, könnte passiert sein?«

»Das ist kein Wunder«, sagte Taeb, als wir ihm später davon erzählten. Wir saßen gemeinsam in der Hütte am Strand und aßen wie die Verrückten. Er trank Wein. »Das hier ist nicht Tunis. Das ist eine kleine Stadt, wo arabische Frauen nicht allein draußen sitzen und Wein trinken!«

»Aber wir sind keine arabischen Frauen«, sagte Serafina.

Taeb sandte Serafina einen langen Blick. »Wirklich?« fragte er höflich.

Ich schaute Serafina an und begriff plötzlich, was sie die ganze Zeit gesehen hatten: ihr glänzendes dunkles Haar und die honigfarbene Haut.

»Nein, bin ich nicht!« sagte sie.

»Ich weiß«, sagte Taeb mit der sanften Stimme, die man anwendet, um ein störrisches Kind zu beruhigen. »Ich weiß.« Er begann, Orangen zu schälen, und fütterte Serafina mit den Schnitzen, die sie wie eine Katze vorsichtig mit den Zähnen nahm. Ich fühlte ein Prickeln im Nacken. Taebs Gelassenheit war verschwunden.

Wir gingen zurück zum Bungalow, und Serafina verbrachte viel Zeit am Waschbecken, wo sie ihr Gesicht wusch. »Sie meinen, du seist hier, um deine Wurzeln zu entdecken«, sagte ich. »Sie glauben, daß du es einfach nicht weißt.« Sei beugte sich vor, um die Seife abzuspülen. Sie trocknete sich das Gesicht ab, indem sie es in das dicke Handtuch versenkte.

Ein paar Tage später heiratete Taebs Schwester Fatima. Die Hochzeit fand in einem großen, duftenden tunesischen Garten statt, in dem so viele Blumen wuchsen, daß er tropisch wirkte. Die Männer in ihren westlichen Anzügen waren düstere, dunkle Flecken, aber alle Frauen, sogar Mina, waren in lange Seidenkleider und farbenfrohe Schleier gekleidet.

Die Männer gingen fort, als die Braut auf einer hohen Sänfte in den Garten gebracht wurde. Sie war in Seide gehüllt und hielt sich die hennagefärbten Handflächen vors Gesicht. Alles, was wir sehen konnten, waren ihre Augen, die dick von schwarzem Kajal eingerahmt waren. Als sie auf ein Podium gesetzt wurde, fingen alle Frauen im Garten an zu heulen, und der Klang brach aus ihren tremolierenden Kehlen hervor, als würden ihre Herzen sprechen. Der Grundklang, Klage und Freude, schwang sich in die Luft und über die Gartenmauer.

Die Musik begann, und die Frauen begannen nun, mit wilden, erotischen Bewegungen zu tanzen, sie schwangen ihre Hüften und schüttelten ihre Brüste mit einer Freiheit, die sie in der Gesellschaft von Männern nie hatten. Es war wunderbar. Es wurden kleine Kuchen gereicht, unterbrochen von Lachen, Musik und Liedern. Das ging zwei Stunden so, und am Ende erlaubte ich mir, mich in den Tanz hineinziehen zu lassen. Es war ein seltsames Gefühl zu wissen, daß keine Männer zuschauten. Ich ließ mich einfach in den Rhythmus fallen, als ich plötzlich bemerkte, daß Serafina verschwunden war.

Voller Panik eilte ich von Tisch zu Tisch, um sie zu finden. Sie saß nirgendwo. Sie tanzte nicht. Schließlich bemerkte ich eine dichte Gruppe von Frauen in der hintersten Ecke des Gartens. Das war sie, sehr still, von einem Dutzend Frauen umgeben, die mit hohen, lebendigen Stimmen redeten. Mina war auch in dem Kreis und hielt ein Kleidungsstück über Serafinas Kopf, als wäre sie ein Kind, das dabei ist, seine Puppe anzuziehen.

Mina zog das lange roten Seidenkleid über Serafinas kurzes westliches Kleid. Sie bedeckte ihr Haar mit einem silbern verzierten Seidenschal und zog die Enden so, daß sie über ihre Schultern fielen. Sie wand ein paar Silberketten um ihren Hals und begann, ihre Augen mit schwarzem Kajal zu umranden. Ich schaute zu, wie diese neue, sanftere Frau hervortrat. Serafina sah aus, als würde sie in diesen Garten gehören. Ich war allein.

Kurz darauf kam der Bräutigam, gefolgt von den übrigen Männern, um seine Braut zu holen. Taeb war größer als die anderen, und so konnte ich sehen, wie sich sein Blick aufhellte, als er Serafina erspähte. Serafina sah es auch. Sie verzog den Mund und begann das Kostüm auszuziehen. Als Taeb sich bis an ihre Seite vorgearbeitet hatte, war sie wieder sie selbst, abgesehen von den dunkel umrandeten Augen.

Das Fest war vorbei. Die Braut wurde hinausgebracht, und jeder machte beziehungsreiche Witze über die Hochzeitsnacht. Die Hochzeitsreise würde am Tag darauf beginnen. Serafina und ich standen mit Taeb und Noureddine draußen vor dem Garten und fragten uns, was wir anfangen sollten. Es war zu früh, um schlafen zu gehen. »Laßt uns ins Kino gehen«, schlug Noureddine vor, »es gibt einen neuen James Bond.«

Wir gingen den Hügel hinunter zu dem großen neuen Kino auf der Avenue Habib Bourguiba. Wir nahmen auf den Plüschsitzen im Rang Platz. Die Werbung lief bereits, und auf der Leinwand fuhren ein paar Jungs waghalsige Manöver mit dem Skateboard auf irgendeinem Bürgersteig in Kalifornien und hielten dabei Colaflaschen in die Kamera. Taeb mußte versucht haben, Serafinas Hand zu nehmen, denn ich fühlte den Ruck in ihrem Körper, als sie sich abwandte. Dann fuhr die Kamera über die Skyline von San Francisco, und ich wünschte plötzlich, einen Eimer Popcorn auf dem Schoß zu haben und rausgehen zu können, um festzustellen, daß alle Autos Fords waren.

Zwei Tage später nahmen wir ein Flugzeug nach Algier. Es war ganz klar an der Zeit, zu gehen. Taeb sagte nichts, aber er hatte einen besonders intensiven Blick, als sei er ein hungriger Mann, dem man ein Festmahl gezeigt hat. Er küßte Serafina sanft, eine Wange, dann die andere, dann zurück zur ersten. Noureddine sah zerknirscht und elend aus. »Warum geht ihr?« rief er, als wäre seine Großzügigkeit gescheitert und alles wäre irgendwie sein Fehler.

Ich warf meine Arme um ihn, dankbar und entschuldigend. »Du hattest recht«, flüsterte ich ihm ins Ohr, »wenn man Tunis erst einmal kennenlernt, ist es unmöglich zu gehen.« Und dann bestieg ich das Flugzeug.

Serafina bestellte sofort eine Flasche Wein. »Ich habe das Gefühl, als würde ich aus einem sehr fremden Traum erwachen«, sagte sie. »In Algier machen wir alles nur zu zweit, okay? Keine Männer mehr.«

»Einverstanden«, erwiderte ich.

Doch als wir weniger als eine Stunde später aus dem Flugzeug ausstiegen, wartete dort am Ausgang ein großer dunkelhäutiger Tunesier namens Dris. »Ich bin ein Freund von Noureddine«, sagte er. »Er hat mich gebeten, auf Sie aufzupassen, während Sie hier in Algier sind. Dies ist eine gefährliche Stadt.«

11
Eine Liebesgeschichte

Nordafrika brachte überhaupt nichts. Ich kam genauso deprimiert zurück, wie ich losgefahren war, und fühlte mich sogar noch mehr allein. Ich wußte nicht, wohin, oder was ich mit mir selbst anfangen sollte.

»Mein Analytiker findet, daß du nach New York zurückkommen solltest«, sagte meine Mutter. »Er meint, daß das gut für mich wäre.«

Ich fletschte die Zähne. »Und was ist mit mir?« hallte es in meinem Kopf wider, aber alles, was aus meinem Mund kam, war: »Tut mir leid. Ich werde weiter studieren.«

Bis zu dem Moment hatte ich nicht einmal gewußt, daß ich einen Plan hatte.

»Das werden wir nicht bezahlen«, drohte meine Mutter.

»Macht nichts«, sagte ich, »ich werde mich selbst finanzieren.«

Ich hatte einen Job als Mittagskellnerin im Sheraton Hotel und eine billige Wohnung auf der falschen Seite von Ann Arbor. Irgendwie hatte ich mir vorgestellt, daß es romantisch sein würde, dort zu leben, aber mein Nachbar war ein Monster und verbrachte jeden Abend damit, die Frau zu schlagen, mit der er zusammenlebte. Ich hatte sie nie gesehen, aber ihm war ich einmal auf dem Bürgersteig begegnet: ein mürrischer alter Typ mit grauem Haar und einer Haut in der Farbe von abgenutzten Laken. Er sah gar nicht stark genug aus, um so gemein zu sein.

Es fing immer so gegen sieben Uhr abends an. Ein Poltern gegen die Wand, und dann hörte ich ihn sagen: »Steh auf, ich habe gesagt, steh auf.« Wieder ein Poltern. Und immer so weiter. Sie sagte nie etwas, oder wenigstens nicht so laut, daß ich es hören konnte. Ich pflegte dann elend auf meiner Seite herumzufuhrwerken, kochte zur Ablenkung und verfluchte mich, weil ich zuviel aß. Der Tiefpunkt war, als ich an einem Abend Milchreis für zwölf Personen kochte und die ganze Portion am Herd stehend direkt aus dem Topf aufaß.

Ich hatte keine Verabredungen, und ich hatte den Eindruck, als würde ich auf immer und ewig in dieser furchtbaren Wohnung bleiben müssen, dem Elend in der Nachbarwohnung lauschend. Ich ging in Bars, um den Geräuschen zu entkommen, trank zuviel und verknallte mich angestrengt in Männer, die ich kennenlernte. Dann blieb ich voller Hoffnung bis zur Sperrstunde da, um schließlich allein nach Hause zu kommen und den Geräuschen aus der Nachbarwohnung zu lauschen.

Serafina war nach Detroit gezogen. Sie schrieb Gedichte, ging zu politischen Versammlungen und war Mitglied in einer radikalen Theatergruppe. Einmal lud sie mich abends zum Essen ein, und ich dachte, daß sie mich vielleicht mit ihren neuen Freunden bekannt machen würde.

Doch als ich dorthin kam, waren wir zwei allein, und wir waren beide sehr unbeholfen miteinander. Das Telefon klingelte unentwegt, und jedesmal, wenn sie abnahm, veränderte sich ihre Stimme und wurde streitlustiger und anspruchsvoller. »Ooh, Kindchen«, sagte sie einmal, »du weißt, daß ich das tue!« Ich versuchte, mir die Leute am anderen Ende der Leitung vorzustellen, doch das einzige, was ich sicher wußte, war, welche Hautfarbe sie hatten.

Ich hatte mich auf Curryhuhn und Roti gefreut, und ich sehnte mich nach dem Kokosnußbrot ihrer Mutter. Ich bekam gegrillte Rippchen, süße Kartoffeln und Gemüse. »Es wundert mich wirklich, daß du nicht auch noch Innereien gemacht hast«, hörte ich mich selbst sagen, als ich ging. Als ich zurückfuhr, dachte ich bei mir, daß es wohl lange dauern würde, bis ich sie wiedersah.

Ich kam nach Hause zu den üblichen Schlägen, mit dem darauf folgenden Kommando, aufzustehen, damit er sie wieder niederschlagen konnte. Doch diesmal klang er wie eine Platte, die einen Sprung hat, er sagte: »Aufstehen, habe ich gesagt!«, so oft, daß ich dachte, er könnte sie getötet haben. Ich rief die Polizei. Und ich rannte um mein Leben – ich wartete nicht einmal, bis sie kamen.

»Klar kannst du hierbleiben«, sagte Pat, als ich in der Wohnung auftauchte, die ich mit ihr während des Sommers geteilt hatte. »Genauer gesagt, kannst du die Wohnung haben. Ich ziehe in ein paar Tagen aus.«

Ich hätte jede Wohnung genommen, aber die Nummer 711 in der Packard Street war ein Hauptgewinn. Das Gebäude war so verfallen, daß das Wohnamt es für nicht bewohnbar eingestuft hatte, und die Miete betrug nur hundert Dollar. Der Besitzer, Mr. Blue, verlangte nicht einmal eine Kaution.

Nachdem sie dann ausgezogen war, wirkte Pats Wohnung jedoch ziemlich groß. Es gab kein Monster in der Nachbarwohnung, aber jetzt erfand ich eines und wachte mit klopfendem Herzen von eingebildeten Geräuschen auf. Ich schloß mich nachts selbst im Schlafzimmer ein. Es half nicht viel. Tagsüber wirkte das alles absurd. Doch jeden Abend saß ich allein im Wohnzimmer dieses verlassenen Gebäudes und sah zu, wie die Dunkelheit in die Wohnung kroch und alles gruselig und unheimlich machte. Ich war zwanzig Jahre alt und kam mir kindisch vor, weil ich so ängstlich war.

Eines Abends untersuchte ich gerade die Fenster und fragte mich, was ich tun könnte, um mich etwas sicherer zu fühlen, als es an der Tür klingelte. Ich hätte mich über jeden Freund gefreut, sogar über einen, den ich nicht mochte, aber leider war der große, schlanke Typ in der mit Gips bekleckerten Jeans ein Fremder.

»Ist Pat da?« stammelte er und sah verwirrt aus. Er hatte schönes, glattes braunes Haar, eine Brille und weiche rosige Wangen. Trotz der Farbe und des Gipses auf seiner Hose wirkte er äußerst sauber. Nachdem ich ihm gesagt hatte, daß Pat ausgezogen war, stand er schweigend da und sah aus wie der Farmer in *American Gothic*. Ich fragte, ob er ihre Adresse wolle. Und dann fragte ich, ob er etwas essen möchte.

Ich erinnere mich nicht mehr, was wir aßen. Aber am nächsten Abend, als Doug zurückkam, machte ich Sauerbraten. Es war Mitte Juli in der dampfenden Hitze des Mittleren Westens, aber das hielt mich nicht davon ab, ihn mit Reibekuchen und selbstgemachtem Apfelmus zu verwöhnen. Doug nahm dreimal. Dann stand er mit mir in der kleinen altmodischen Küche, als ich in dem vorzeitlichen Magic-Chef-Ofen Brownies backte. Wir brauchten den ganzen Abend, um das Backblech sauberzumachen.

Am folgenden Abend machte ich eine Portion Toll-House-Cookies und legte sie in einen Schuhkarton. Ich hatte vor zu sagen, daß meine Mutter sie geschickt habe – mir gefiel die Absurdität dieser Behauptung. Doch als Doug mir seine Tür öffnete, sah er so glücklich aus, daß ich gar nichts sagte: Ich hielt ihm einfach die Schachtel entgegen.

»Ich hatte gehofft, daß du kommen würdest«, sagte er. »Ich habe sogar etwas Wein gekauft, für den Fall, daß ich Glück haben würde.« Diese völlige Abwesenheit von Verstellung gewann mein Herz. Wir tranken die Flasche leer und gingen dann zu mir nach Hause, um Essen zu kochen. Ich machte Wiener Schnitzel. Er ging nie wieder.

Doug konnte alles reparieren und alles bauen, doch die einzigen Bücher, die er je gelesen hatte, waren die von J. R. R. Tolkien. Die meisten Leute langweilten ihn. Im Alter von zwei Jahren hatte er seine sehr konventionellen Eltern damit überrascht, daß er angekündigt hatte, Künstler werden zu wollen. Er war nie von seiner Entscheidung abgewichen – Kunst war das einzige, woran er dachte, und für den größten Teil seines Lebens war es die einzige Gesellschaft, die er wirklich wollte. Wir hatten nichts gemeinsam, aber er schien mir sofort vertraut, so, als hätte ich mein ganzes Leben damit verbracht, darauf zu warten, daß er kam und an meine Tür klopfte. Von Anfang an vervollständigten wir die Sätze des anderen. Pat nannte uns Duth and Rug.

Ich nahm an, daß wir einander liebten, weil wir so unterschiedlich waren. Ich hätte wissen sollen, daß es nicht so einfach zu erklären war. Alles, was ich tun mußte, war, mir einmal anzusehen, was ich für ihn kochte.

Es war von Anfang an Essen wie für meinen Dad. Auch wenn es feuchte dreißig Grad war, kochte ich gefüllte Schweinshaxe und Sauerkraut für Doug. Ich machte Tante Birdies Kartoffelsalat und servierte ihn mit Schinken. Zum Nachtisch backte ich Linzertorte. Irgendwie muß ich gespürt haben, daß ich in Doug Dads freundlichen Geist getroffen hatte. Und daß er mich, wenn ich ihn mit nach Hause nahm, schließlich mit dem deutschen Gentleman bekannt machen würde, der mein Vater war.

Sauerbraten für Doug und Dad

Für 6-8 Personen

2 Kilo Braten
1 1/2 Eßlöffel Salz
2 Zwiebeln, kleingehackt
10 schwarze Pfefferkörner, zerstoßen
2 ganze Lorbeerbeeren
2 Lorbeerblätter
5 ganze Knoblauchzehen
1 1/2 Tassen roter Weinessig
1 Tasse Rotwein
1/4 Tasse plus 2 Eßlöffel Mehl
1/4 Tasse Öl
2 Eßlöffel brauner Zucker
1/2 Tasse zerstoßene Ingwerwaffeln

Legen Sie das Fleisch in eine Glasschüssel.

Mischen Sie Salz, Zwiebeln, Pfeffer, Lorbeerbeeren, Lorbeerblätter, Knoblauchzehen, Weinessig und Rotwein. Gießen Sie die Mischung über das Fleisch. Lassen Sie alles 3 bis 4 Tage im Kühlschrank stehen, wobei Sie das Fleisch zweimal täglich wenden.

Holen Sie es aus der Marinade und bewahren Sie die Flüssigkeit auf. Lassen Sie das Fleisch trocknen und rollen Sie es in 1/4 Tasse Mehl. Erhitzen Sie das Öl in einer schweren Bratpfanne und bräunen Sie den Braten auf allen Seiten. Nehmen Sie ihn heraus, legen Sie ihn in einen schweren Topf, fügen Sie die Marinade hinzu, bringen Sie alles zum Kochen, bedecken Sie den Topf, drehen Sie die Hitze herunter und lassen Sie alles 2 1/2 Stunden simmern.

Nehmen Sie das Fleisch aus der Kochflüssigkeit und legen Sie es beiseite. Schöpfen Sie das Fett von der Brühe und seihen Sie die Flüssigkeit durch. Fügen Sie so viel Wasser hinzu, daß sich 3 1/2 Tassen ergeben.

Mischen Sie den braunen Zucker mit den 2 Eßlöffeln Mehl und verrühren beides in 1/4 Tasse Wasser. Diese Mischung unter ständigem Rühren nach und nach der Kochflüssigkeit hinzufügen, bis die Flüssigkeit glatt ist. Geben Sie die zerstoßenen Ingwerwaffeln hinzu, rühren Sie wieder und legen Sie den Braten in die Soße, um dann alles weitere 15 Minuten simmern zu lassen.

Schneiden Sie das Fleisch und servieren Sie es mit der Soße.

»Worüber werden wir reden?« fragte ich, als wir an dem A & W-Root-Beer-Stand vorbeikamen, wo die rothaarige Bedienung zuviel Make-up trug und sich immer daran erinnerte, daß Doug Zwiebeln und Senf auf sein Chili-Hot dog wollte. Seine Mutter hatte uns für fünf Uhr zum Essen eingeladen.

»Keine Sorge«, sagte Doug, »wir werden über das reden, worüber wir immer reden. Du wirst schon sehen.«

Er parkte am Rand einer Straße, die auf beiden Seiten von Häusern gesäumt war, die alle exakt gleich aussahen. Jedes hatte einen kleinen Zugangsweg aus Beton, der einen winzigen Rasen aufteilte, und jedes hatte drei Stufen, die zu einem kleinen weißen Haus führten. Das einzige, was Dougs Elternhaus von dem daneben unterschied, war der funkelnde graue Ford, der in der Einfahrt stand – der in der angrenzenden Einfahrt war maronenbraun.

Dougs Beziehung zu seiner Familie war mir ein Rätsel. Er

schien seine Mutter und seinen Stiefvater durchaus zu mögen, auf eine distanzierte Art und Weise, und seinen Bruder Dick fand er prima. Aber sie waren nicht wirklich Bestandteil seines Lebens. Es war nicht so, daß er gegen sie rebellierte, er hielt sich einfach fern.

Die Tür des Hauses öffnete sich, und Dougs Mutter kam heraus. Sie war dick und gemütlich, mit sorgfältig gelegtem grauem Haar und Lesebrille. Sie trug eine Schürze über einem hellblau bedruckten Kleid, und sie winkte, als seien wir von weit her gekommen und nicht gerade mal die fünf Meilen, die unsere Wohnung von ihrem Haus trennten.

Wir steuerten auf die Stufen zu und standen dort etwas unbeholfen herum. Doug und seine Mutter küßten einander nicht. »Mom, das ist Ruth«, sagte Doug, und seine Mutter lächelte. »Nun, hallo«, sagte sie und zeigte auf das Haus.

Wir gingen ins Wohnzimmer, das von einem Paar Liegesessel, einem großen Fernsehapparat und einem Beistelltisch fast ausgefüllt war. Die Ecke des Beistelltischs zerriß mir die Strümpfe, als ich ihm ausweichen wollte. Als ich herunterschaute, sah ich eine Fernsehzeitung in einem Kreuzsticheinband. »Meine Tante Winnie ist die Künstlerin in der Familie«, flüsterte Doug.

Die Küche war tadellos sauber und roch nach Raumspray mit Pinienduft. Es war kaum zu glauben, daß es bald Essen geben würde. Aber der Tisch im Eßzimmer war für vier Personen gedeckt, und auf jedem Teller lag ein mit Hüttenkäse gefüllter Dosenpfirsich, der auf ein Blatt Eisbergsalat gesetzt war.

Dougs Stiefvater kam herein und fragte: »Essen fertig?« und setzte sich hin. Er schüttelte meine Hand, sagte: »Hallo« und wurde für den Rest der Mahlzeit nicht mehr gehört.

»Meine Güte«, sagte Dougs Mutter, »ich war heute so fleißig wie eine Katze auf einem heißen Blechdach!« Sie schaute mich an und gestand: »Doug hat mir erzählt, daß Sie eine gute Köchin sind. Ich kann da nicht mithalten, aber ich habe sein Lieblingsgericht gemacht.«

Das stellte sich als ihr berühmtes Chow Mein heraus, mit Sojasprossen aus der Dose, Dosenpilzen, Brühwürfeln und Sirup. Zum Essen tranken wir heißen Kaffee.

»Ihre Frisur gefällt mir«, sagte Dougs Mutter, »sie ist sehr ungewöhnlich.« Sie schaute kurz zu Dougs Stiefvater und fügte dann hinzu: »Hat Doug Ihnen gesagt, daß wir einen Cousin haben, der Jude ist?«

»Nein«, erwiderte ich, »das hat er nicht erwähnt.« Sie schaute weg und fragte dann: »Verstehen Sie Dougs Kunst?« Ich nickte und stellte mir Big Gray, die wollige Skulptur, die er soeben fertiggestellt hatte, in dem Wohnzimmer vor. Sie würde den Fernseher überragen.

»Ich bewundere sie auch!« sagte sie und füllte allen noch einmal auf. »Sieht aus, als würde es nächste Woche regnen.« Wir schafften es, so lange über das Wetter zu reden, bis es Zeit für Dougs Lieblingsnachtisch war: Aprikosenkuchen. Das war mir sehr vertraut, denn auf meinen Küchenregalen standen reihenweise Dosen mit Aprikosen.

Um sieben Uhr waren wir wieder aus der Tür. »Das lief gut«, sagte Doug, als wir wegfuhren. »Meine Mutter mag dich.«

»Woher weißt du das?« fragte ich.

»Nun, sie sagt jetzt gerade zu meinem Stiefvater: ›Sie scheint ein nettes Mädchen zu sein.‹ Und er sagt: ›Schau mal, wer heute bei Johnny Carson sein wird! Art Carney!‹«

»Und was hätte sie gesagt, wenn sie mich nicht mögen würde?« beharrte ich.

»Dasselbe«, gab er zu, »aber ich würde es wissen.«

Während ich die knarrenden Stufen zu unserer Wohnung hinaufging, atmete ich den vertrauten Geruch von Staub, alten Zeitungen und Essiggurken aus dem Laden im Erdgeschoß ein. Ich holte tief Luft, dankbar, wieder zu Hause zu sein, dankbar, mich hier sicher fühlen zu können. Wir schlossen die Tür auf, die noch immer leicht nach dem Patchouliöl roch, das Pat immer trug. Der Kater kam uns entgegen und beschwerte sich bitterlich, daß wir ihn allein gelassen hatten. Er folgte uns ins Schlafzimmer und legte sich mit Grazie auf das mit geschnitzten Ornamenten verzierte antike Bett, das ich bei einem Trödler gekauft hatte. Ich stellte den Ventilator im Fenster an, legte alle meine Kleider ab und ließ mich neben die Katze fallen. »Du hast es wahrscheinlich nicht bemerkt«, sagte Doug und reichte mir ein Glas mit billigem Wein, »aber das war wirklich ein außergewöhnliches Essen.« Er zog seine Schuhe und sein Hemd aus und legte sich neben mich. »Als ich klein war, aßen wir meist an Klapptischen vor dem Fernseher.«

»Jeden Abend?« fragte ich ungläubig und war entschlossen, das an ihm wiedergutzumachen.

Ich legte Tomaten ein. Ich backte Brot und Pies und Kuchen. Doug baute Regale in der Küche auf, und wir hängten ein einen Meter achtzig hohes Werbeplakat für eine Dose Birnen auf, das wir vor einem Supermarkt gefunden hatten. Wir teilen die restlichen Zimmer auf. Das Wohnzimmer gehörte mir, ein Durcheinander an Farben und Stoffen mit einem roten Samtsofa und tunesischen Kissen überall auf dem Fußboden. Das Eßzimmer gehörte Doug: Es war sehr sparsam eingerichtet, mit weißen Wänden, einem schwarzen Fußboden und einem großen runden Tisch in der Mitte. Die einzige Dekoration waren seine grauen Skulpturen, weiche abstrakte Formen.

Meine Briefe nach Hause waren mit Rezepten durchsetzt. »Ich habe die beste Note für mein Referat über die Renaissance in Siena bekommen«, prahlte ich, »und ich habe eine Kürbissuppe erfunden, die man direkt im Kürbis kocht. Zunächst mußt Du den Deckel des Kürbisses abschneiden und die Samen und Fäden herausnehmen. Fülle ihn zu zwei Dritteln mit getoastetem Brot und gemahlenem Gruyère. Fülle dann den Rest mit Sahne auf. Setze den Deckel wieder drauf und backe den Kürbis für zwei Stunden bei 180° im Ofen. Serviere es direkt am Tisch aus dem Kürbis und achte darauf, daß Du auch das Fleisch des Kürbisses auskratzt. Jeder liebt das.«

Mom interessierte sich nicht für Rezepte oder Noten, sie kam gleich zur Sache. »Wann«, schrieb sie zurück, »werden wir Doug kennenlernen?«

Ich schob es so lange hinaus, wie ich nur konnte. Aber im folgenden Sommer, nachdem ich meinen Abschluß hinter mir hatte, fielen mir schließlich keine Ausreden mehr ein.

»Meine Mutter bekommt Lithium«, sagte ich, als wir das Auto für die Fahrt nach Connecticut packten, »momentan scheint sie ziemlich ausgeglichen zu sein. Trotzdem kann man mit dem, was sie kocht, nicht vorsichtig genug sein. Wenn sie dir etwas zu essen gibt, schaue erst, was ich mache, bevor du es in den Mund steckst. Wenn du siehst, wie ich es auf dem Teller herumschiebe, dann mache es genauso.«

»Das hast du schon einmal gesagt«, erwiderte Doug. »Mach dir mal keine Sorgen. Es wird alles gutgehen. Ich werde nicht zulassen, daß sie mich vergiftet. Und sie werden mich mögen.«

»Du meinst so, wie deine Eltern mich mögen?« fragte ich.

»Sie mögen dich wirklich«, beharrte er.

Es war schon nach zehn Uhr abends, als wir die Auffahrt hinauffuhren, aber meine Eltern saßen immer noch am Tisch und hielten sich an den Händen, und das Licht von den Kerzen flackerte in den großen Fenstern des dunklen Wohnzimmers. Ich stellte Doug vor. Dad goß ihm ein Glas Wein ein, und Mom und ich gingen in die Küche. Meine Eltern hatten bereits gegessen, aber Mom hatte ein paar Krebse beiseite gelegt, und das Wasser kochte bereits. Nachdem wir die Biester in den Topf gedrückt hatten, ging ich zurück ins Eßzimmer, um Doug von Dad zu befreien. Er brauchte meine Hilfe nicht – sie waren so ins Gespräch vertieft, daß sie mich nicht einmal wahrnahmen.

»Du bist dünn geworden«, sagte Mom später, als wir den Tisch abräumten. Die Männer waren auf den Rasen hinausgegangen, um zu rauchen. Ich nickte.

»Das muß die Liebe sein«, verkündete sie.

Ich nickte wieder. Ich wollte nicht eines der intimen Gespräche führen, in die meine Mutter mich manchmal hineinmanövrierte und in denen ich dann mehr sagte, als ich eigentlich wollte, nur um es dann später zu bereuen. Ich fühlte mich weich und verletzlich, und ich ging zu Bett, sowie die Küche aufgeräumt war. Doug war immer noch draußen und unterhielt sich mit meinem Vater.

Ich las eine Weile, war aber fast schon eingeschlafen, als ich Dougs langen Körper neben mir spürte. »Warum hast du mir nicht gesagt, daß dein Vater mit Wilbur Wright geflogen ist?« fragte er.

»Er ist was?«

»Er ist mit einem der Gebrüder Wright geflogen. Wußtest du das nicht?« Er stützte sich auf einem Ellbogen auf und schaute auf mich hinunter.

Ich wußte es nicht. Meine Mutter beanspruchte so viel Raum, daß ich meine ganze Kindheit über die Schweigsamkeit meines Vaters nicht bemerkt hatte. Er sprach fast niemals von sich selbst. »Ich weiß nicht einmal, in welcher Stadt er geboren ist«, stellte ich fest.

»Leipzig«, sagte Doug. »Aber als die Gebrüder Wright nach Deutschland kamen, lebte die Familie in Berlin.«

»Erzähle mir von meinem Vater und seinen Flügen«, bat ich.

Doug streckte seine Hand nach mir aus, und ich kuschelte mich an ihn. Er strich mir übers Haar und sagte: »Nein, frag ihn selbst.« Und wir machten das Licht aus.

Ich hatte das gigantische Frühstück vergessen, das meine Mutter immer auf den Tisch brachte, den frischen Orangensaft, die Brötchen, den kalten Braten und die kleinen Kuchen. Es schien im Laufe der Jahre noch größer geworden zu sein, jetzt gab es vier Sorten Käse, nicht bloß Liederkranz, und mit Marmelade gefüllte Doughnuts und Salami und westfälischen Schinken und kanadischen Speck. Sogar die kalten Krebsschwänze vom Vorabend waren da.

»Das ist ja ein Fest!« sagte Doug.

»Oh«, sagte Dad glücklich, »Ruthie schlägt nach ihrer Mutter. Miriam ist eine wundervolle Köchin.«

Doug schaute zu mir herüber, ein schneller Blick des Mitleids, der mich von Kopf bis Fuß durchfuhr. Ich war in dieser Sache nicht allein. Mom reichte jedem von uns ein Glas frischen Orangensaft und sagte: »Wir haben auf euch gewartet.«

»Diese Geschichte kenne ich«, sagte Doug, als er das Glas

nahm. Er beugte sich hinüber und stieß mit Dad an. »Prost!«, sagte er. »Einen schönen Tag.« Dad strahlte.

Plötzlich fiel mir Wilbur Wright ein. »Warum hast du mir das nicht erzählt?« beschwerte ich mich.

»Ich denke, wir kamen niemals darauf«, sagte Dad sanft.

»Aber das wäre so eine tolle Sache gewesen, um damit anzugeben!« sagte ich. »Meine Freunde wären begeistert gewesen.«

»Daran habe ich natürlich nicht gedacht«, gab Dad zu und legte sein Brot ab. »Ich wußte nicht, daß es dich interessierte. Es tut mir leid.« Er schien ehrlich zerknirscht zu sein. »Er kam 1909 nach Berlin, und jeder ging hin, um dabeizusein, wenn die Amerikaner ihre neue Flugmaschine vorstellten. Meine Eltern saßen bei den Ehrengästen oben auf dem Podium, aber ich mußte mit meiner englischen Gouvernante im Hintergrund stehen. Wie ich sie haßte! Als Mr. Wright um einen Freiwilligen bat, der mit ihm fliegen würde, schlich ich mich einfach davon.« Er grinste vor Vergnügen, als er sich daran erinnerte. »Das Flugzeug war nur so ein leichtes Ding …«

»Ernst«, sagte meine Mutter plötzlich, »denk dran, daß du versprochen hast, heute nachmittag die Badezimmertür zu reparieren.«

»… es gab keine Sitze, alles war Tragfläche«, fuhr mein Vater fort, als hätte sie nichts gesagt. »Wilbur Wright lag in der Mitte und bediente die Hebel. Sein Assistent schaute mich an, entschied, daß ich leicht genug sei, und schnallte mich ihm gegenüber fest. Ich war beglückt. Wir sausten über die Menge hin, nicht sehr hoch, so daß ich meine Mutter schreien hören konnte. Man stelle sich vor, wie sie sich gefühlt haben muß, als sie hochschaute und mich über ihrem Kopf fliegen sah!«

»Was passierte dann?«

»Wir landeten.«

»Das ist alles?«

»Nun, nicht ganz. Meine Eltern fuhren mit mir nach Hause, und während meine Mutter die Gouvernante rauswarf, ging mein Vater mit mir nach oben und gab mir die einzige Tracht Prügel, die ich je bekommen habe.«

Er nahm einen großen Schluck Kaffee und fügte hinzu: »Das war es wert. Unglücklicherweise stellten sie eine neue englische Gouvernante ein, und die war schlimmer als die erste!« Er wandte sich meiner Mutter zu. »Ja, Liebling«, sagte er geduldig, »ich werde die Badezimmertür reparieren.« Er lächelte schüchtern in Dougs Richtung und fügte hinzu: »Vielleicht mag Doug mir helfen?«

Doug reparierte die Tür, während Dad dabeistand und bewundernde Laute von sich gab. Ich fühlte mich nutzlos, war unruhig und unerklärlicherweise verstimmt. Ich strich durchs Haus, nahm Dinge auf und stellte sie wieder hin. Mom war gegangen, um ein paar Besorgungen zu machen. Und Doug und Dad waren in der mit Bücherregalen und Kieferpaneelen gesäumten Ecke, die meine Mutter gern »die Bibliothek« nannte.

Als ich sie anschaute, fragte ich mich, warum ich nicht bemerkt hatte, daß Doug genauso gebaut war wie Dad. Sie waren beide groß und schlank, und aus der Entfernung konnte man sie nicht auseinanderhalten. »Du hättest sehen sollen, wie Doug diese Tür repariert hat!« sagte Dad. »Er ist sehr fix!«

Er hielt ein Buch in der Hand und ließ seine Hände liebevoll über die Seiten gleiten. »Sehen Sie«, sagte er, »das hier ist die Janson im englischen Monotypeverfahren. Das kann man daran sehen, daß die Serifen des y anders sind.« Er ging zum Regal und nahm ein anderes Buch heraus. »Schauen Sie«, sagte er und hielt es daneben, »dies ist die Janson in Linotype. Sehen Sie den Unterschied?«

Doug fuhr mit den Händen über die Seiten. Er nickte ernst. »Haben Sie noch das erste Buch, das Sie hergestellt haben?« fragte er. Dad legte seinen Kopf auf die Seite und überlegte. Er ging zu den Regalen und nahm einen Band heraus. Er öffnete ihn, liebkoste die Seiten und sagte entschuldigend: »Es ist nicht besonders gut.« Er hielt das Buch auf, damit Doug es sehen konnte. »So altmodisch. Ein paar Jahre später habe ich begriffen, daß es eine Verschwendung von Gelegenheiten war, nur die rechten Seiten für den Titel zu verwenden, und ich fing an, auch die linken zu nehmen.« Jetzt dozierte er, er war in seinem Element. Mir fiel plötzlich ein, daß er seit Jahren an der Universität von New York Buchdesign lehrte.

Dad ging zum Regal und nahm die Bücher heraus, auf die er besonders stolz war: *Ulysses* mit dem riesigen S und *The Disenchanted* mit dem Fluß, der sich durch den Titel wand. Er zeigte Doug das Bild von Gertrude Stein auf dem Cover von *Portraits and Prayers*. »Das war damals eine neue Technologie«, sagte er, »ich war so aufgeregt darüber, daß ich jetzt imstande war, ihr Bild direkt auf den Einband zu drucken. Ich wollte ein Bild von ihrem Hinterkopf auf die Rückseite des Buches drucken. Damit es wäre, als würde das Buch aus ihr herauskommen. Aber Bennett Cerf sagte, das sei zu teuer.«

Dad war wie ein neuer Mensch, voller Feuer und Leidenschaft. So hatte ich ihn noch nie gesehen. Doug stellte immer weitere Fragen. Ich konnte mich nicht dazu durchringen, mich ihnen anzuschließen, aber jedesmal, wenn ich an der Bibliothek vorbeikam, fühlte ich mich etwas mehr ausgeschlossen.

Sie redeten den ganzen Vormittag. Dad benutzte so viele Bücher, um seine Erzählungen zu illustrieren, daß die Bibliothek, als Mom laut hupend nach Hause kam, aussah, als sei ein Wirbelsturm hindurchgegangen.

Wir rannten alle raus, um zu sehen, weshalb Mom solchen Lärm machte. »Seht doch, was ich gerade auf einem Garagenflohmarkt gefunden habe«, sagte sie und zeigte auf ein klappriges Objekt, das aus dem hinteren Teil des Wagens ragte. Als wir den Kofferraum öffneten, konnten wir einen sehr mitgenommenen Tisch sehen, der mit vielen Schichten abblätternder Farbe bedeckt war und dem ein Bein fehlte. »Er hat nur fünf Dollar gekostet. Und du mußt einen Tisch in der Bibliothek haben.«

»Er muß ein wenig bearbeitet werden«, sagte Dad und beäugte den Tisch mißtrauisch.

»Oh, ich bin sicher, Doug kann ihn reparieren«, sagte Mom unbekümmert. »Ruth sagt, er kann alles.«

»Hm, ich werde es versuchen«, sagte Doug.

»Ich werde helfen«, sagte Dad. »Aber nicht, ehe wir etwas gegessen haben. Ich habe Hunger. Warum gehen wir nicht auswärts essen?« Ich schaute ihn entsetzt an. In unserer Familie war Mom diejenige, die die Pläne machte.

»Liebling, sei nicht dumm«, sagte sie, »wir haben immer noch Krebse übrig.«

»Ich möchte jetzt aber keine kalten Krebse essen«, sagte Dad mit Nachdruck. »Ich möchte in dieses Restaurant auf dem Pier gehen und ein richtiges Essen haben!«

Mom sah gekränkt aus. Sie wollte etwas sagen, überlegte es sich dann aber anders und ging, um ihre Handtasche zu holen.

Wir gingen in Dads Lieblingsrestaurant, ein altes Lokal mit Holzfußböden, die zu einem samtigen Grau abgetreten waren, und Scheiben, die so alt waren, daß sie sich auf den Sound hin ausbeulten. Er aß dort gern mit Krabben gefüllte Shrimps und Key Lime Pie, während Kellnerinnen in Schuhen mit Kreppsohle mit ihm flachsten und Yachten am Pier längsseits gingen, um aufzutanken. Auf dem Weg ins Lokal gingen wir durch die Bar, dort war es kalt und dunkel, und es saßen jede Menge Männer mit fleischigen Händen am Tresen, die hohe Gläser mit kühlem Bier vor sich hatten. Über ihren Köpfen dröhnte ein Baseballspiel, und Doug und Dad schauten mit demselben Unverständnis auf. »Ich dachte, alle amerikanischen Jungs lieben Baseball«, sagte Dad.

»Ich nicht«, sagte Doug, und meines Vaters Gesicht erhellte sich in außergewöhnlicher Zufriedenheit.

Das ganze Essen über fragten sie Doug über seine Arbeit aus. Er erzählte ihnen die Geschichte von seiner Mutter, die ihn in einen Anfängerkurs im Zeichnen schickte, als er fünf Jahre alt war, und wie er seinen Eltern gesagt hatte, daß Künstler zu sein das einzige war, was er je tun wolle. »Das verstehe ich gut«, sagte Dad und nickte sanft, »ich habe mein erstes Buch gemacht, als ich sechs Jahre alt war.«

»Und ist es nicht nett, daß Ruthie jetzt einen Abschluß in

Kunstgeschichte hat?« sagte Mom gutgelaunt. »Es geht ja so gut mit Kunst.« Ich begriff, daß die Universität für sie nur eine andere Art war, Männer kennenzulernen.

Nach dem Essen trennten wir uns: Dad und Doug gingen nach Hause, um den Tisch zu reparieren. Mom und ich kauften für das Abendessen ein. Als wir mit den Einkäufen zurückkamen, stand Dad wie ein aufgeregter Siebenjähriger an der Tür, der es kaum erwarten kann, sein Schulprojekt vorzuführen.

»Miriam«, sagte er, »komm und sieh, was wir gemacht haben! Wir hatten solch einen Spaß dabei, den Tisch zu reparieren.« Er lehnte sich darauf, um seine Standfestigkeit zu demonstrieren. Einen kurzen Moment lang hoffte ich, er würde unter ihm nachgeben, aber das tat er nicht. »Und jetzt wird mir Doug die Bilder von seinen Arbeiten zeigen.«

Der deutsche Akzent meines Vater war stärker, als ich ihn in Erinnerung hatte – der Klang seiner Stimme ging mir auf die Nerven. Ich spürte, wie ich die Zähne zusammenbiß, als ich in die Küche ging, doch selbst dort konnte ich ihn Fragen stellen hören. Dann erhob er plötzlich seine Stimme. »Miriam«, rief er, »komm mal her. Das mußt du sehen!«

»Laß den Mais nicht länger als zwei Minuten kochen«, sagte Mom, als sie hinausging. Ich stellte das Wasser auf den Herd und fühlte mich wie Aschenputtel. Ich schimpfte immer noch wütend vor mich hin, als Doug kam und sich erbot, zu helfen.

»Dein Vater wird deiner Mutter meine Arbeiten zeigen«, sagte er und zog in einer sanften Bewegung die Körner von einem Maiskolben. »Das kann er wahrscheinlich besser als ich.«

»Mmmmm«, sagte ich unbestimmt.

»Du hast so ein Glück«, sagte Doug.

Ich schaute ihn erstaunt an. Doug hatte sich nie über das mangelnde Interesse seiner Eltern an seiner Kunst beklagt. Er war so unabhängig, daß mir nie der Gedanke gekommen war, seine Familie könne ihn einsam machen. Als ich hinging, um meine Arme um ihn zu legen, löste sich meine schlechte Laune in Luft auf.

Mom machte die Steaks auf ihre übliche Weise, was bedeutete, daß sie sie ungefähr eine Minute lang in den Grill tat, sie wendete und dann verkündete, das Essen sei fertig. »Es ist roh«, flüsterte Doug und schluckte. Er aß sechs Maiskolben und schob sein Fleisch auf dem Teller herum.

Dad aß wie immer mit Appetit. Als er fertig war, drehte er sich zu Mom und sagte. »Was für ein wundervolles Essen, Liebling. Vielen Dank.« Und dann tat er, was er an jedem Abend meiner Kindheit getan hatte: Er küßte ihr die Hand.

Doug starrte auf diese Szene, fing sich dann und fragte: »Warum sind Sie nach Amerika gekommen?«

»Oh«, sagte Dad, »das ist eine lange Geschichte.« Er drehte sich so, daß er Doug direkt ansehen konnte. »Meine Familie hatte zwei Geschäfte. Holz und Pelze. Ich haßte beides. Meine Cousins sagten, ich würde mit den Blaufüchsen so umgehen, als seien es Picassos, und jeder konnte sehen, daß ich keine geschäftliche Begabung hatte. Also ließen sie mich auf die Universität gehen. Und dann fing ich an, mich für Politik zu interessieren.«

Ich schaute meinen Vater erstaunt an. »Politik?«

»Habe ich dir nie von der Pazifismusbewegung der Studenten in Weimar erzählt?« fragte er unschuldig. Das war ein weiteres kleines Detail, das er vergessen hatte zu erwähnen.

»Wußtest du das?« fragte ich Mom.

»Ich denke, wir werden morgen abend draußen essen«, sagte sie. »Erinnere mich daran, morgen früh ein paar Windlichter zu kaufen.«

»Sie waren Pazifist?« fragte Doug.

»Und«, sagte mein Vater, »Kriegsdienstverweigerer.«

Das war zuviel – ich stampfte in mein Zimmer hinauf.

Dougs Schritte folgten mir, aber ich war zu wütend, mich herumzudrehen. »Er mag dich wirklich«, sagte ich sarkastisch. Ich wußte, daß ich mich schlecht benahm, aber ich konnte nicht anders.

»Das tut er ganz sicher.« Die Stimme hatte einen starken deutschen Akzent. Ich drehte mich entsetzt herum.

»Ich dachte, du wärest Doug«, sagte ich.

»Ich möchte dir eine Geschichte erzählen«, erwiderte mein Vater und folgte mir ins Schlafzimmer. »Darf ich mich setzen?«

»Sei nicht so höflich«, sagte ich. »Es ist schließlich dein Haus.« Das Zimmer war immer noch in dem Rot gehalten, in dem ich es in meiner High-School-Zeit gestrichen hatte, und das Licht war so schwach, daß ich ihn kaum erkennen konnte, als er sich auf das Bett setzte. »Als ich deine Mutter geheiratet habe«, begann er, »war ich so glücklich, daß sie bereits einen Sohn hatte. Ich war in mittlerem Alter, und ich hatte mir immer Kinder gewünscht.« Er seufzte und fuhr sich mit den Händen durchs Haar, als würde er nach den geeigneten Worten suchen, es zu sagen.

»Zuerst haßte Bobby mich. Das war natürlich, ich verstand es. Ich hatte ihm seine Mutter weggenommen. Ich wußte, daß er darüber hinwegkommen würde. Aber ich machte mir nicht klar, daß es immer eine Kluft zwischen uns geben würde.«

»Warum erzählst du mir das?« fragte ich ärgerlich. »Was hat das damit zu tun, daß du mir nie erzählt hast, daß du ein Wehrdienstverweigerer warst?«

»Es war Krieg«, fuhr er fort. »Und er war solch ein charmanter kleiner Junge, daß er den Drogisten an der Ecke jede Woche überredete, ihm eine Rolle Kaugummi zu verkaufen. Das war wirklich ein Coup, denn Kaugummi war sehr schwer zu bekommen. Bobby ging jede Woche mit seinem Groschen dorthin. Nun, eines Tages fand ich heraus, daß er ihn nicht kaute, sondern in der Schule verkaufte.«

»Typisch«, sagte ich. »Er ist der geborene Geschäftsmann.«

»Ja«, sagte Dad, »das ist er. Ich fragte ihn, für wieviel er ihn verkaufte, und er sagte, einen Groschen das Stück. In jeder Rolle waren sechs Stück, also machte er einen Profit von 600 Prozent. Ich versuchte ihm klar zu machen, daß das unmoralisch sei, doch er schaute mich einfach an und sagte: »Aber Daddy, die Kinder schlagen sich darum!«

Dad fuhr sich wieder mit den Fingern durch das Haar, so daß es hochstand. »Siehst du«, sagte er, »wir konnten nicht miteinander reden. Das hat sich nie geändert. Ich habe das Gefühl, als würden wir unterschiedliche Sprachen sprechen.«

Er schaute mich liebevoll an und fügte hinzu: »Und dann bekamen wir dich.«

Bevor ich mich zurückhalten konnte, platzte ich heraus: »Zu schade, daß ich ein Mädchen bin.«

Mein Vater sah gekränkt aus, aber er schwieg: Wir begriffen beide, daß ich eine Wahrheit ausgesprochen hatte, die keinem von uns bis zu dem Moment bewußt gewesen war. Ich glaube, ich wußte schon damals, daß, wenn ich Doug heiraten würde, ich den beiden Männern, die ich am meisten liebte, das geben würde, was sie wirklich wollten: dem einen den Vater, dem anderen den Sohn.

12
Europa

Nachdem wir alle Hochzeitsgeschenke zurückgetauscht hatten, hatten wir genug Geld für einen EurailPass, zwei Fahrkarten auf einem Frachter nach Griechenland und Traveller-Checks im Wert von tausend Dollar. Wir planten, in Europa zu bleiben, bis uns das Geld ausging – 1970 konnte man mit fünf Dollar am Tag auskommen, vielleicht sogar mit weniger, wenn man so sparsam lebte, wie wir es vorhatten.

Wir wollten nach Kreta fahren, wohin kurz zuvor unser Lieblingsprofessor gezogen war. Er sagte, sein Haus sei ein Wohnsitz aus Stein, im vierzehnten Jahrhundert von den Venezianern erbaut, mit Blick über den Hafen. Und dann fügte er rasch hinzu, daß wir eingeladen seien, so lange zu bleiben, wie wir wollten.

Jeder Fast-Erwachsene, der viel Glück hat, wird einen Milton in seinem Leben haben. In meinem Fall war es ein Künstler mit der markanten Nase der Borgia, die ihn durch die Trödelläden der Welt führte – er tauchte mit immer neuen Sachen von atemberaubender Schönheit auf. Wenn man mit ihm spazierenging, sagte er plötzlich: »Schau!«, und man entdeckte eine Blume oder einen Stein oder einen Türknauf, den man zuvor nicht gesehen hatte und der so perfekt war, daß man danach greifen und versuchen mußte, ihn zu berühren.

»Warum ist er so gut zu uns?« fragten Doug und ich uns immer wieder. In Ann Arbor hatte Milton uns unter seine Fittiche genommen, hatte uns zu allen seinen Partys eingeladen und uns mit seinen Freunden bekannt gemacht. Sie schienen alle mehr zu sehen und besser zu leben, gerade so, als seien ihre Sinne mehr geschärft als die gewöhnlicher Menschen. Sie kamen aus allen Ländern der Welt, Frauen, die mit Henry Miller in Paris getanzt hatten, und Männer, die in North Carolina auf dem renommierten Black Mountain College gewesen waren. Einer restaurierte ein zerfallenes Opernhaus in einer Bergstadt in der Toskana.

Am liebsten von Miltons Freunden hatte ich eine Engländerin namens Hilly, die wunderschön, exzentrisch und sehr, sehr witzig war. Sie besaß den einzigen Fish-and-Chips-Laden in Ann Arbor, Lucky Jim's, der nach einem Buch ihres ersten Ehemannes, Kingsley Amis, hieß. Sie erzählte verrückte Geschichten über ihren zweiten Ehemann, einen Lateinprofessor, und noch witzigere Geschichten über sich selbst.

»Erzähle von dem Baby und dem Apfel«, pflegte Milton sie zu bitten, und dann stürzte sie sich in die Erzählung von der Dinner Party, die sie gab, als ihr Sohn gerade ein Jahr alt war. »Ich tat ihm einen Apfel in den Mund, legte ihn auf ein Tablett und trug ihn zum Essen hinein.«

Milton sagte, Hilly wäre nur eine Freundin, doch ich war überzeugt davon, daß er insgeheim in sie verliebt war. Wer wäre das nicht? Es war mir nicht entgangen, daß kurz nachdem sie beschlossen hatte, den Lateinprofessor zu verlassen, Milton ankündigte, daß er seinen festen Job aufgeben würde. Sie ging zurück nach Europa, er zog nach Kreta.

Wir folgten ihm auf den Fersen. Wir nahmen die Fähre nach Chania, schleppten uns mühsam den Hügel vom Hafen aus hoch und drückten das Tor zu dem mit Kopfsteinpflaster belegten Hof auf, den Milton in seinen Briefen beschrieben hatte. Milton saß vor einer blaßgrünen Tür und hatte einen Haufen Zitronen vor sich. Das Sonnenlicht flackerte, von den Blättern eines kleinen Baumes abgeschirmt, sanft über sein Gesicht. Er hielt einen Kupfertopf hoch, die eine Seite schwarz, die andere glänzend. »Wunderschön, nicht?« sagte er und streckte seine Arme aus, so daß das Sonnenlicht auf den Topf fiel. »Ich habe ihn vorhin auf dem Markt gefunden. Die Frau sagte, ich solle ihn mit Zitronensaft und Sand putzen.«

Er sprang auf, um mich zu umarmen, und sein Bart kitzelte in meinem Gesicht. »Legt eure Sachen ab«, sagte er, »aber packt jetzt nicht aus.« Er roch nach sauberen Tüchern und Zitronensaft und dem Thymian, der überall auf Kreta in der Luft hängt. »Wir gehen zum Essen fort. Ich war im Olivenhain, um die Oliven von den Bäumen zu schütteln, und ich werde etwas von meinem Öl gegen unser Essen tauschen. Ephrosike ist eine berühmte Köchin – das wird das beste Essen, daß ihr je hattet.«

So war es. Doch die besten Mahlzeiten meines Lebens aß ich sowieso mit Milton zusammen. Und ich war dabei herauszufinden, warum das so war.

Miltons Pastete

Für 4 bis 6 Personen als Vorspeise

1/2 kleine Zwiebel, gehackt
1/2 Knoblauchzehe, gehackt
2 Eßlöffel Olivenöl
3 Anchovisfilets, kleingeschnitten
250 g Hühnerleber, gesäubert
1/4 Tasse Weißwein
2 Stengel glattblättrige Petersilie, gehackt
ein kleines Stück Zitronenschale, gehackt
1 Eßlöffel Kapern, gehackt
Salz
Pfeffer
1 Teelöffel Zitronensaft

Lassen Sie die Zwiebel und den Knoblauch mit dem Olivenöl in einem kleinen Topf ungefähr 10 Minuten aus, bis sie glasig sind. Fügen Sie die Anchovis hinzu und rühren Sie um. Geben Sie dann die Hühnerleber hinzu, zerdrücken Sie sie mit einer Gabel und kochen Sie alles, bis die Leber ihre rötliche Farbe verloren hat. Fügen Sie Wein, Petersilie und die gehackte Zitronenschale hinzu und rühren und zerdrücken Sie immer weiter, bis die Flüssigkeit eingekocht ist und die Leber die Konsistenz einer groben Pastete hat.

Fügen Sie die Kapern hinzu und kochen Sie das Ganze noch eine Minute lang. Schmecken Sie mit Salz und Pfeffer ab. Rühren Sie den Zitronensaft hinein. Servieren Sie die Pastete auf einfachen Crackern oder getoastetem Brot, das mit Olivenöl und Knoblauch eingerieben ist.

»Meine zweite Frau pflegte sich manchmal ein Tuch über die Augen zu binden und tagelang so herumzulaufen«, sagte Milton. Wir stiegen einen Berg hinauf. Sein winziger Fiat, den wir am Fuße des Berges zurückgelassen hatten, wurde immer kleiner, je höher wir kletterten. »Sie übte, für den Fall, daß sie erblinden würde.«

Von unten hatte Milton auf einen Steinhaufen hoch oben gezeigt, der sich gegen den tiefblauen Himmel abzeichnete. Er sah nicht anders aus als andere Steinhaufen. Und ich war nicht ganz sicher, ob ich sehen konnte, was er mir zeigen wollte. Doch als ich die Augen zukniff, meinte ich, eine dünne Rauchfahne aus etwas aufsteigen zu sehen, was ein Schornstein sein konnte. Auf der einen Seite von uns wuchs Stechginster und dünnes Gestrüpp, auf der anderen Seite konnte ich, wenn ich hinzuschauen wagte, tief unten das Meer sehen. Vögel sangen und riefen, weiß gegen den Himmel, und das Boot unter uns war so weit weg, daß es aussah wie eine dahintreibende Ente.

Ich würde nie so tun, als sei ich blind, dachte ich bei mir und fragte mich dann, ob das vielleicht auf irgendein Defizit in mir hinwies. Mir war klar, warum ein Mann wie Milton fürchten mußte, sein Augenlicht zu verlieren. »Wir sind gleich da«, sagte er, und nun konnte ich die Hütte oben sehen und auch den Geruch von Kohle und gebratenen Zwiebeln vermischt mit Thymian wahrnehmen. Ein Berg Zwiebeln lag bei dem Steinhäuschen, das daneben ganz winzig aussah. »Die Regierung hat ihnen vorgeschrieben, Zwiebeln anzubauen«, flüsterte Milton, als eine alte Frau aus dem Haus geeilt kam und rief: »Milto! Milto!«

Ihr Haar war pechschwarz, aber ihr Gesicht war von tiefen Linien mit kleinen Schluchten durchzogen. Sie sagte etwas in harschem, gutturalem Griechisch, und Milton holte einen Liter goldenen Olivenöls aus seinem Rucksack. Sie hielt es im Arm, als sei es ein geliebtes Kind, und geleitete uns zu einem kleinen Anbau an der Seite des Hauses. Das Meer war direkt unter uns.

Sie brachte kleine Gläser heraus und eine Flasche Wein, der im Licht fast schwarz aussah. Dann legte sie einen riesigen runden Brotlaib auf den Tisch. Sie schnitt ein paar Zwiebeln auf und schüttete ein wenig Olivenöl in eine Schale. Dann griff sie einen Stab und eilte über die Seite des Berges fort.

»Wohin geht sie?« fragte ich.

»Angeln«, sagte Milton und schenkte den Wein aus. In seinen moosgrünen Cordhosen und dem ausgeblichenen blauen Hemd sah er aus, als wäre er hier aufgewachsen. »Es kann eine Weile dauern.«

Wir warteten und aßen derweil das elastische, wunderbar sättigende Brot, in das würzige Öl getaucht, das wie frische Oliven schmeckte. Doug streckte seine Hand aus und streichelte mein Knie, und mir wurde plötzlich bewußt, daß ich glücklich war.

Ephrosike kehrte mir einem Ring kleiner Papageienfische zurück. Sie schürte das Feuer und grillte sie darauf, und während die Flammen züngelten und krachten, bereitete sie einen schnellen Salat aus Tomaten, Gurken und Zwiebeln. Sie pflückte etwas Oregano auf dem Berg und streute ihn über den gegrillten Fisch, spritzte Essig und Olivenöl über das Gemüse und stellte alles auf den Tisch. Dann schaute sie wortlos zu, während wir aßen.

Hinterher gab es getrocknete Feigen, Mandeln und Joghurt von der Milch ihrer eigenen Schafe, auf den sie Honig getropft hatte. Und schließlich kleine Nußkekse, die sie in einer geschlossenen Pfanne über dem Feuer gebacken hatte. Sie zerkrümelten sanft zwischen unseren Fingern.

Die Sonne ging unter. Milton seufzte, begann etwas zu sagen, hielt inne. Schließlich breitete er die Arme aus, als wolle er den Tisch, das Häuschen, die Berge um uns herum umfassen, und sagte: »Sie ist wirklich eine Künstlerin!«

Ephrosike kam heraus, als wir gingen, und gab mir ein Knäuel Wolle. Sie war unregelmäßig dick, in gebrochenem Weiß und sehr weich. »Sie spinnt die Wolle von ihren eigenen Schafen«, sagte Milton. »Sie sagt, es sei zur Erinnerung an sie.« Ephrosike schaute mich an und machte große ausholende Strickbewegungen mit ihren Händen. Dann umarmte sie wieder Milton und sah zu, wie wir langsam den Berg hinuntergingen. Es war spät, aber es war immer noch hell, und wir konnte sie noch lange dort stehen und winken sehen.

Milton sagte wehmütig, daß Hilly sich in Spanien niedergelassen habe, aber ihn besuchen wolle. Doug und ich beschlossen zu bleiben, bis sie kam. Wir verbrachten unsere Tage damit, die Ruinen in Knossos und Heraklion zu besichtigen, und überließen Milton seiner Arbeit. Wir gingen meilenweit über Land und setzten uns in die Felder und unterhielten uns, während Doug zeichnete, und ich versuchte, aus dem Garn, das Ephrosike mir gegeben hatte, ein Paar Socken zu stricken, denn für einen Pullover reichte es nicht.

Abends kochte ich, während Doug und Milton in der Küche saßen und über Kunst sprachen. Sie waren ein begeistertes Publikum. Doug schaute mich nach jedem Essen stolz an, und Milton sagte fast jeden Abend: »Das mußt du kochen, wenn Hilly kommt.«

Ich hatte genügend Griechisch gelernt, um auf dem Markt einzukaufen, doch eines Tages beschloß Milton, mich beim Einkaufen zu begleiten. Als wir am Nylon vorbeikamen, einem Restaurant in der Nähe des Hafens, rief der Besitzer hinter uns her. Pantelis bat uns hinein, und während wir durch die Küche mit ihren Töpfen mit Lammgeschnetzeltem und den Pfannen mit fritierten Auberginen gingen, erklärte mir Milton den Namen des Restaurants: »Es war das klassischste Wort, das ihm einfiel.«

Pantelis wollte uns das Geheimnis seiner berühmte Moussaka verraten. Ich war nicht erstaunt: Die Leute boten Milton immer Rezepte an, und er sammelte sie, wie er ein weiteres schönes Objekt sammelte. Er kochte nicht, aber er war ein wahrer Kenner.

Während Pantelis das Geheimnis erklärte – Hühnerbrühe anstelle von Milch in der Béchamelsoße –, nickte Milton. Dann fragte er, wo Pantelis sein Lammfleisch kaufte, welcher Hain das beste Olivenöl brachte und wessen Käse er bevorzugte. Pantelis sprach lange und sehr lebendig. Er machte ein paar grobe Bewegungen, malte einen Plan und stieß Milton in die Seite, als er ihn übergab.

»Worum ging es?« fragte ich.

»Warte ab«, sagte Milton. Als wir auf den Markt kamen, zeigte er auf die Käsemacherin, eine auf die griechisch strenge Art wunderschöne Frau, ganz in Schwarz gekleidet. »Pantelis sagt, ihr Joghurt sei der beste, weil sie die Schüssel nachts unter ihr Bett stellt«, sagte er. Ich dachte an die groben Gesten und kaufte welchen.

Pantelis hatte auch den einäugigen Fleischer empfohlen. Der Mann verlangte einen festen Preis für sein argentinisches Fleisch, ganz egal, von wo er einen Teil herunterschnitt, aber er war sehr eigen mit seinem Lammfleisch. Bevor er beschloß, wo er es abschnitt, wollte er wissen, wofür es denn verwendet würde.

Als Milton die magischen Wörter »Pantelis« und »Moussaka« aussprach, schnitt der Mann das Fleisch in großer Sorgfalt und Konzentration mit der Hand klein. Dann gingen wir nach Hause. Und während ich das Essen zubereitete, spielten Milton und Doug Schach. Wenn Doug zu lange über einem Zug brütete, stand Milton auf, um in die Töpfe zu schauen oder den Finger in die Soße zu tauchen.

»Ich hätte mir gar nicht die Mühe machen sollen, alle diese Projekte für deine Veranstaltungen zu machen«, neckte ich ihn, »ich hätte einfach kochen sollen.«

Er lachte nicht. »Ich hätte dich ermutigt, das zu tun«, sagte er ernsthaft.

»Oh, Essen kann nicht Kunst sein«, sagte ich.

»Kann es nicht?« fragte Milton und schaute mich lange an.

Am folgenden Tag bekam er einen Brief von Hilly. Milton trug ihn die engen Stufen zu seinem Schlafzimmer im dritten Stock hinauf. Als er herunterkam, sah er betrübt aus. »Sie kommt nicht«, sagte er. »Ich hatte es schon befürchtet.« Ich fragte mich, ob sie wohl einen Mann kennengelernt hatte, aber er sagte nichts, und ich fragte nicht. »Sie sagt, sie wird versuchen, an Weihnachten nach Rom zu kommen«, sagte er. »Warum treffen wir uns nicht alle dort?«

Für uns war es Zeit, zu gehen.

»Wenn ihr nach Rom kommt«, versprach er, »dann werde ich euch zur besten Tasse Kaffee der Welt einladen.«

Es war kalt in dem Jahr, und wir blieben im Süden, um es warm zu haben. Das war ein Fehler, denn die Zimmer, die wir in Spanien und Portugal mieteten, hatten keine Heizung, und als wir eines morgens in Sevilla erwachten, war das Wasser in dem Becken beim Bett gefroren.

»Wieviel?« fragten wir in jeder kleinen Pension und schüttelten die Köpfe und gingen wieder in die Kälte hinaus, fest überzeugt, daß wir noch etwas Billigeres finden würden. Wir mußten es einfach schaffen, daß das Geld bis Weihnachten reichte. Wir tranken viel dünnen, billigen Wein, redeten über Kunst und krochen abends früh ins Bett und kuschelten uns aneinander, um warm zu werden. Wir waren glücklich. Einmal ging ich in Madrid zu American Express und fand dort einen Brief, den Doug mir aus Portugal geschrieben hatte. »Hallo, wundervolle Ruth«, stand dort, »die hier neben mir liegt und schläft.«

Wir hörten nichts von Milton, doch er war immer bei uns. Auf der Reise sammelten wir Dinge für ihn. Doug machte Fotos von Brunnen und Ausgüssen und Telefonkabeln, und ich schrieb kleine Geschichten auf über die Menschen, die wir trafen, und das Essen, das wir aßen. Wir versuchten, alles zu sehen, was er sehen würde, und als wir nach Rom kamen, platzten wir vor Dingen, die wir ihm erzählen wollten.

Ich fragte mich, ob Hilly wohl dortsein würde, aber als wir zu der Wohnung im fünften Stock hinaufkamen, wo Milton wohnte, war er allein. Er küßte mich, und seine Nase war wie ein Eiszapfen an meiner Wange. »Sie hat einen wunderbaren Blick«, sagte er, »aber keine Heizung. Laßt uns Kaffee trinken gehen.«

Wir gingen wieder die Stufen hinunter und um die Ecke. Der Geruch von Kaffeebohnen war so kräftig, daß wir ihn schon zwei Straßen vorher in der Nase hatten, und das Aroma wurde immer stärker, je näher wir dem Café kamen. Es war ein gehaltvoller und verlockender Geruch, und er zog uns vorwärts und durch die Tür. Drinnen standen überall Jutesäcke mit Kaffeebohnen, und der Geruch von Kaffee war so intensiv, daß mir schwindelig wurde. Dünne Männer saßen an einer langen Theke und tranken winzige Tassen Espresso. Der Kaffee war weich und reichhaltig, ein einziger Schluck pures Koffein, der am Gaumen haften blieb und hinter den Augen widerhallte. Ich fühlte mich übermütig.

»Okay«, sagte ich, »du hast gewonnen. Das hier ist wirklich die beste Tasse Kaffee der Welt.«

Wir verließen das Café und spazierten los. Wir gingen tagelang. Milton kannte jeden Zentimeter in Rom, und er bot es uns dar, als gehöre es ihm und er könne es verschenken. »Kommt«, sagte er, wenn er uns in die hinterste Ecke einer kleinen, dunklen Kirche geleitete. »Hier hängt ein einmaliger Caravaggio.« Und da war er dann, *La Madonna Dei Pellegrini*, zwischen anderen Bildern hängend, nicht beleuchtet und übersehen. Er kannte Gärten und sich windende Sträßchen und seltsame Kunstsammlungen. Er wußte, zu welcher Zeit die Glocken in jeder der Kirchen läuteten und welche Cafés die besten Panini hatten.

»Wenn Milton nur nicht so traurig aussehen würde«, sagte ich abends zu Doug, wenn wir wieder in unserer Pension waren. »Ich wünschte, wir könnten ihn glücklich machen.«

»Ja«, sagte er, »ja, ich weiß.«

Die Frau, die unsere Pension betrieb, liebte Milton. Am ersten Morgen brachte sie ihm eine Tasse Kaffee, als er kam, um uns abzuholen. Am nächsten Morgen brachte sie Kaffee und Kuchen. Am folgenden Morgen war bei dem Kuchen noch ein Brioche und etwas selbstgemachte Marmelade. Ihr Angebot wurde immer reichhaltiger, und ich meinte, sie hätte ein Auge auf ihn geworfen. Aber sie sagte, er tue ihr einfach leid, weil er keine Frau habe.

Er hatte Hilly nicht erwähnt. Ich fragte mich, ob sie wohl später kommen würde oder vielleicht gar nicht, aber ich wußte nicht recht, wie ich fragen sollte. Dann trank ich eines Tages beim Essen so viel, daß ich das Thema schließlich zur Sprache brachte.

Es war in einem Restaurant namens Marco's, am Ende einer kleinen Piazza, zu dem wir ein paar Stufen hinuntergehen mußten. Auf einem der vorderen Tisch waren Antipasti, so wunderschön glänzend und glitzernd wie Juwelen arrangiert. Da waren Auberginen in der Farbe von Amethysten und Platten mit geschnittener Salami und Bresaola, die aussah wie Häufchen von zum Trocknen ausgelegten Rosenblättern. Geröstete Tomaten schimmerten einladend, daneben lagen rote Paprika dick und mit Öl bedeckt verführerisch da. Große Steinpilze warteten neben winzigklein gehackten Artischocken, und ein ganzer Schinken war da, mit dem schwarzen Huf und dem weißen Fell noch am Bein. Der Besitzer kochte über einem offenen Herd, doch als er aufschaute und uns sah, ging ein Lachen über sein Gesicht. Er lief auf uns zu, um seine Arme um Milton zu werfen, und küßte ihn auf beide Wangen.

Wir tranken Unmengen Wein zu den Antipasti, und noch mehr zu dem Essen, das danach kam: auf Platten mit Pasta folgten ganze Hühnchen und Platten mit Fisch, Shrimps,

Muscheln und Krabben. Am Ende, als wir von aromatischen Stücken Käse aßen, holte ich tief Luft und fragte: »Kommt Hilly nicht?«

Milton sagte einen Minute lang nichts. Dann zog er einen Brief aus der Tasche und begann, ihn vorzulesen. Es war die Geschichte einer verrückten Reise von Spanien nach England in einem kaputten Auto. Es war großartig, und natürlich war sie nicht allein.

»Der Mann klingt ziemlich verrückt«, sagte Milton. Er lachte traurig, als wäre solch eine Verrücktheit eine wunderbare Sache.

»Ich habe eine Idee«, sagte Doug an dem Abend. »Laß uns einen Weihnachtsstrumpf für Milton füllen und ihn heute nacht an seine Tür hängen.«

»Es ist bereits heute nacht. Und es ist Weihnachten. Wo werden wir denn etwas finden? Alles ist geschlossen.«

»Wir werden etwas finden«, sagte Doug mit enervierender Gewißheit.

»Wir haben keinen Strumpf.«

»Haben wir nicht?« fragte Doug. Und er machte große, ausholende Bewegungen, wie Ephrosike auf dem Berg.

Die Besitzerin strahlte, als wir das Haus verließen – wahrscheinlich dachte sie, wir würden zur Mitternachtsmesse gehen. In gewisser Weise taten wir das auch, denke ich. *»Buon Natale«*, rief sie, als wir gingen. Die Nacht war besonders schwarz und voller Sterne, und die Luft war so frostig, daß es sich anfühlte, als würde sie um uns herum in eisige Scherben brechen. Die Straßen waren menschenleer.

»Ich fühle mich wie Maria und Josef, die in Bethlehem herumlaufen«, sagte ich.

Doug nahm meine Hand. »Du hast zuviel religiöse Kunst angeschaut.« Wir schleppten uns mühsam weiter und suchten nach etwas, das wir kaufen konnten. Alles war geschlossen.

»Du hast recht, das war eine dumme Idee«, gab Doug schließlich zu, »wir werden niemals etwas finden.«

»Es muß doch irgendwo etwas geben«, sagte ich. »Laß es uns am Bahnhof versuchen.«

Sogar an Weihnachten, sogar in Rom war der Bahnhof überlaufen. Im Warteraum saß ein kleines Mädchen auf dem Schoß seiner Mutter neben einem riesigen Korb mit Essen und jammerte: *»Digestivo, Mama, digestivo.«* Ihre Mutter ging zum Kiosk und kaufte eine Flasche Cinar. Wir kamen direkt nach ihr dran und nahmen ebenfalls eine Flasche des tiefroten Sirups, zusammen mit Zeitungen in vier Sprachen und ein paar Orangen und Schokoladenriegeln.

»Das meiste ist Essen«, sagte Doug enttäuscht.

»Milton mag Essen«, sagte ich.

Aber wir waren sicher, daß, wenn wir gründlich genug suchen würden, wir das perfekte Geschenk finden würden. Wir durchsuchten den Bahnhof. Plötzlich blieb Doug stocksteif stehen und starrte. Ich sah auf das, was er fixierte: Eine silberne Sankt-Christophorus-Münze.

»Das ist perfekt«, stimmte ich zu.

»Sie ist sehr teuer«, sagte Doug. Ich nahm unsere letzten beiden Traveller Checks.

»Das ist alles, was wir noch haben«, gab ich ihm recht.

»Wir können nicht ewig bleiben«, sagte Doug und übergab die Schecks dem Mann hinter dem Tresen.

Er lächelte, und sein dicker Schnurrbart verzog sich. »Das perfekte Geschenk«, sagte er, »für einen einsamen Reisenden.«

Milton weckte uns früh am nächsten Morgen. »Steht auf, steht auf«, sagte er, ich habe ein Auto ausgeliehen. Jetzt, da ich mich unter dem Schutz des heiligen Christophorus befinde, fahre ich mit euch über Weihnachten in die Berge.« Er trug seine gewöhnlichen Cordhosen, eine Wolljacke und eine Mütze.

Wir fragten nicht, wohin wir führen und für wie lange. Aber als Milton sagte: »Die Toskana ist wunderschön um diese Jahreszeit«, dämmerte mir, daß wir nicht zum Essen zurück sein würden. Wir fuhren lange Zeit nach Norden und dann Richtung Berge, wobei wir zum Mittagessen an einem Haus am Straßenrand anhielten.

Der Speiseraum war groß und viereckig, mit nackten Wänden und Steinfußboden, die die Kälte bewahrten. Wir waren die einzigen Gäste. Der Besitzer eilte herein, um ein Feuer in dem riesigen Kamin anzumachen, und wir zogen unsere Stühle so dicht heran, daß wir fast darin saßen. Rauch begann den Raum zu erfüllen, brannte uns in den Augen und biß in unseren Lungen.

»Das wird gleich besser«, sagte Milton optimistisch. »Das Holz ist bloß ein wenig feucht.«

Der Mann kam zurück, diesmal trug er eine Schürze, und brachte eine Flasche Wein, ein paar Gläser und ein Brot. Er begann, Scheiben von dem Brot abzuschneiden und fächelte dann den Rauch weg, bis er den Grill in der Mitte des Feuers sehen konnte. Er legte die Brotscheiben darauf und ging wieder. Als er wiederkam, hatte er eine Knoblauchzehe, eine Flasche Olivenöl und eine große gesprungene Schüssel dabei. Er tanzte ins Feuer und schnappte das Brot aus den Flammen, drehte die geröstete Seite nach oben und ließ die andere Brotseite noch kurz rösten. Dann holte er die Scheiben heraus, rieb sie mit der Knoblauchzehe ein, bepinselte sie mit Olivenöl und häufte den Inhalt der Schüssel darauf.

Er gab jedem von uns eine Scheibe Brot. »Bruschetta mit Hühnerleber«, sagte Milton und nahm einen Biß. »Jetzt werdet ihr sehen, warum ich euch hierhergebracht habe.«

Es war außerordentlich gut, die Leber schmeckte leicht nach Anchovis, Kapern und Zitrone, aber hauptsächlich doch nach Leber. Ich nahm noch eine zweite Scheibe und dann eine dritte. Ich fühlte mich jetzt wärmer, und der Rauch begann sich zu lichten. Ein Gefühl trägen Wohlbefindens überkam mich.

Als der Besitzer mit Schüsseln dampfender Pasta zurückkam, die mit nichts als Knoblauch, Öl und Käse durchmischt war, hatte sich der Rauch gänzlich verzogen. Der Besitzer sagte etwas zu Milton und ging dann.

»Er bittet uns«, übersetzte Milton, »langsam zu essen. Er

muß die Forelle angeln, und die Fische beißen heute nicht sehr gut.«

»Soll das heißen, daß er jetzt unser Mittagessen fängt?« fragte ich. »Das kann doch Stunden dauern!«

»Wir haben Zeit«, sagte Milton ruhig. »Wir werden nicht vor dem Abendessen erwartet.«

»Wohin fahren wir?« fragte ich und nahm etwas von der Pasta. Die Spaghettifäden waren kräftig, fast lebendig in meinem Mund, und das Olivenöl sang vor Aroma. Es war kaum vorzustellen, daß sich vier einfache Zutaten so wunderbar verbinden konnten.

»Wir besuchen meine Freundin Gillian«, sagte Milton. »Sie lebt in den Bergen in der schönsten Stadt, die ich kenne.«

Ich war froh, daß es noch eine Frau gab.

Als wir hinausgingen, schien es nicht mehr so kalt zu sein. Wir fuhren ein paar Kilometer und dann plötzlich um eine enge Kurve. Als die Reifen quietschten, sah ich draußen Tiere, die aus den Steinen um uns herum herausgehauen waren. Ich rieb mir die Augen und fragte mich, ob ich zum Essen wohl zuviel Wein getrunken hatte. Ich schaute zu Milton, aber sein Blick war fest auf die Straße gerichtet. Hatte ich mich getäuscht?

Dann schaute ich zu Doug und wußte, daß er es auch gesehen hatte. Wir starrten beide wie hypnotisiert aus dem Fenster. Es war, als hätte eine Zauberkraft eine Wand durch das Land gezogen und Tiere aus den Steinen befreit, in denen sie gefangen waren.

Milton fuhr unbekümmert weiter. Die Kreaturen wurden immer fantastischer. Keiner von uns sagte etwas, bis wir an einem kleinen Haus vorbeikamen. Ein drahtiger Mann, der eine weitere Steinfigur hätte sein können, saß auf einer Bank davor. Dann bemerkte ich, daß er in der einen Hand einen Meißel und in der anderen einen Hammer hielt und daß vor ihm ein Stein war. Der Steinmetz schaute nicht auf, als wir vorbeifuhren, aber Doug rief: »Stop!«, und das so laut, daß Milton auf die Bremse trat und wir auf den Randstreifen rutschten.

»Was ist?« fragte er.

Doug öffnete einfach die Tür und stieg aus. Milton und ich folgten. Der Steinmetz stand auf, als wir zu ihm hingingen – er war klein und sein Gesicht so vom Wetter gegerbt, daß es unmöglich war, zu sagen, wie alt er war. Der Meißel hörte nie auf, gegen den Stein zu schlagen, auch nicht, während er uns begrüßte. Schließlich legte er ihn nieder und winkte uns zu. Wir folgten ihm um den Hügel herum und tief in den Wald hinein.

Er führte uns zu einem Tisch, der aus einem lebendigen Baum gemacht und von geschnitzten Bänken umgeben war. Auf dem Tisch lag eine Handvoll Walnüsse, und ab und zu schoß ein Eichhörnchen aus dem Baum, schnappte sich eine und huschte fort, um dann knabbernd über uns zu sitzen.

Es war, als wäre der Ort verzaubert. Ich schaute die Steinhasen an, die unter den Bänken hervorschauten, und die Steinvögel, die in den Bäumen zwitscherten, und wußte, daß ich mich in der Gegenwart eines großen Künstlers befand.

Und dann schaute ich zu Milton. Er schien friedlich, als hätte er etwas gefunden, was er verloren hatte. Zum ersten Mal, seit er damals über Hillys Witze gelacht hatte, sah er wirklich glücklich aus.

Auch ich fühlte eine große Welle des Glücks: Er hatte mich Großzügigkeit gelehrt, und auch wir hatten ihm letztendlich etwas von Wert gegeben.

»Spumante«, rief der Skulpteur, erhob sich von der Bank und verschwand in einem kleinen Schuppen. Er kam mit einer dicken grünen Glasflasche zurück – es war sein eigener Champagner, den er aus seinen eigenen Trauben machte.

»Auguri!« sagte er, als er den Draht von dem Korken zog.

Der Korken löste sich aus der Flasche und sauste in die Luft, gefolgt von der gesamten Flüssigkeit. Sie sprudelte in einer kraftvollen Fontäne hoch und platschte herunter und duschte uns mit Sekt.

Jetzt begannen plötzlich alle Kirchenglocken auf dem Berg wie verrückt in der winterlichen Luft zu läuten. Es war Weihnachten in Italien, es war Zeit, nach Hause zu fahren. Doug legte seinen Arm um mich, und ich schaute zu Milton und hoffte, daß seine Einsamkeit bald zu Ende sein würde.

Milton erhob sein leeres Glas und sagte: »Wir können die Musik trinken.«

13
Paradise Loft, New York

Wir kamen mit zehn Dollar und der Adresse des Lofts, das wir uns mit Pat teilen wollten, in New York an. Sie hatte uns gesagt, die Wohnung sei irgendwo in der Nähe von Chinatown, und so nahmen wir vom Flughafen die U-Bahn bis Canal Street, schulterten unsere Rucksäcke und fingen an, die Bowery Richtung Norden hinaufzugehen. Es war ein kalter und grauer Tag, und wir sprachen nicht viel, doch als die chinesischen Läden langsam aufhörten, wurden wir beide zunehmend unglücklicher. Als wir dann die Delancey überquert hatten, waren die einzigen Menschen, die noch auf der Straße waren, Männer, die aus Kneipen fielen, um im Schnee einzuschlafen. Jedesmal, wenn eine Kneipentür aufschwang, spie sie den Gestank von schalem Bier und ungewaschenen Körpern auf die Straße.

»Das ist die Rivington?« fragte Doug, als wir in die schmutzigste Straße einbogen, an der wir bisher vorbeigekommen waren. Im Eingang von Nummer 4 lag zusammengerollt ein Mann, und wir mußten uns an ihm vorbeidrücken, um zu läuten. Doch dann flatterte Pats langes blondes Haar aus einem Fenster, und ein in einen Handschuh eingewickelter Schlüssel segelte fünf Stockwerke hinab.

Wir schleppten uns hinauf. Pat hatte die Tür rot angemalt und ein Anti-Drogen-Poster daran geklebt. *»Dope is for dopes«* stand darauf. *»Don't be dope.«* Darunter stand: »Welcome to Paradise Loft.« Wir waren zu Hause.

Die Bürgersteige unter unserer Feuerleiter waren von Pennern bevölkert. Derjenige, der in unserem Eingang schlief, hatte ein künstliches Bein, das er jeden Abend abnahm, ehe er sich schlafen legte. Manchmal kamen wir morgens runter und fanden dort das Bein, aber nicht den Mann, und dann stellten wir es vorsichtig hinein, damit niemand es klaute. Aus dem Spirituosengeschäft auf der anderen Straßenseite, das nach Lysol und Insektenspray roch, plärrte Tag und Nacht Musik. Im Sommer, wenn wir die Fenster aufrissen, um etwas Luft zu bekommen, dann war alles, was wir bekamen, *Me an Julio down by the School Yard*, das endlos gespielt wurde, so daß die Musik sich sogar in unsere Träume einwob.

Die Menschen, die man am ehesten in unserem Häuserblock antreffen konnte, waren Penner, Autodiebe und puertoricanische Großmütter. Die alten Damen saßen in den Fenstern im zweiten Stock und paßten auf die Kinder auf, die auf der Straße Ball spielten. Sie ignorierten die trinkenden Männer, aber sie schauten zu, wie die Diebe langsam die verkäuflichen Teile von den gestohlenen Autos bauten, die das Viertel säumten. Die Männer machten immer weiter, bis die Autos zu leeren Gehäusen zerlegt waren, in denen sich dann Müllberge ansammelten, die mit jeder Woche größer und reifer wurden. Wenn so viel Müll da war, daß es störte, dann zündete jemand das Auto an und erzeugte damit einen Brand, den die Feuerwehr nicht ignorieren konnte. Die Feuerwehrautos kamen mit heulenden Sirenen und zogen die brennenden Kolosse weg. Wenn sie um die Ecke gebogen waren, kamen alle im Block aus dem Haus, um auf dem Bürgersteig zu stehen und sich zu freuen. Es war wie eine Party.

Meine Eltern waren natürlich entsetzt über die Wohnlage, die wir uns ausgesucht hatte. Sogar Tante Birdie protestierte: »Aber Rivington Street, das ist doch, wo meine Eltern lebten, ehe sie aufs Land nach Harlem gezogen sind. Warum wollt ihr denn da wohnen?«

Zum einen, weil es billig war. Zum anderen, weil ich froh war, an einem Ort zu leben, den meine Mutter so gefährlich fand, daß sie uns nicht besuchen würde. Doug schätzte die Nähe zur Canal Street, wo ein Skulpteur alles finden konnte, was er brauchte, und Pat fand es schön, in der Nähe all der Stoffläden auf der Orchard Street zu sein. Aber für mich war das Beste an der Wohngegend das Essen.

1971 war Lower Manhattan das Paradies für einen Koch. Die Mafia-Mütter waren immer noch im Besitz von Little Italy, und wenn ich die fünf Etagen herunterging und nach rechts abbog, konnte ich über die Bowery gehen und schöne alte Frauen in kleinen Läden voller Salamiwürste stehen sehen. Wenn ich vor der Haustür nach links ging, fand ich mich in einer Welt alter Männer wieder, die Jiddisch sprachen und lebendige koschere Hühner aussuchten. Direkt im Süden war Chinatown. Damals wie heute war es unergründlich, aber das hielt mich nicht ab.

Manchmal verließ ich das Haus, um ein Stück Butter oder einen Laib Brot zu kaufen, und war dann für Stunden verschwunden, in denen ich verträumt in Lebensmittelgeschäfte hinein- und wieder hinausspazierte. Die Umgebung befand sich im Wandel: Die älteren Bewohner zogen aus, und Studenten und Künstler zogen ein. Die meisten erledigten ihre Einkäufe im Supermarkt und machten die Verkäufer in den alten Läden so einsam, daß sie eine halbe Stunde darauf verwandten, eine einfache Frage zu beantworten. Und wenn man ein Rezept wollte, dann war alles, was man tun mußte, unschuldig zu fragen: »Was, würden Sie sagen, sollte ich aus diesem Stück Kalbfleisch machen?«

Mr. Bergaminis aufgeschnittene Kalbsbrust

Für 4 Personen

2 Eßlöffel Butter
2 Eßlöffel Olivenöl
2 Zwiebeln, gehackt
4 Knoblauchzehen, gehackt
1 1/2 bis 2 Kilo Kalbsbrust mit Knochen
3 oder 4 Zweige Thymian
Salz, Pfeffer
1 Tasse Weißwein

Lassen Sie die Butter in einem großen Bräter bei geschlossenem Deckel in dem Olivenöl aus. Fügen Sie die Zwiebeln hinzu und braten Sie sie ungefähr 10 Minuten lang, bis sie glasig sind. Nehmen Sie die Zwiebeln mit einem Seihlöffel heraus und legen Sie sie beiseite.

Geben Sie den Knoblauch in das Fett, und wenn er anfängt zu brutzeln, legen Sie das Fleisch hinein, mit der Haut nach unten. Braten Sie es, bis es recht braun ist, wenden Sie es dann und bräunen Sie die andere Seite. Fügen Sie Thymian, Salz und Pfeffer hinzu. Wenden Sie das Fleisch wieder. Fügen Sie den Wein und die ausgelassenen Zwiebeln hinzu, bringen Sie alles zum Kochen, bedecken Sie es dann leicht und stellen Sie die Hitze herunter.

Kochen Sie das Fleisch ungefähr 2 Stunden, wobei Sie es alle halbe Stunde wenden. Wenn das Fleisch beim Wenden festgeklebt ist, fügen Sie zusätzlich ein paar Eßlöffel Wein hinzu. Kochen Sie es, bis es sehr weich ist.

Nehmen Sie das Fleisch aus dem Topf und legen Sie es auf ein Schneidebrett, so daß die Rippen nach oben schauen. Arbeiten Sie mit den Händen die Knochen aus dem Fleisch. Schneiden Sie das Fleisch diagonal in dünne Scheiben.

Lockern Sie die Soße im Topf mit ein paar Eßlöffeln Wasser auf, wobei Sie die gebräunte Kruste am Topfboden abkratzen. Gießen Sie die Soße über das Fleisch und servieren Sie es.

Anmerkung: Es ist heutzutage nicht mehr selbstverständlich, daß man Kalbsbrust mit den Knochen bekommt, möglicherweise müssen Sie Ihren Fleischer direkt danach fragen.

Ich ging in der Februarsonne die Houston Street hinunter und schaute in die Allen Street hinein, eine der schmuddeligeren Straßen in unserer Umgebung. Über einem der Geschäfte hing eine große Flagge, der einzige Farbfleck im ganzen Block. Als ich näher kam, sah ich, daß es keine Flagge war, sondern ein Quilt. Ich schaute in das Fenster darunter, aber das Glas war so schmierig, daß ich nichts sehen konnte. Ich ruckte an der Tür, und sie gab mit einem Krächzen nach.

Der Raum war voller Stoffballen, die bis zur Decke gestapelt waren, und überall flogen Federn umher. Ein kleiner, untersetzter Mann saß im Dunkel und kaute auf einem Hühnerbein. Daunen kreisten langsam in der dunklen Luft und landeten auf dem Hühnchen des Mannes, auf seinem Haar, seinem struppigen Gesicht, seinen zerrissenen Hosen. Er legte sein Hühnerbein ab, ohne darauf zu achten, daß es auf einem Stoffballen zu liegen kam und eine Reihe von Fettspritzer auf der Oberfläche verteilte. »Sie wünschen?« fragte er.

»Ich sehe mich bloß um«, erwiderte ich. Er stand auf und nahm eine Decke in rotem Satin auf. Es war eine komplizierte Arbeit, und er ließ seine fettigen Hände liebevoll über die Oberfläche gleiten. »Puppe«, sagte er, »ich mache gute Quilts.«

Ich hatte nicht einmal gewußt, daß ich eine Decke wollte, aber plötzlich sehnte ich mich verzweifelt nach einer. »Was kosten sie?« fragte ich. »Ah«, sagte er traurig, »eine gute Decke ist nicht billig. Fünfunddreißig Dollar, mehr kann ich nicht tun. Es sei denn, Sie wollen Daune. Der Preis für Daune ist gestiegen.«

Er zeigte mir Stoffe und Muster, wobei er manchmal einen Stoffballen mit zur Tür nahm, damit ich ihn in dem schwachen Licht, das durch das schmutzige vergitterte Glasfenster fiel, betrachten konnte. Nach einer Weile nahm er sein Hühnerbein wieder auf und fing an, daran zu nagen, ohne die darauf klebenden Federn zu beachten. Wir waren gerade dabei, die Farbe festzulegen, als die Tür aufflog und drei dicke Zigeunerinnen hereinkamen. Sie rauschten mit klappernden Armreifen in den Laden und sahen aus wie eine Illustration in einem Kinderbuch.

Der Mann aß weiter und schaute wachsam zu, als sie die Stoffe begutachteten. Während sie sich durch den Laden bewegten, fiel immer wieder ein Stoffballen herunter und rollte in den Gang, und es dauerte nicht lange, da wateten die Zigeunerinnen durch ein Meer von buntem Stoff.

»Sie wünschen?« fragte er mit vollem Mund.

»Einen Quilt«, sagte die dickste der Frauen verächtlich und ging einen engen Gang hinauf, den nächsten hinunter und befingerte dabei die Stoffe. »Letztes Mal«, sagte sie, »gab es bessere Stoffe. Wo sind die hin?«

»Verkauft«, sagte er schlicht. Sie glaubte ihm nicht. »Nimm mich mit runter«, befahl sie.

Ein Ausdruck blanker Panik ging über sein Gesicht. Er schaute zu mir hinüber. »Bist du jüdisch, Puppe?« fragte er. Ohne auf eine Antwort zu warten, warf er mir die Schlüssel hin. »Paßt du auf den Laden auf?« fragte er. Es war keine echte Frage. Er führte die Zigeunerinnen die Treppe hinunter.

Es dauerte eine Weile, bis sie zurückkamen, und nochmals eine Weile, ehe das Geschäft beschlossen war. Als sie gegangen waren, bürstete der Mann sich eine vorwitzige Feder ab und wandte sich zu mir. Er zuckte mit den Achseln. »Sie bringen mir Federn, ich mache ihnen Decken. Ein fairer Tausch ist kein Diebstahl, aber …«

Er redete immer noch von den Zigeunerinnen, als die Glocke wieder läutete und die Tür sich ein wenig öffnete. Federn stoben in die hereinströmende kalte Luft, und ein glänzendes gelbes Gesicht kam ins Blickfeld. »Ist meine Decke fertig?« fragte es voller Hoffnung.

»Nächsten Dienstag, Puppe, das verspreche ich«, sagte der Mann.

»Das sagen Sie jetzt seit einem Jahr«, sagte die Stimme.

»Nächsten Dienstag, Puppe«, wiederholte er. Die Tür wurde voller Wut und Enttäuschung zugeschlagen.

Dieses Ritual sollte auch ich gut kennenlernen: Mr. Izzy T machte jede Woche das Versprechen, daß meine Steppdecke am nächsten Dienstag fertig sein würde – fertig sein mußte. Nach einem Jahr hatte ich die Hoffnung, die Decke jemals zu bekommen, aufgegeben, aber da waren meine Besuche bei Mr. Izzy T so viel mehr geworden als ein Geschäftsbesuch, daß es wirklich nichts ausmachte.

In der Woche, in der ich Mr. Izzy T kennenlernte, traf ich auch The Superstar, da war allerdings kein Zufall im Spiel. Wir hatten Freunde, die Freunde hatten, die Andy Warhol kannten, und als sie fragten, ob wir mit zu einer Party in The Factory gehen wollten, waren wir natürlich begeistert.

Doug war sofort fertig, aber Pat und ich mußten uns noch anziehen. Ich zog ein kurzes, tief ausgeschnittenes rotes Kleid an, grüne Strumpfhosen und hohe Absätze, und wenn mein langes Haar grün gewesen wäre, hätte ich genau wie eine Mohnblume ausgesehen. Trotzdem konnte ich mich natürlich nicht mit Pat messen, nach der sich alle schon umdrehten, wenn sie nur Jeans trug. Sie war einsachtzig groß und hatte das strenge Gesicht und den kräftigen Körper der griechischen Göttinnen auf der Akropolis. Sie war so auffallend und athletisch, daß die Leute immer flüsterten: »Ist das ein Mann oder eine Frau?«, wenn sie vorüberging. Und sie liebte es, extreme Kleidung zu tragen, um alle zu verwirren.

Für diesen Abend warf sie sich in eines ihrer eher fantastischen Outfits, denn Andy Warhol war ihr Idol. In den Espadrilles, die sie aus Tomatensuppendosen gemacht hatte, war sie fast zwei Meter groß, und sie trug einen Teil der »New York Woman«-Serie, die sie für eine Show am Museum of Contemporary Crafts entwarf. Diese Kreation, eine Parodie auf ein

Model, hatte zwei Münder, wo die Brüste hätten sein sollen, und sie trug Armreifen aus (falschen) Hundert-Dollar-Noten. Ihre Ohrringe waren Angelhaken, und ihre falschen Wimpern ragten fünf Zentimeter vor. »Du siehst großartig aus!« quietschte The Superstar, die direkt neben der Tür stand, als wir hereinkamen. »Wer bist du?« Sie zog Pat hinter sich her auf die andere Seite des Raumes.

Das riesige Loft war voller süßem Rauch und Menschen, die wir nicht kannten. Doug und ich standen etwas unbeholfen herum, es war peinlich und nicht so furchtbar lustig. Aber Andy Warhol war ein Important Artist, und es waren viele berühmte Leute da. Wir waren stolz darauf, auch hierzusein – deshalb waren wir nach New York gekommen.

Ich wäre die ganze Nacht geblieben, aber Doug konnte Räume mit vielen fremden Menschen nur begrenzt ertragen. Wir machten uns gerade auf, zu gehen, als Pat aufgeregt und glücklich zu mir kam. »Du mußt Jerry zum Essen einladen«, bettelte sie, »sie ist ein Superstar. Und du mußt etwas wirklich Großartiges kochen. Sie sagt, Andy würde nach jemandem suchen, der die Kostüme für seinen nächsten Kinofilm macht. Und sie sagt, sie würde mich ihm vorstellen!«

Jerry spazierte in die Wohnung und schaute sich neugierig um. Sie untersuchte die Regale in der Küche, die die Tatsache nicht verbergen konnten, daß sie aus dem Holz von ausrangierten Industriepaletten gemacht waren, und sah prüfend über den extragroßen Campingtisch. Sie schaute sich das selbstgemachte Sofa an. Sie fuhr mit den Händen über die Abziehbilder, die wir auf den Kühlschrank und die meisten Oberflächen in der Küche geklebt hatten. Sie schielte in die Töpfe, in denen ich herumrührte. »Ihr seid alle soo kreativ«, jaulte sie und hielt den Kopf so lange über das Gas, daß ich Angst hatte, ihre schwarzen Locken würden in Flammen aufgehen.

Ich machte die Gougère, die ich von Mrs. Peavey gelernt hatte. Sie kam aus dem Ofen und sah fett und locker aus. Und The Superstar nahm etwas davon zur anderen Seite des Lofts, wo Pat an ihrer Nähmaschine saß. Sie schaute Pats Kostüme an. »Ich liebe sie«, kreischte sie, »und Andy wird sie auch lieben, das weiß ich!« Und dann eilte sie in die Küche zurück, um sich ein weiteres Stück Gougère zu holen. Auf dem Weg dorthin schaute sie sich Dougs Skulptur an.

Abstrakte Formen interessierten sie nicht, aber Männer. Sie schaute anerkennend auf Dougs Rücken und fragte: »Hat er dich geheiratet, weil du so gut kochst?«

Ich wußte nicht, was ich darauf sagen sollte.

»Du hast für ihn gekocht und gekocht, bis er endlich die gewisse Frage gestellt hat«, platzte sie heraus. »Männer mögen Frauen, die kochen können«, sagte sie, »ich wünschte, ich könnte es auch.«

Sie stand da und schaute zu, wie ich den Salat wusch, stand aber ein wenig zu nah, als daß es noch bequem gewesen wäre. Als ich wegrückte, rückte sie nach. »Ich wette, mein Freund Rick wäre beeindruckt, wenn ich kochen könnte«, sagte sie.

Ich sagte nichts. Sie ging nicht. Ich hörte, wie Pats Nähmaschine zu summen begann. Doug startete die Bandsäge. Ich beugte mich herab, um den Kuchen aus dem Ofen zu nehmen. The Superstar begutachtete die hohe, schneeige Krone, als wäre es eine Kreatur vom Mond, und quietschte so laut, daß ich den Kuchen beinahe fallen ließ: »Oooh, was ist das denn?«

»Zitronen-Meringen«, sagte ich.

»Das ist unglaublich!« keuchte sie. »Kannst du mir beibringen, wie man es macht? Rick liebt Zitronen-Meringen-Kuchen.«

Ich schaute sie zweifelnd an. »Vielleicht sollten wir mit etwas Einfacherem anfangen«, sagte ich.

»Schön«, sagte sie. Ich begriff zu meinem großen Schrecken, daß ich soeben zugestimmt hatte, ihr Kochunterricht zu geben.

»Können Sie sich das vorstellen?« fragte ich Mr. Izzy T bei meinem nächsten Besuch. »Was soll ich bloß tun?«

»Keine Sorge, Puppe, das kannst du«, sagte er. »Aber ich sage dir was. Warum gehst du nicht mal rüber zur Ludlow

Street und fragst den Fischmann nach einem Rezept? Jedes Mädchen sollte wissen, wie man gefilte Fisch macht. Du mußt dir die schicken Damen ansehen, die freitags dorthin kommen!«

Das stimmte: Freitags morgens war die Straße vor dem schmuddeligen Fischgeschäft im Kellergeschoß voller Limousinen.

»Geh dahin«, drängte mich Mr. Izzy T, »da kannst du vielleicht was lernen.«

An jenem Freitag folgte ich einem eleganten Nerzmantel durch die Tür. Und ich mußte fast würgen – es war grauenhaft. Die Fischläden, die ich kannte, waren ordentliche Räume mit sauberen weißen Kacheln und hübschen Bergen von Zitronen. Das hier war ein stickiges Loch, und die Fischverkäufer trugen blutverkrustete Schürzen. Sie sahen für mich wie Fleischer aus – wer hätte gedacht, daß Fische so viel bluten können? Die Männer standen da und hackten Fischen die Köpfe ab, während die Frauen in den Pelzmänteln zäh handelten, als wäre es unehrenhaft, auch nur einen Pfennig mehr zu zahlen, als unbedingt nötig. Das hier war wirklich das Mittelalter.

Ich stand eine ganze Weile da und schaute nur zu. Als ich dran war, bat ich um ein paar Pfund gemischten Fisch. Der Mann kratzte sein rauhes Kinn, wog die Mischung auf einer rostigen Hängewaage aus, wickelte sie in weißes Papier und reichte mir das Päckchen. »Was fange ich am besten damit an?« fragte ich.

Er drehte sich zu einem der Pelzmäntel. »Hey, Essie«, sagte er, »dieses *Madel* möchte ein Rezept. Kannst du ihr helfen?«

Essie war eine kleine, plumpe Frau mit hellorangenem Haar und viel Farbe im Gesicht. Sie stieß mich mit ihrem Ellbogen an und sagte: »Ein wenig gefilte Fisch, immer gut auf dem Tisch.« Und dann zwinkerte sie mir doch tatsächlich zu. »Ich gehe zu Streit's Matzos«, sagte sie. »Kommen Sie mit in mein Auto, und ich werde Ihnen das Rezept geben. Haben Sie einen Stift?«

Ich hatte einen Stift. Der Chauffeur öffnete den Schlag. »Was für eine Gegend«, sagte Essie, als das Auto Richtung Osten glitt. Sie zeigte auf den Laden von Mr. Izzy T. »Ein großer Künstler«, sagte sie. »Wenn Sie ein Quilt brauchen, ist das die beste Adresse. Aber so langsam! Um eine Decke für den Geburtstag meiner Tochter zu bekommen, mußte ich so sehr schreien, daß ich fast einen Herzanfall bekam. Und so eigensinnig! Ich wollte für meine Rachel eine blaue Decke – das ist eine gute jiddische Farbe. Er sagte, sie sollte grün sein. Diese Diskussionen!« Sie seufzte glückselig bei dieser Erinnerung.

»So«, sagte sie, »jetzt das Rezept. Vergessen Sie nicht, der Fisch ist nur der Anfang, Sie brauchen auch die Matzen.« Sie hörte gerade auf zu diktieren, als der Cadillac vor der Fabrik hielt.

Das kleine, heiße Gebäude war voller Männer, die lange schwarze Mäntel und Kiepen trugen, während sie die flachen Vierecke vom Fließband zogen. »Ein Kilo«, sagte Essie und zog ihre Handschuhe aus. »Und achten Sie darauf, daß sie warm sind. Ich habe mich nicht hierher geschleppt, um altbackenes Zeug zu kaufen!« Sie hielt ihr Kinn in meine Richtung und sagte: »Sie auch. Sie möchte für fünfzig Cent.« Und dann streckte sie ihre Hand aus und berührte meine Matzen, nur um sicherzugehen, daß ich nicht betrogen wurde.

Ich machte den gefilte Fisch, als The Superstar zum zweiten Mal zum Essen kam – ich dachte, es würde sie beeindrucken. Sie fand es eklig. Auch Doug und Pat fanden das. Um ehrlich zu sein, war ich auch selbst nie ein großer Fan von gefilte Fisch.

»Vielleicht solltest du Italienisch ausprobieren?« schlug Mr. Izzy T vor, als ich ihn das nächste Mal sah. »Da ist doch dieser italienische Fleischer auf der Mott Street. Sein Fleisch ist nicht koscher, aber es wird dich nicht umbringen. Vielleicht könnte er dir etwas empfehlen, was du deiner Freundin beibringen kannst.«

»Sie ist nicht meine Freundin«, beharrte ich. »Ich mag sie nicht einmal.«

Er zuckte nur die Schultern.

Nach dem Debakel mit dem gefilte Fisch hatte ich nicht vor,

den Rat von Mr. Izzy T zu befolgen. Doch als ich eines Tages zufällig an dem italienischen Laden vorbeikam, schaute ich doch hinein. Das Geschäft war sauber und hell, und der Fleischer war in eine fleckenlose Schürze gekleidet. Die Fleischtheke war mit großen Kästen von mit Kräutern bestreuten Würsten gefüllt, und die Lammkeulen waren mit diesen kleinen Spitzenkragen aus Papier aufbereitet. Es war unwiderstehlich.

»Setzen Sie sich, setzen Sie sich«, sagte der Fleischer. »Joseph Bergamini. Was kann ich für Sie tun?«

»Ich brauche etwas Lammschulter«, sagte ich. Er suchte mit Sorgfalt ein Stück Fleisch heraus und hielt es hoch.

»Wäre dieses gut?« fragte er. Ich nickte.

»Wieviel brauchen Sie?«

»Ein Kilo«, sagte ich. »Könnten Sie es schneiden?«

»Eintopf?« fragte er.

Ich nickte.

»Sie brauchen keine Schulter für Eintopf«, spottete er. Er legte das Fleisch in die Theke zurück und nahm ein paar Nackenstücke heraus. Er wog sie aus, schrieb den Preis auf ein Stück Papier und fing an, das Fleisch sorgfältig von den Knochen zu trennen.

»Viel billiger so«, sagte er.

»Aber das ist so viel Arbeit«, protestierte ich.

»Was glauben Sie, warum ich hier bin?« fragte er. Und dann fing er an, seine Theorien über Politik auszubreiten. »Wußten Sie«, sagte er und zeigte mit dem dünnen Knochenmesser auf mich, »daß wenn jeder Fabrikbesitzer eine Einrichtung für fünfzehn Dollar in seine Schornsteine einbauen würde, die Luft sauber wäre? Die Luftverschmutzung könnte uns umbringen. Sie töten uns wegen fünfzehn Dollar! Diese miesen Schweine!«

Bei jedem meiner Besuche arbeitete er sich weiter durch seine Theorien und die Fleischtheke und bot mir Lösungen an, wie man die Welt in Ordnung und preiswerte Mahlzeiten auf den Tisch bringen konnte. »Haben Sie schon mal Kalbsbrust zubereitet?« fragte er. Das hatte ich nicht. »Haben Sie einen Stift?«

Die Kalbsbrust machte ich an dem Abend, als The Superstar zu ihrer ersten Unterrichtsstunde kam. Während das Essen kochte und die Wohnung mit dem köstlichen Geruch von Kräutern, Zwiebeln und Knoblauch erfüllte, machten sie und ich uns an die Arbeit.

Es war nicht einfach.

»Kaum zu glauben!« lästerte ich bei Mr. Izzy T. »Sie wollte sogar wissen, was das für Blasen seien, als das Wasser zu kochen begann.«

Er lachte leise, und ich fuhr fort: »Sie stand da und schaute so lange in den Topf, bis ihr Make-up zu fließen begann! Als ich ihr gezeigt hatte, wie man Pasta kocht, sie in einem Durchschlag abtropfen läßt und eine einfache Soße aus Tomaten, Basilikum und Zwiebeln macht, waren ihre Locken glatt geworden, und die Mascara lief ihr die Wangen hinunter.«

»Hör mal, Puppe«, sagte er, »wenn du diesem Mädchen das Kochen beibringen kannst, solltest du ein Buch schreiben.«

»Allerdings«, sagte ich sarkastisch.

»Wirklich«, sagte er. »Denk mal darüber nach.«

Rick mochte die Spaghetti. In der folgenden Woche nahmen wir Brownies in Angriff.

»Diese beiden Blöcke Schokolade mußt du über kochendem Wasser schmelzen«, erklärte ich und reichte dem Superstar den Simmertopf. Sie schaute mich verständnislos an.

»Fülle in den unteren Topf Wasser, und bröckel die Schokolade in den oberen«, sagte ich gereizt. »Stelle den oberen Topf in den unteren und alles zusammen auf den Herd.«

Ich hätte es besser wissen müssen – sie tat natürlich das Wasser und die Schokolade in denselben Topf. Wir versuchten es noch einmal.

»Siehst du«, sagte ich, während ich das Wasser im unteren Topf zum Kochen brachte und die Schokolade oben schmelzen ließ, »das verhindert, daß die Schokolade versengt wird.«

»Verhindert was?«

»Daß sie anbrennt und sehr, sehr schlecht riecht.« Ich nahm die geschmolzene Schokolade vom Herd.

»Jetzt werden wir die Butter schaumig rühren.«

»Ich wußte nicht, daß man aus Butter Schaum machen kann«, sagte sie.

Ich seufzte. »Man nennt das nur so, es heißt, daß man rührt, bis die Butter weich ist.«

»Warum wird es dann Schaum genannt?«

»Das muß Schauspielerei sein«, sagte Doug später. »Es ist wahrscheinlich ein Teil ihrer Superstar-Persönlichkeit. Oder irgend jemand hat ihr gesagt, daß Männer dumme Frauen mögen.«

Ich hatte nie zuvor die Zutaten für Teig abgemessen, doch jetzt tat ich es sorgfältig und notierte dann, wieviel Mehl, Butter, Pflanzenfett und Eiswasser ich benötigte. Es half nichts, die erste Kruste, die The Superstar produzierte, war so hart, daß sie heulte. »Das kann ich Rick nicht vorsetzen.« Ich erinnerte mich plötzlich daran, daß Dougs Großmutter mir ein altes Rezept gegeben hatte, von dem sie sagte, daß es idiotensicher sei. Ich warf das erste in den Müll und holte eine saubere Schüssel hervor.

»Schütte vier Tassen Mehl, einen Eßlöffel Zucker und zwei Teelöffel Salz in diese Schüssel«, sagte ich zu The Superstar. Sie arbeitete langsam, mit der Zunge zwischen den Zähnen, und maß jede Zutat exakt ab.

»Jetzt rühre mit einer Gabel um«, befahl ich. Sie tat es, mühsam.

Ich gab ihr das Pflanzenfett und noch einen Meßbecher. »Miß eine dreiviertel Tasse von dem weißen Zeug ab.«

»Ooh«, sagte sie, »wie unappetitlich.« Ich zeigte ihr – noch einmal – wie man das Fett mit einem Teigschaber in das Mehl schnitt, bis es die Größe von Erbsen hatte.

Ich reichte ihr noch einen Meßbecher und wies sie an, ihn mit einer halben Tasse Wasser zu füllen. »Jetzt gib noch einen Eßlöffel Weißweinessig hinzu«, sagte ich, indem ich ihr die Flasche gab, »und ein Ei.« Sie schlug das Ei hinein. »Rühre beides zusammen und füge es der Mischung von Mehl und Pflanzenfett hinzu. Jetzt rühre alles mit der Gabel um.«

»Sieh mal!« rief sie, »alles vermischt sich.«

»Das *sollte* es jedenfalls tun«, sagte ich, riß etwas Backpapier ab und legte es auf die Arbeitsfläche. »Teile den Teig in fünf Bälle und wickele jeden in das hier ein.«

So weit, so gut. Ich legte die Teigbälle zum Durchziehen in den Kühlschrank, während sie über Rick palaverte und was für ein wunderbarer Liebhaber er sei.

Wirklich, idiotensicher. The Superstar drückte auf den Teig, als sie ihn ausrollte, aber die Kruste war dennoch locker und gut.

»Nächste Woche«, versprach ich, »Zitronen-Meringen-Kuchen.«

»Nächste Woche«, versprach sie, »werde ich versuchen, Andy dazu zu bringen, daß er sich Pats Kostüme ansieht.«

Keiner von uns war sonderlich optimistisch, aber wir schrubbten dennoch die Wohnung. Pat arbeitete rund um die Uhr, um ein paar Kostüme fertigzustellen, während ich darüber nachdachte, was man dem Großen Mann denn zu essen geben könnte. Mr. Bergamini empfahl Ferkel.

»Mit einem Ferkel kann man nichts falsch machen«, sagte er und steckte sich selbst einen Apfel in dem Mund, um es zu demonstrieren.

»Zu teuer«, sagte ich. »Außerdem, was ist, wenn er Vegetarier ist?«

»Ah«, sagte er verächtlich, »Sie werden ihm doch nicht einen Haufen Salat geben wollen.«

Am Ende wählte ich eine schwierige gefüllte Pasta aus, bei der allein die Herstellung des Teigs zwei Tage beanspruchte. Ich war immer noch dabei, die kleinen Fleischbällchen, die zu dem Gericht gehörten, zuzubereiten, als es an der Tür klingelte. Wir liefen alle hoffnungsvoll zum Fenster, aber The Superstar stand dick und breit vor dem Gebäude, und wir konnten nicht sehen, ob sie jemanden dabeihatte.

Wir horchten auf die Schritte auf der Treppe. »Es klingt nur wie eine Person«, sagte ich.

»Vielleicht hat Andy einen leichten Gang«, sagte Pat. Die Tür flog auf. The Superstar rauschte fröhlich herein, warf ihren silbernen Satinmantel ab und nahm den ersten von fünfundzwanzig silbernen Ringen vom Arm. »Bereit zur Zitronen-Meringe«, trillerte sie vergnügt. Sie war allein.

»Kommt Andy nicht?« fragte ich.

»O nein«, sagte sie gutgelaunt, »er ist gar nicht in der Stadt. Womit soll ich anfangen?«

Pat stampfte zu ihrem Teil der Wohnung. Noch aus zwanzig Metern Entfernung konnte ich hören, wie sie mit den Zähnen knirschte. The Superstar bemerkte die Ladung in der Atmosphäre jedoch nicht, sie war viel zu beschäftigt damit, die Eier zu trennen.

Die Unterrichtsstunde verlief erstaunlich gut.

Für uns alle.

»Und jetzt erzähl mir mal«, sagte Mr. Izzy T am nächsten Tag, »wie hat denn dem Freund deiner Schülerin der Kuchen gefallen?« Er stellte einen Wasserkessel auf eine Herdplatte, um Tee zu kochen. Er löffelte Kirschpulver in zwei große Gläser, goß den Tee auf und gab mir ein Glas. Dann setzte er sich zwischen die Stoffballen und schaute mich erwartungsvoll an.

»Der Kuchen war perfekt«, sagte ich. »Aber er hat nicht die gewünschte Wirkung gehabt.«

Er nickte ermunternd.

»Ich denke, sie hatte gedacht, daß sie ihm nur den Kuchen geben müßte und daß er sie dann bitten würde, ihn zu heiraten.«

»Aber das hat er nicht getan«, sagte Mr. Izzy T, als kenne er bereits das Ende der Geschichte.

»Als sie zu seinem Loft kam und klingelte, schaute er aus dem Fenster, sah sie und sagte ihr, sie solle später zurückkommen. Sie sagte, sie habe etwas für ihn, und so ließ er an einem Seil einen Korb herab. Sie tat den Kuchen hinein, er zog ihn hoch, lehnte sich hinaus und sagte, der Kuchen sei wunderbar, aber sie könne trotzdem nicht hinaufkommen, er habe Besuch.«

»Wie man sich bettet, so liegt man«, sagte Mr. Izzy T mit dem richtigen Maß an Mißbilligung. »Sie hat ihre Seite des Vertrages nicht eingehalten.«

Und dann langte er mit der Schüchternheit eines Kindes unter den Tresen. Er holte ein plustriges rotes Samtviereck heraus, das mit Schnur zusammengebunden war, und hielt es mir hin.

»Hier, Puppe«, sagte er, »ich bin da anders.«

14
Berkeley

Das Leben in New York wäre so schön gewesen, wenn da nicht Mom gewesen wäre.

»Ich weiß, daß es mich nichts angeht«, pflegte sie zu sagen, »aber ich denke, du möchtest das Zusammenleben mit Pat vielleicht noch einmal überdenken.« Zuerst dachte ich, es ginge ihr darum, wie unsere unkonventionelle Lebensform auf ihre Freundinnen wirkte, und ich konnte das verstehen. Es war schon schlimm genug, daß wir in der Bowery wohnten, aber daß wir dann noch als verheiratetes Ehepaar ein Loft mit einer anderen Frau teilten, das war noch schlimmer. Was würden die Leute denken?

Später wurde mir klar, daß es nicht das Arrangement war, das ihr Probleme bereitete, sondern daß sie einfach eifersüchtig war. Sie hätte selbst gern mit uns zusammengelebt. Mein Bruder und seine Frau wohnten weit weg, aber ich war in New York, und sie wollte meine ungeteilte Aufmerksamkeit.

Und so schmeichelte sie sich in unser Leben. Sie rief ständig an. Ihre Stimme folgte mir überallhin, ich hörte sie, wenn ich arbeitete, wenn ich Urlaub machte, wenn ich zu Hause war. Es war das Gegenteil von der Zeit, als ich noch zur Schule ging. Sie bestand darauf, Geburtstage und Ferien mit uns zu verbringen, und wenn wir ohne sie wegfuhren, hatte sie einen Wutanfall – sogar, wenn es ihre Idee gewesen war.

Weihnachten 1972 schlug sie tatsächlich vor, daß wir Milton in Italien besuchen sollten. »Die Flugpreise sind so niedrig«, sagte sie, »es wäre ein Verbrechen, das nicht auszunutzen.« Aber kaum, daß unsere Pläne gemacht waren, legte sie sich ins Bett und jammerte, daß sie ausgeschlossen würde. »Was für einen Sinn hat es denn, Familie zu haben«, tobte sie, »wenn alle immer nur wegfahren?« Dad kam zum Loft und flehte uns an, nicht zu fahren. Ich hatte das Gefühl zu ersticken.

Buchstäblich. Ich begann in der U-Bahn Panik zu bekommen. Wenn die Züge in die Haltestelle rauschten, hielt ich mich an den Säulen auf dem Bahnsteig fest, damit ich mich nicht auf die Gleise warf. Ich fühlte mich sicher, wenn die Türen geschlossen waren, aber die Erleichterung dauerte nur kurz. Dann fürchtete ich plötzlich, daß ich anfangen würde zu schreien und nicht mehr aufhören könnte. Brücken und Tunnels konnte ich nicht ertragen, und ich hatte oft so furchtbare Kopfschmerzen, daß ich das Haus nicht verlassen konnte. Es war unerträglich.

»Es ist deine Mutter«, sagte Pat, »sie macht dich wahnsinnig.«

Doug war derselben Ansicht. »Wir müssen aus New York raus«, sagte er. »Wir müssen so weit weg gehen wie möglich.«

»Beeilt euch«, sagte Pat. »Ich finde es sehr schade, aber ihr müßt wirklich gehen, sonst ist es zu spät.«

Ich wußte, daß sie recht hatten. Ich wandte mich Doug zu und sagte: »Du wirst es meinem Vater sagen müssen.«

»Ich weiß«, erwiderte er.

Dad sah unglaublich traurig aus. Er seufzte schwer, doch schließlich sagte er: »Ihr habt recht. Aber ich kann euch gar nicht sagen, wie einsam es sein wird, wenn ihr fort seid.«

Ich stellte mir vor, wie sein Leben ohne uns aussehen würde. Mom würde schrecklich wütend sein, und sie würde es an ihm auslassen. »War sie schon immer so?« fragte ich.

Dad betrachtete seine Schuhe. »Weißt du«, sagte er, »ich kann mich wirklich nicht erinnern. Sie kann eigentlich nicht immer so gewesen sein, oder?«

Wir packten alles, was wir besaßen, in den Van: Dougs Werkzeug, meinen Quilt und tausend Dollar. Wir waren auf dem Weg nach Kalifornien, und ich war die ganze Fahrt über froh und glücklich.

Es war Vorfrühling, als wir in Berkeley ankamen, und als ich aus dem Van stieg, war ich von dem Duft von nachts blühendem Jasmin umgeben. Ich hatte so etwas noch nie gerochen, das Aroma war so kraftvoll, daß sich alles in mir drehte. Noch heute, nach all den Jahren, erinnert mich der Duft von Jasmin daran, wie befreit ich mich fühlte.

Wir bauten unser Zelt im Hof eines Freundes auf und begannen, nach einer Bleibe zu suchen. Wir suchten nicht besonders eifrig, denn Nick war Bestandteil der Coast-to-Coast-Party der frühen siebziger Jahre, und es machte Spaß, bei ihm zu wohnen. So gegen neun Uhr abends fingen die Leute an vorbeizukommen, und oft blieben sie die ganze Nacht, tranken, redeten über Kunst, debattierten über Politik. Manchmal, wenn ich morgens um sechs Uhr ins Haus kam, um die Anhörungen zum Watergate-Prozeß zu sehen, saßen Nick und seine Freundin Martha immer noch dort, tranken billigen Wein, aßen Käse und redeten mit einer bunten Schar Gäste.

Meist gingen sie dann direkt von Wein zu Kaffee über. Ich machte Toast, und wir drängelten uns alle ins Wohnzimmer vor den grobkörnigen grauen Fernseher, den Doug für drei Dollar auf dem Flohmarkt gekauft hatte. Das Bild auf dem Schirm war so unscharf, daß wir Gordon Liddy und John Dean kaum ausmachen konnten – sie waren ungenaue Schatten, die versuchten, die Regierung zu stürzen.

Wann fingen wir an, gemeinsam in einem Haus wohnen zu wollen? Wessen Idee war das? Ich weiß es nicht mehr. Aber wir waren erst kurz in Berkeley, als wir beschlossen, unser Geld zusammenzulegen.

Wir stellten bald fest, daß niemand an eine Wohngemeinschaft – so nannten sie uns – vermieten würde, und so entschieden wir, Hausbesitzer zu werden. Wir marschierten in das Büro eines Immobilienmaklers und sahen dabei so armselig aus, daß der nette alte Herr, der sich unserer annahm, sichtbar erschauderte. Ich konnte mich in seinen großen runden

Brillengläsern gespiegelt sehen, eine Zigeunerin mit unbändigen schwarzen Locken, die ich über die Schultern geworfen hatte, und einem bunten Rock, der den Boden berührte. Nick, der neben mir stand, hatte einen rauschenden Vollbart, so daß er aussah wie der Prophet Jesaja. Martha war blaß, mit langem blondem Haar und einem Mondgesicht. In den gestreiften Kleidern, die sie aus natürlichen Materialien selbst entworfen hatte, sah sie aus wie ungefähr zwölf. Sogar der Saubermann Doug trug sein Haar jetzt überschulterlang und hatte einen Metallstumpf zwischen seinen Vorderzähnen, wo eine Krone fehlte.

Der alte Mann ließ uns Platz nehmen und bat uns, Papiere auszufüllen. Wir waren außer uns. Was ging es ihn an, wieviel Geld wir hatten? Wir rollten mit den Augen und seufzten und beklagten uns über die Bürokratie. Er erklärte freundlich, daß er etwas über unsere Finanzen wissen müsse, wenn er uns helfen soll, ein Haus zu kaufen.

Wir schrieben die üblichen Lügen hin. Ich sagte, ich sei Schriftstellerin. Tatsächlich lebte ich davon, daß ich Seminararbeiten schrieb, manchmal drei oder vier am Tag. Das war eine Herausforderung, und es war gut bezahlt, wenn man den Ruf hatte, gute Zensuren zu bringen. Doug behauptete, Schreiner zu sein, er hatte in der ganzen Stadt Zettel aufgehängt und seine Dienste angepriesen. Martha trug sich als Studentin ein. Das war wirklich Wunschdenken. Sie hatte die Schule abgebrochen, um mit Nick zu leben, und redete manchmal davon, doch noch ihren Abschluß machen zu wollen. Nick war der einzige mit einem richtigen Job, und nicht einmal der wirkte auf dem Papier besonders beeindruckend: Er baute elektronische Instrumente für Avantgarde-Musiker.

Der alte Mann seufzte und nahm uns mit, um uns ein paar Häuser zu zeigen. Das erste war ein schönes altes Gemäuer mit Blick auf die Bay vom Fenster am Treppenabsatz aus. Ich fand es wunderbar, aber Nick war mit der Gegend nicht einverstanden. »Ich werde nicht«, sagte er, »in einer Straße mit lauter Scheiß-Schickimickis wohnen, wo die Leute Hausmädchen haben und Mercedes fahren. Ich würde mich ja schämen, jemandem meine Adresse zu geben.«

Doug stimmte gegen das nächste Haus, weil es keine Garage hatte. »Nick und ich werden unser Werkzeug zusammenlegen und ein Geschäft aufmachen«, sagte er. »Was ist denn sonst der Vorteil daran, zusammen ein Haus zu kaufen?« Martha wies die folgenden drei Häuser zurück, weil dort kein Platz für den Komposthaufen war, den sie mitnehmen wollte.

Channing Way hatte alles: eine Garage, einen Keller und einen großen Hinterhof. Nicht einmal Nick konnte die undefinierbare Gegend im Flachland von Berkeley bourgeois nennen. Und das Beste an allem war, daß das komische alte Haus im Queen-Anne-Stil mit seinen siebzehn Zimmern, die alle in unterschiedlichen Farben gestrichen waren, nur 29.000 Dollar kostete. Wenn man die Tilgung und die Steuer durch vier teilte, dann würden das 45 Dollar im Monat sein. »Wir werden nie wieder richtige Jobs haben müssen«, jubelte Doug. »Nie!«

Wir planten, unser Gemüse selbst anzubauen. Das würde preiswert sein, und außerdem wären wir dann nicht von dem bösen Landwirtschaftssystem abhängig. Inzwischen backten Martha und ich jeden Tag Brot und lernten, wie man ein einziges Huhn so streckte, daß fünfzehn Leute davon satt wurden. Wir entdeckten die Vergnügungen der billigeren Fleischvarianten und experimentierten mit Zunge, Tintenfisch und Herz.

Dann las plötzlich jeder in Berkeley *Die Öko-Diät* und lernte, daß es moralisch verwerflich war, am oberen Ende der Nahrungsmittelpyramide zu essen. Fleisch verschwand völlig aus unserem Leben.

Martha und ich kochten uns pflichtbewußt einmal durch das ganze Buch, durch die Garbanzo-Pastete (elf Gramm an verwertbarem Protein) und den Erdnuß-Sesam-Supreme-Brotlaib (12 Gramm). Die Rezepte waren nahrhaft, politisch korrekt … und langweilig. Wir fingen an, heimliche Modifikationen vorzunehmen und die Rezepte so zu verändern, daß sie etwas reizvoller wurden.

Unser größter Erfolg war Con Queso Reis. Indem wir doppelt soviel Käse und dreimal soviel Knoblauch verwendeten, wie in dem ursprünglichen Rezept angegeben war, schafften wir es, ein Essen zu zaubern, das köstlich war.

Con Queso Reis

Für 6 Personen

1 Tasse schwarze Bohnen
1 1/2 Tassen weißer Reis, ungekocht
1 Teelöffel Salz
3 Knoblauchzehen, gepellt und in Würfel geschnitten
2 kleine Zwiebeln, gehackt
1 Dose grüne Chilies, gehackt
1 frische Jalapeño, gehackt
500 g Käse, gerieben
500 g Hüttenkäse

Lassen Sie die Bohnen über Nacht mit Wasser bedeckt einweichen.

Waschen Sie sie morgens und kochen Sie sie in 4 Tassen frischem Wasser ungefähr eine Stunde lang oder bis sie weich sind. Abkühlen lassen.

Kochen Sie inzwischen den Reis: Bringen Sie 3 Tassen Wasser zum Kochen, fügen Sie Reis und Salz hinzu, bedecken Sie den Topf und lassen Sie das Ganze bei geringer Hitze köcheln. Ungefähr 20 Minuten lang simmern oder bis das Wasser verdampft ist. Leicht abkühlen lassen.

Mischen Sie den Reis, die abgetropften Bohnen, Knoblauch, Zwiebeln und Chilies in einer großen Schüssel.

Den Ofen auf 180° vorheizen.

Fetten Sie eine große Auflaufform ein. Bedecken Sie den Boden mit einer Schicht der Reis-Bohnen-Mischung. Legen Sie eine Schicht geriebenen Käse und Hüttenkäse darüber. Verteilen Sie eine weitere Schicht Reis und Bohnen darüber und so fort, bis alle Zutaten, bis auf eine letzte halbe Tasse Käse, verbraucht sind. Oben sollte eine Schicht Reis und Bohnen sein.

30 Minuten lang backen. Streuen Sie den restlichen Käse darüber und backen Sie alles weitere fünf Minuten.

»Kaputt« gehörte nicht zu Nicks Wortschatz. Er konnte alles wieder hinkriegen – er war Klempner, Schreiner und Elektriker. Er konnte Kabel in Häusern verlegen und Autos, Uhren und Videorecorder reparieren. Während er durch die Stadt ging, rettete er ständig irgendwelche Dinge vor der Müllkippe und brachte sie dann triumphierend nach Hause.

Das war sehr schön für seine Freunde, die sich darauf verlassen konnten, daß er ihnen alles mögliche leihen würde. Und es war sicher moralisch gesehen die korrekte Einstellung, wenn man daran glaubte, die Erde beschützen zu können. Aber für uns, die wir mit ihm zusammenlebten, umgeben von wachsenden Haufen Schrott, hatte es entschiedene Nachteile. Innerhalb eines Jahres barst unser Haus von Nicks Schätzen aus allen Nähten, und er sammelte immer weiter. Ich konnte damit leben, aber als seine Rettungsaktionen in die Küche vordrangen, bekamen wir Streit.

Der erste Disput ging über die Spüle in der Küche. Eines Tages kam Nick nach Hause und zog eine zwei Meter lange metallene Spüle hinter sich her, die er in einem Restaurant gefunden hatte, das abgerissen wurde. Als er sie von der Ladefläche seines Trucks hob, sagte er strahlend: »Solider rostfreier Stahl, und sie war umsonst.«

Ich kam heraus, um mir die Sache anzusehen. Die alte Frau, die nebenan wohnte, hockte in den Ästen des Apfelbaumes, der am Zaun stand. Im Alter von dreiundneunzig Jahren beschnitt sie ihre Bäume immer noch selbst. Ich winkte zu ihr hinüber. Sie winkte nicht zurück.

»Die Spüle hat keine Beine«, bemerkte ich.

»Die habe ich auch gefunden«, sagte er und zog ein Paar kunstvoll verschnörkelter Tischbeine aus Mahagoni aus dem Auto. »Sind das nicht zwei Schönheiten? Sie sind von einem alten Bibliothekstisch. Wir legen die Spüle einfach obendrauf.«

»Braucht sie nicht vier Beine?« fragte ich.

»Oh, wir können die fehlenden aus einem anderen Paar machen«, sagte er abschließend.

»Das wird komisch aussehen«, protestierte ich.

»Das glaube ich nicht«, sagte er. »Außerdem habe ich mir etwas Großartiges ausgedacht.« Nick setzte sich an den von

Doug getischlerten Küchentisch und fing an, sein Abtropfregal aufzuzeichnen. »Sieh mal«, sagte er, während er rasend schnell zeichnete, »wir bauen die Regale genau über die Spüle, mit einem Rost aus Leisten als Boden. Dann muß man nur spülen und stecken.« Er sah stolz auf das Papier und fügte hinzu: »Die Sachen tropfen ab und trocknen, und man muß sie nicht wegräumen. Sie sind schon weggeräumt!«

»Das braucht so viel Platz!« sagte ich.

»Was willst du denn«, fragte er geringschätzig, »eine Geschirrspülmaschine?«

Wir waren natürlich gegen Geschirrspülmaschinen (bürgerlich und Energieverschwendung), aber insgeheim sehnte ich mich nach einer. Wir fütterten jeden Abend mehr Leute durch. Nick betrachtete jeden, den er traf, als potentiellen Freund, und er rief ständig: »Komm doch zum Essen!« Martha und ich zählten immer erst durch, wenn wir den Tisch deckten, und schütteten dann noch mehr Wasser in die Suppe.

Wir hatten eigentlich keine Kommune sein wollen, doch das Haus war so groß, daß es selbstsüchtig schien, den Raum nicht auszunutzen. Martha und ich kochten gern, und was machten da schon ein paar Mäuler mehr aus? Freunde aus New York kamen für eine Woche und blieben ein paar Monate. Jules kam an dem Abend, als er mit seiner Freundin Schluß machte, und er war schon ein Jahr lang da, ehe wir begriffen, daß er wirklich mit uns zusammenlebte. Und dann fing Bob, der Student im Nachbarhaus, an, jeden Abend aufzutauchen, wenn wir uns zum Essen hinsetzten. Doug baute einen größeren Tisch.

Eines Tages traf Nick Francesco und Elena, zwei Venezianer mit einem Fulbright-Stipendium, als sie über den Campus spazierten, und bot ihnen eine Unterkunft an, bis sie eine Wohnung gefunden hatten. »Das Leben hier ist so intensiv, so voller Energie«, sagte Elena bewundernd, und auch sie zogen ein. Ich fand das gut – sie alle bedeuteten Unterstützung in dem eskalierenden Streit mit Nick.

»Glaubst du wirklich, daß wir acht Tüten für Recycling brauchen?« fragte Jules eines Tages, als er auf die Tüten schaute, die unter der Spüle aufgereiht waren. Da war eine für Weißglas, eine für Buntglas, drei für verschiedene Arten Metall, eine für Plastik, eine für Kompost und eine winzige Tüte für die Dinge, die sich auch unseren ernsthaftesten Versuchen des Recyclings widersetzten.

»Frag das nicht mich«, stöhnte ich, »rede mit Nick. Ich finde, daß sie scheußlich aussehen, und ich hätte sie nur zu gern aus der Küche heraus.«

Aber Nick ließ sich nicht bewegen. Die Tüten waren häßlich, und das Recycling kostete furchtbar viel Zeit, aber es war das Richtige. Wir grollten, wir recycelten. Wir stimmten Nick sogar zu, als er sagte, wir sollten keine Produkte von Nestlé kaufen, obwohl ich mich nicht mehr erinnere, warum. Wir machten mit bei dem Boykott von Welch's (angeblich unterstützen sie die rechtsextreme John Birch Society) und Coors (stritt mit den Gewerkschaften). Weintrauben waren natürlich absolut verboten, aber das war eine rein akademische Entscheidung, denn die streikenden Landarbeiter fanden eine derart breite Unterstützung in Berkeley, daß Weintrauben praktisch nicht zu bekommen waren. Doch an dem Tag, als Nick nach Hause kam und sagte, daß Kaffee ungesund sei und daß wir von nun an alle Tee trinken sollten, gingen wir zur offenen Revolte über.

»Wir sind Italiener«, sagten Francesco und Elena, »wir müssen Kaffee haben.«

»Ich bin Amerikaner«, sagte Doug, »und ich muß das auch.« Jules war ebenso überzeugt davon, daß Kaffee eine Lebensnotwendigkeit war. Die vier gingen sofort zum Dritte-Welt-Laden und kauften eine neue Kaffeemühle.

Nick antwortete, indem er die Küche mit kleinen braunen Säckchen mit verschiedenen Blättern und Kräutern für Tee füllte. Es waren bald so viele, daß man keinen Schrank öffnen konnte, ohne daß Kamillenblüten auf einen herabregneten.

Als nächstes entdeckte Nick den Biorhythmus. Er legte für jeden im Haushalt Tabellen an und hängte sie an das Schwarze Brett in der Küche. Wenn jemand schlechte Laune hatte, pflegte er bedeutungsvoll auf die Tabelle zu schauen und zu sagen: »Seht ihr?« Das wurde nervig. Aber noch lange nicht so nervig wie das große Durcheinander von Hirse und Gerste, die bald darauf den meisten Platz in der Küche beanspruchten.

Nick hatte für sich die Körner entdeckt. Er pflegte morgens herunterzukommen, sich eine Schüssel voll Hirse aufzuschaufeln, sie mit Dr. Bronner's Balanced Mineral Bouillon (das Etikett forderte uns auf, alle Lebensmittel zu mineralisieren) zu mischen und das Ganze köstlich zu nennen. »Versucht es doch bloß mal«, drängte er uns und las die warnende Aufschrift auf der Flasche vor: »Der ewige große Glaube an einen Gott der Astronomie vereint die menschliche Rasse! Denn auf Gottes Raumschiff Erde, mit Bomben und Waffen, sind wir alle eins oder gar nichts!«

Mit genügend zerlassener Butter darüber fand ich die Hirse gar nicht so schlecht.

Ich konnte mit den Körnern leben. Es machte mir auch nichts aus, als Nick anfing, Pollen und nährende Hefe in unser Essen zu schmuggeln. Ich fand es in Ordnung, als er anfing Sojasprossen anzubauen, auch wenn sie all den Platz auf der Arbeitsplatte einnahmen, der noch nicht von den in Tücher gewickelten Schüsseln Milch, die zu Joghurt gemacht wurde, belegt war. Doch als er mit dem Zucker anfing, war für mich Schluß.

Eines Tages kam er herein, murmelte: »Weißer Tod!« und warf den ganzen Zucker in den Müll.

»Ich brauche den zum Backen«, kreischte ich.

»Aber sieh doch mal«, sagte er stolz, »ich habe dir etwas Besseres mitgebracht.« Und er hielt drei Gläser Honig hoch. »Das ist Klee, das ist Luzerne, und das ist Buchweizen«, sagte er fröhlich.

»Ich hasse Honig«, brüllte ich, griff eines der Gläser und schmiß es auf den Boden. Nick trat einen schnellen Rückzug an.

Am selben Nachmittag kam er mit einem Friedensangebot. »Du hast gesagt, daß du ein Radio in der Küche haben möchtest«, sagte er und stellte ein Gerät auf die Arbeitsplatte. »Es funktioniert prima!« prahlte er. Es hatte keine Senderwahl, und aus der Rückseite ragten Kabel hervor. Die Antenne war ein Stück von einem Kleiderbügel, den er auf eine seltsame Halterung gebastelt hatte. Er steckte den Stecker ein, und der vertraute Sound von KPFA, dem lokalen linksgerichteten Sender, erfüllte die Küche. »Und was das Beste ist«, sagte er stolz, »er kriegt nur einen Sender!«

»Was ist, wenn ich Musik hören will, während ich koche?« fragte ich säuerlich.

»Das kannst du nicht«, erwiderte er. Er schien dies für einen Vorteil zu halten.

Dann kam Thanksgiving, und das Gewissen vom Channing Way machte diesen Nationalfeiertag zu seinem persönlichen Projekt. Wir planten doch nicht etwa, Truthahn zu machen, oder? Wie konnten wir so etwas auch nur im entferntesten erwägen? Truthähne waren nicht nur hoch oben in der Nahrungsmittelpyramide, sondern auch noch eines der krassesten Beispiele der vertikalen Ausrichtung der Großbauernschaft.

»Aber es ist das erste Thanksgiving für Francesco und Elena«, protestierte ich. »Wir müssen ihnen Truthahn machen!«

»Warum?« fragte Nick unschuldig. »Ich habe eine wirklich tolle Idee.«

»Deine letzte tolle Idee war das Projekt zum Recycling von Urin!«

»Das hätte auch funktioniert, wenn ich nicht Metallbehälter benutzt hätte«, sagte er. »Egal, das hier ist wirklich eine gute Idee.« Wir rollten alle mit den Augen, aber er ignorierte uns. »Weißt du, wieviel Essen die Supermärkte jeden Tag wegwerfen? Wie wäre es, wenn wir ein vegetarisches Thanksgiving-Dinner aus all den weggeworfenen Sachen machen?«

»Müll?« fragt Doug. »Du erwartest, daß wir Müll essen?«

»Rechnet nicht mit mir«, sagte Jules. Martha war auch nicht gerade begeistert. Aber wir taten uns schwer, unsere Position zu verteidigen – angesichts Nicks moralischer Geradlinigkeit schienen wir immer bourgeois zu sein. Wie konnten wir uns weigern, wenn er von uns verlangte, es nur einmal zu probieren, um zu sehen, was wir in dem Müll finden würden.

Es war wirklich außerordentlich, was alles weggeworfen

wurde! Ganze Paletten von hervorragenden Eier waren aussortiert worden, weil ein paar einen Riß hatten. Wir fanden zerrissene Tüten Mehl und eingedrückte Kartons mit Keksen. Die Bananen waren vielleicht ein wenig braun, aber man konnte wunderbares Bananenbrot daraus machen. Und die Äpfel waren gerade richtig für Apfelsoße.

Wir fingen an, täglich zu den Müllcontainern zu fahren. Ich hätte das Nick gegenüber natürlich nie zugegeben, aber die Müll-Fahrten machten Spaß. Wir kamen mit allen möglichen Dingen nach Hause, die ich normalerweise nie gekauft hätte, und ich genoß die Herausforderung, mir auszudenken, was man damit machen konnte. Innerhalb von ein paar Wochen hatte ich Dutzende von Verwendungsmöglichkeiten für weißes Brot entdeckt.

Und dann fand ich eines Tages ein Steak, nett verpackt und prima zu gebrauchen. Als ich das Päckchen hochhielt, dachte ich an Rolf im La Seine. Und dann natürlich an Mom.

»Meinst du, es wäre besser, dieses Fleisch zu verwenden oder es vergammeln zu lassen?« fragte ich Doug.

»Es kann nicht gut sein, es vergammeln zu lassen«, sagte er.

»Meinst du auch, daß wir es essen sollten?« fragte ich Nick.

»Absolut«, sagte er.

Ohne jede Diskussion veränderte die Moral des Mülls unseren Speiseplan. Schon bald brachten wir zerrissene Tüten mit Marshmallows, verbeulte Mineralwasser-Dosen und ähnlich verbotene Produkte nach Hause. Vielleicht würde Thanksgiving doch nicht so schlecht werden.

Die Trockenheit hatte die Eukalyptusbäume im Tilden Park stark geschädigt, und die Anwohner wurden aufgefordert, die toten Bäume zu Feuerholz zu verarbeiten. Am Tag vor Thanksgiving gingen Doug und Nick mit der Kettensäge in den Berg. Als sie zurückkamen, halfen wir alle, das Holz am Haus entlang aufzustapeln. Die alte Dame im Nachbarhaus schaute schweigend über den Zaun hinweg zu, und ohne ein Wort zu sagen ging Nick hinüber und stapelte auch an ihrem Haus etwas von dem Holz auf. Sie nickte ernsthaft und ging hinein. Nick schaute ihr nach. Dann folgte er ihr ganz spontan.

Wir sahen ihn an die Tür klopfen und hineingehen. Er war ziemlich lange weg. »Sie ist ziemlich taub«, sagte er, als er schließlich zurückkam. »Ich habe eine Weile gebraucht, um ihr klar zu machen, daß ich sie zu unserer Thanksgiving-Party einladen wollte.«

»Kommt sie?« fragte ich.

»Natürlich«, sagte er, »warum sollte sie nicht?«

»Ich wette, du hast ihr nicht erzählt, daß wir keinen Truthahn haben werden«, erwiderte ich, als wir uns für die letzte Müll-Fahrt in den Van drängten.

In den Geschäften standen die Leute Schlange, um an der Kasse ihre Truthähne und ihre süßen Kartoffeln zu bezahlen; draußen mußte man nicht warten. Nick entdeckte einen zehn Pfund schweren Sack mit Kartoffeln und ein Paket Butter. Ich fand Sellerie und Äpfel, Doug sogar ein paar verbeulte Dosen Preiselbeersoße.

»Schaut mal!« rief Jules und hielt ein Paket Monterey-Jack-Käse hoch. »Ich wette, daß wir sogar einen Truthahn finden werden, wenn wir um Mitternacht zurückkommen.«

Doug machte ein Feuer, als wir nach Hause kamen, und der frische Duft von Eukalyptus erfüllte das Haus. Martha ging in den Garten hinaus, um Rote Bete und Karotten auszugraben und den letzten Salat zu pflücken. Während sie das Gemüse putzte und einen Salat machte, bereitete ich den Con Quesco Reis zu.

»Es wird ein seltsames Thanksgiving sein ohne Truthahn«, sagte Martha wehmütig, als wir aßen.

»Wir werden alles andere haben«, sagte ich. »Füllung, süße Kartoffeln, Kartoffelbrei, Preiselbeersoße, Pie. Wir haben sogar Sahnezwiebeln.«

»Ich weiß«, sagte sie, »aber ohne Truthahn wird es nicht dasselbe sein.«

»Stört es dich wirklich?« fragte Nick.

»Nicht wirklich«, sagte sie. Und dann, etwas leiser: »Nun, nur ein wenig.«

Nach dem Essen machten wir Glühwein aus Knoblauch, Zimt und Orangenschalen. Jules spülte, während wir anderen anfingen, Äpfel für den Kuchen zu schälen. »Wo ist Nick?« fragte ich plötzlich.

»Oh, er ist wahrscheinlich in seinem Geschäft und erfindet eine effizientere Gabel«, sagte Martha, und wir lachten alle.

Es war schön bei uns. Die Küche war voller Freunde, und es kamen ständig noch mehr Leute dazu. Die Luft war schwer von dem gewürzten Duft des Weins und lebendig voller Cajun-Musik. Doug legte seine Arme um mich. »Bist du nicht auch glücklich, daß wir nach Kalifornien gegangen sind?« flüsterte er.

Als er das sagte, dachte ich an meine Eltern. Mein armer Vater, allein mit Mom. Sie war depressiv, und das Haus würde furchtbar still sein. Ob sie überhaupt etwas kochte? »Ich hätte sie einladen sollen, herzukommen«, seufzte ich.

Als ich das sagte, drang ein Schwung kalter Luft in die Küche. Nick kam herein mit einer großen Schachtel auf dem Arm. Er stellte sie auf den Fußboden, kniete sich hin und zog ein verbeultes Bündel, das in zerrissenes Plastik eingewickelt war, heraus. Er reichte es Martha und sagte triumphierend: »Truthahn!«

Wir starrten alle auf den Vogel. Es waren in dem Augenblick zwölf Menschen in der Küche, und jeder war geistesgegenwärtig genug, Nick nicht zu fragen, wo er ihn herbekommen hatte.

15
The Swallow

»Wenn alles, was du tust, Kochen ist, dann solltest du dir einen Job in einem Restaurant suchen. Dann würdest du wenigstens etwas Geld verdienen.«

Mom thronte auf der schiefen Bank, die Doug aus ein paar alten Stücken Sperrholz zusammengehämmert hatte, und aß Himbeeren von den Büschen, die unseren Rasen zu überwuchern drohten. An der Leine über ihrem Kopf flatterte Wäsche. Mein Vater, in einem der wackeligen Plastiksessel ausgestreckt, die Nick vom Müll gerettet hatte, schnarchte sanft unter seiner Zeitung, die sein Gesicht vor der kalifornischen Sonne schützte.

Meine Mutter starrte kritisch auf den unaufgeräumten Hof, dann ließ sie ihren entsetzten Blick über die Einfahrt gleiten, die voller Gefährte in unterschiedlichen Stadien der Instandsetzung war. Ich hatte mir eine Million Gründe ausgedacht, um die Besuche meiner Eltern jedesmal abzuwenden, aber wenn meine Mutter gut drauf war, dann kamen sie einfach vorbei. Ich fürchtete die Besuche.

»Ihr habt keine Privatsphäre!« meckerte meine Mutter.

»Privatsphäre«, erwiderte ich, »wird völlig überbewertet.«

»Das ist doch kein normales Leben«, sagte sie. »Du arbeitest nicht. Du lebst in dieser Menagerie, und das einzige, was du machst, ist, für Leute zu kochen, die das gar nicht zu schätzen wissen. Hast du denn keinen Ehrgeiz?«

»Nein«, antwortete ich stolz, »das habe ich nicht.« Und ich hielt ihr den üblichen Berkeley-Vortrag darüber, daß gerade der Ehrgeiz Amerikas Problem war. Ich sagte ihnen, daß ich versuchte, nicht mehr als meinen Teil der Ressourcen der Welt zu verbrauchen, und sprach davon, mit leichtem Schritt über die Erde gehen zu wollen. Ich hatte mir die Haare geschnitten, Birkenstock-Schuhe gekauft und trug nichts anderes als Latzhosen, die ich im Billigladen bekommen hatte. Meine Kontaktlinsen (zu künstlich) hatte ich gegen eine Drahtbrille eingetauscht. »Du siehst aus wie eine New-Age-Nonne«, sagte mein Vater.

»Du tust ja überhaupt nichts«, sagte Mom vorwurfsvoll. »Immer nur kochen. Das ist doch keine Art zu leben.«

»Ja genau«, sagte ich sarkastisch, »damit kann man natürlich bei seinen New Yorker Freundinnen nicht gut angeben.«

Sie ignorierte mich. »Ich kann einfach nicht mit ansehen, wie du dein Talent verschleuderst. Würdest du nicht gern nach Frankreich gehen und Kochunterricht nehmen? Dad und ich werden es bezahlen. Du kannst dein Französisch aufpolieren.«

»Das hat man im Handgelenk«, neckte ich sie. Ich wußte, daß sie mich soeben in Audrey Hepburn verwandelt hatte. Sie stellte sich vor, daß ich in besseren Kleidern und besserer Haltung nach Hause kommen würde. Vielleicht sogar mit einem Pudel.

So ermutigt, machte Mom einen Vorstoß. »Wenn du nach Paris gehst«, sagte sie, »dann hat es doch keinen Sinn, die Zeit mit Kochen zu verschwenden. Warum gehst du nicht auf die Sorbonne?«

Es war definitiv Zeit, das Thema zu wechseln. »Ich habe tatsächlich darüber nachgedacht, mir einen Job zu suchen«, sagte ich. »Es gibt hier ein Restaurant in Berkeley, in dem ich gern arbeiten würde. Es ist ein wirklich gutes Restaurant, Mom. Es heißt The Swallow.«

Es war lange still, und dann sagte meine Mutter mit sehr leiser Stimme: »Nun, wenigstens wird dich das aus diesem Haus herausbringen.«

Schweinefleisch-Tomaten-Eintopf à la The Swallow

Für 6 Personen

1/4 Tasse Pflanzenöl
8 große Knoblauchzehen, gepellt
1 Kilo mageres Schweinefleisch, in Würfel geschnitten
Salz
Pfeffer
1 Flasche dunkles Bier
0,3 l Orangensaft
500 g Cocktailtomaten, geviertelt
500 g italienische Tomaten, gepellt und gehackt
1 große Zwiebel, grobgeschnitten
1 Bund Koriander, gehackt
2 Jalapeños, gehackt
1 Dose schwarze Bohnen
Saft von einer Limone
1 Tasse Sauerrahm

Erhitzen Sie das Öl in einem großen Topf. Fügen Sie die Knoblauchzehen hinzu. Dann das Schweinefleisch in Würfeln, aber nicht zu viele auf einmal, so daß sie auf allen Seiten gebräunt werden können. Nehmen Sie das Fleisch heraus, wenn es braun wird, und würzen Sie es mit Salz und Pfeffer.

Geben Sie das Bier und den Orangensaft in einen anderen Topf. Fügen Sie die Cocktailtomaten und die Tomaten hinzu, bringen Sie alles zum Kochen und kochen Sie es ungefähr 20 Minuten bei schwacher Hitze, bis die Tomaten weich sind. Stellen Sie den Topf beiseite.

Wenn alles Schweinefleisch gebräunt ist, schütten Sie bis auf einen Eßlöffel alles Öl aus dem Topf. Braten Sie darin die grobgehackten Zwiebeln ungefähr 8 Minuten, bis sie weich sind. Kratzen Sie beim Umrühren dabei die Fleischreste auf. Geben

Sie den gehackten Koriander dazu und schmecken Sie mit Salz und Pfeffer ab.

Legen Sie das Schweinefleisch in den Topf zurück. Fügen Sie die Tomatenmischung hinzu und dann die gehackten Jalapeños. Bringen Sie das Ganze zum Kochen, drehen Sie die Hitze herunter und lassen Sie es halb bedeckt ungefähr zwei Stunden lang kochen.

Schmecken Sie noch einmal ab. Fügen Sie die schwarzen Bohnen hinzu und lassen Sie alles weitere 10 Minuten lang kochen.

Rühren Sie den Limonensaft mit dem Sauerrahm zusammen.

Servieren Sie den Eintopf mit Reis und mit der Sauerrahmmischung als Zutat.

Im The Swallow war jeder Arbeiter gleichzeitig Manager, und jeder Manager hatte eine Meinung. Das Restaurant war ein Kollektiv, und es war der Gruppe unmöglich, sich über irgend etwas zu einigen. Und jetzt stritten sie über mich.

»Sie klingt wie eine Primadonna«, sagte eine große Frau mit kurzem blonden Haar. »Warum sollten wir sie bitten, ins Kollektiv zu kommen?« Sie sandte mir einen feindseligen Blick, strich ihren langen Jeansrock glatt und setzte sich wieder hin.

»Das sagt ja gerade die Richtige«, sagte ein lebendiger dünner Mann, der mit solchem Schwung von seinem Stuhl aufsprang, daß seine wilden blonden Locken wie verrückt hüpften. Er nahm seine Drahtbrille ab und sagte mit großer Leidenschaft: »Du bist so reich, daß du nicht einmal deinen monatlichen Scheck einlöst.«

»Nun«, sagte Helen, »wenigstens mache ich nicht sechzig Liter indonesische Fischklößchensuppe, die so furchtbar stinkt, daß wir fast unseren Pachtvertrag verlieren!«

Eine andere Frau erhob sich. Sie war klein und untersetzt und sprach unzweifelhaft mit französischem Akzent: »Du machst überhaupt nichts«, sagte sie schnaubend. »Peter versucht es wenigstens. Du stehst bloß vorne am Tresen herum und spielst die große Dame!«

»Und wer hat gestern abend den Fußboden gewischt?« fragte Helen mit funkelnden Augen.

»Hört mal«, sagte ein Mann mit dickem schwarzen Haar und riesigem Brustkorb. Er war groß und hatte eine eingedrückte Nase, die ihn mehr wie einen Boxer als einen Küchenchef aussehen ließ. »Wenn ihr über die Schicht am Mittwochabend diskutieren wollt, dann könnt ihr das meinetwegen tun, aber macht es ein andermal. Ich muß in weniger als einer Stunde im Cody's sein und meine Gedichte vorlesen.« Er fiel zurück in seinen Stuhl. Die beiden Frauen setzten sich ebenfalls wieder hin.

Dann schob eine pummelige, hübsche Frau in einem tief ausgeschnittenen bedruckten Kleid ihren Stuhl zurück und zeigte vorwurfsvoll auf mich. Sie hatte rötliches Haar und trug eine erstaunliche Menge Make-up. »Helen hat recht«, sagte sie. »Wir brauchen nicht noch mehr solche wie sie. Denkt nur mal an gestern.« Sie faltete ihre Hände geziert vor sich und sprach mit hoher, affektierter Stimme weiter. »Judith hat drei Stunden für die Quiche gebraucht, nur weil sie einfach perfekt sein mußte. Antoinette kreierte ein Roast Beef und einen Orangensalat, und Bob beschloß plötzlich, eine neue Suppe zu kochen. Linda und ich konnten keinen von ihnen dazu bringen, uns im Mittagsgeschäft zu helfen. Im Gegenteil, Rudy machte die Kasse, und ihr wißt ja, daß er nicht rechnen kann.« Chrissy brach in Tränen aus. »Ich bin die Akademiker und die Bullshits alle so leid. Können wir nicht bitte, bitte mal jemand Normales in dieses Kollektiv holen?«

»Da seht ihr's!« sagte Helen und ging um den Tisch herum, um Chrissy in den Arm zu nehmen. Sie schaute über die Schulter zu mir herüber. »Oh, warum gehst du nicht ins Chez Panisse?«

Nach Helens kleiner Rede sah es nicht so aus, als ob die Mannschaft mir auch nur eine Probezeit anbieten würde. Die Mitglieder verhielten sich ablehnend, weil ich aus New York kam (zu aggressiv) und verheiratet war (in Berkeley höchst suspekt). Mein Universitätsabschluß machte es noch schlimmer, denn es gab zwar viele nicht praktizierende Doktoren und Juristen in der Gruppe, aber sie wurden nicht gerade als die besten Arbeiter angesehen.

Während Helen und Chrissy darüber sprachen, wie sehr sie mich ablehnten, schaute ich mich im Zimmer um und fragte mich, wie ich zu einem solchen Feindbild werden konnte. Ich wollte verzweifelt gern zu dieser seltsamen Gruppe gehören. Plötzlich hatte ich eine Idee. »Ich werde einen Monat arbeiten, und wenn ihr mich nicht im Kollektiv haben wollt, dann müßt ihr mich nicht zahlen«, sagte ich. »Ihr habt nichts zu verlieren.«

»Auf keinen Fall«, sagte Chrissy, »sie muß reich sein. Wer wollte sonst wohl für umsonst arbeiten? Wir brauchen nicht noch mehr reiche Leute.«

»Ich bin nicht reich«, beharrte ich. »Ich lebe sehr billig. Voriges Jahr habe ich weniger als fünfzehnhundert Dollar verbraucht. Wir sind zu acht in unserem Haus, und wir erzeugen das meiste selbst.«

»Du lebst in einer Kommune?« fragte Chrissy. »Das ist etwas anderes.«

»Eine Kommune?« fragte Michael. »Warum hast du das nicht gleich gesagt? Ich muß in zwanzig Minuten im Cody's sein. Können wir abstimmen?«

Ich liebte die Arbeit im Restaurant mit einer Hingabe, die mich überraschte. Es gab keine Hierarchie: Jeder machte alles, vom Kochen bis hin zum Reinigen des Fußbodens, und es gab keine Arbeit, die ich nicht mochte. Ich hob zwanzig Kilo schwere Mehlsäcke vom Lieferwagen und verbrannte mir die Hände, wenn ich heiße Teller aus der Spülmaschine räumte. Ich liebte die Stille der sauberen Küche am frühen Morgen und die lärmende Lebendigkeit der Mittagshetze. Aber am meisten mochte ich, daß mich die Arbeit in dem Restaurant mit jeder

Faser meines Lebens betraf. Wenn ich im Restaurant war, fühlte ich mich geerdet, ich war voll und ganz da. Während meine Muskeln von der harten Arbeit schmerzten, versuchte mein Kopf, Probleme vorauszusehen. Wenn meine Schicht vorbei war, war ich oft so müde, daß ich nicht die sechs Querstraßen nach Hause laufen konnte. Am ersten Tag mußte ich Doug anrufen und ihn bitten, mich abzuholen. »Ich hoffe, sie werden mich mitmachen lassen«, sagte ich voller Inbrunst, als er mich nach Hause fuhr.

Ich begann, die anderen Mitglieder zu studieren, um herauszufinden, wie ich sie überreden könnte, für mich zu stimmen. Chrissy und Linda waren am einfachsten. Sie waren das Rückgrat des Restaurants, junge Frauen aus der Arbeiterklasse, die ihren Job machten und wollten, daß man auch seinen tat. Sie flirteten mit den Jungs vom College und gaben ihnen umsonst Stücke von unserer reichhaltigen Quiche. Sie machten die Eiersalat-Walnuß-Sandwiches mit so viel Füllung, daß die Typen sie gar nicht in den Mund bekamen, und schoben ihnen zusätzliche Brownies zu. Bei der Abendschicht drehten sie das Radio laut auf, während sie putzten. Alles, was ich tun mußte, war, anzubieten, daß ich spät arbeiten würde, damit sie tanzen gehen konnten. »Cool«, sagten sie und fingen an, nett zu mir zu sein.

Auch Peter und Michael waren einfach: Sie brauchten Hilfe beim Kochen der Suppe. Es gab ein bißchen Konkurrenz beim Suppentopf, und Stammkunden fragten immer, wer die Suppe gemacht habe, bevor sie bestellten. Michaels Suppen waren immer genau nach den Rezepten, die wir in unserer Sammlung hatten. Ich gab ihm ein paar Tips beim Würzen, und seine Suppen wurden entschieden besser. Seine Freude darüber war rührend. Peter hingegen konnte der Versuchung, exotische Gebräue auszuprobieren, nicht widerstehen. »Ich hätte dir sagen könne, daß indonesische Fischklößchensuppe schiefgehen würde«, sagte ich. »Von jetzt an sprechen wir die Sache erst mal durch, bevor du anfängst.«

Die Köche hingegen würden ganz klar ein Problem sein.

Antoinette, eine talentierte Französin, fand meinen Kochstil viel zu gewöhnlich, um das Restaurant zu verbessern. Sie scherte sich niemals um Kosten und brachte aus ihrer Hausfleischerei Knochen für den Fond der Zwiebelsuppe mit und bestand darauf, daß wir alles Brot immer selbst backten, auch wenn das teurer war. Einmal verwendete sie literweise Sahne, um eine so außergewöhnliche Shrimp Bisque zu machen, daß die Leute noch Jahre später voller Hoffnung fragten: »Shrimp Bisque?«

Judith, die Frau eines Professors, war auch nicht von mir beeindruckt. Sie war die Geheimwaffe von The Swallow, eine Frau, die jeden Sommer nach Europa ging, um bei bekannten Küchenchefs Kochunterricht zu nehmen. Sie kehrte dann mit getrocknetem Seebarbenrogen aus Sizilien und Safran aus Spanien zurück. Aus ihrem Sommeraufenthalt in Italien brachte sie echten Balsamicoessig aus Modena mit, und die berühmten Salate in The Swallow wurden noch etwas berühmter. Gegen Ende meines Probemonats kam ich in die Küche, als Judith gerade das Schweinefleisch- und Tomatenchili probierte. »Du hast Dosenbohnen genommen!« sagte sie und verzog das Gesicht. »Was kann man schon von jemandem erwarten, der in einer Kommune wohnt?«

Bob, der andere Maestro, meinte, ich sei nicht temperamentvoll genug, um eine gute Köchin zu sein. Er war äußerst talentiert, aber er kochte nur aus Verzweiflung oder Enttäuschung. Jedesmal, wenn er mit seiner Freundin Schluß gemacht hatte, stürzte er sich in seinem Kummer in die Kreation eines Meisterstücks. Glücklicherweise handelte es sich um eine sehr stürmische Beziehung, doch sogar an einem ruhigen Tag war er imstande, etwas derart Spektakuläres wie die mit Erdnußbutter gefüllten Chilies, die er für einen Catering-Auftrag erfand, zu kreieren. Als ich ihm erzählte, daß ich sie traumhaft fand, winkte er abwehrend und sagte: »Du willst mich nur dazu bringen, für dich zu stimmen.«

Sie schickten mich aus dem Zimmer, während sie abstimmten. Ich wartete zehn Minuten, fünfzehn Minuten, zwanzig. Wie lange konnte denn eine einfache Abstimmung dauern? Nach einer halben Stunde hielt ich es nicht mehr aus und ging wieder hinein. Niemand schaute auch nur auf: Sie stritten über die Anfrage einer Zeitschrift nach einem Rezept.

»Das ist eine elitäre Publikation!« rief Michael »Wir können doch kein Rezept da hinschicken.«

»Wir sollten uns geehrt fühlen, weil wir darum gebeten worden sind«, sagte Antoinette.

»Das wird gute Werbung sein«, stimmte Judith zu.

War ich ins Kollektiv aufgenommen worden? Keiner sagte etwas, und so setzte ich mich einfach hin.

»Werbung ist kein Argument«, sagte Peter. »Wollen wir wirklich die bürgerliche Presse unterstützen?«

»Ja«, sagte Judith. »Wir könnten mehr Gäste gebrauchen.«

»Hör auf!« sagte Linda. »Wir haben das Restaurant ja jetzt schon kaum noch im Griff.«

»Genau«, fügte Chrissy drohend hinzu, »und wer wird es abtippen? Das wird ja wohl nicht jemand in meiner Schicht sein!«

»Bin ich aufgenommen?« fragte ich. »Wenn ja, dann tippe ich es in meiner Freizeit.«

»Natürlich bist du drin«, sagte Antoinette ungeduldig. »Aber mach dir keine Mühe mit dem Rezept. Ich habe es schon eingeschickt.«

Michael und Peter stöhnten.

Ich war sehr stolz darauf, ein vollwertiges Mitglied von The Swallow zu sein. Am liebsten mochte ich die Schicht am Samstagmorgen. Nach ein paar Monaten arbeiteten wir wie eine gut geölte Maschine zusammen. Ich liebte das Tempo und den Druck, das Gefühl, daß wir mit allerhöchster Effizienz arbeiteten. Jeder Woche versuchten wir, mehr Essen in weniger Zeit zu produzieren, indem wir zum Beispiel eine zusätzlichen Pie oder noch einen Reissalat machten. Wir waren doppelt so produktiv wie die meisten anderen Schichten, und das spornte an. Es machte auch müde. Mittags, wenn ich Pause hatte, hatte ich kaum mehr die Kraft, ein Stück Quiche zu nehmen und mich in den Garten zu setzen.

Eines Samstags saß ich dort an eine große Bronzeskulptur gelehnt auf dem Boden und trank Limonade. Mein unberührter Teller mit der Quiche stand neben mir.

»Wollen Sie das nicht essen?« fragte eine Stimme. Eine übergewichtige Frau in mittlerem Alter stand über mir und sah sehnsüchtig auf den weißen Porzellanteller.

»Sie können es haben«, sagte ich, »ich bin zu müde, um zu essen.« Ihre Hand schoß vor, als hätte sie Angst, ich könnte meine Meinung ändern. Sie stellte den mit Zeitungen vollgestopften Strohkorb, den sie bei sich trug, hin, sortierte ihre vielen Röcke und setzte sich neben mich. Sie nahm einen Bissen.

»Sie machen die beste Quiche in dem Laden«, sagte sie. Sie brachte ihr gerötetes Gesicht ein wenig zu nah an meines heran, so daß ich die Linien um ihre hellblauen Augen sehen konnte und das graue Haar, das unter dem Schal, der es bedeckte, hervorschaute.

»Danke«, erwiderte ich in der Hoffnung, daß sie ein wenig abrücken würde.

»Ich bin Rachel Rubenstein«, sagte sie und kam noch ein wenig näher. »Ich schreibe meine Abschlußarbeit über Film.«

»Hmm«, erwiderte ich so unbestimmt, wie ich nur konnte. Ich rückte ab und hoffte, daß, wenn ich nichts sagte, sie gehen würde. Ich hatte schon von Rachel gehört, die ihre ganze Zeit in dem Filmarchiv nebenan zu verbringen schien und den Regisseuren, die zu besonderen Aufnahmen kamen, die unmöglichsten Fragen stellte. Sie ging in irgendwelche geheimnisvollen Filme, die niemanden sonst zu interessieren schienen, und verschwand zwischen den Vorführungen, um Kaffee und Sandwiches zu sich zu nehmen.

»Ich habe nie aufs College gehen können«, palaverte sie weiter. »Ich habe zu früh Kinder bekommen. Machen Sie diesen Fehler bloß nicht.«

Ich schüttelte den Kopf und sagte nichts.

»Wie alt sind Sie?« fragte sie.

»Sechsundzwanzig«, sagte ich. »Verdammt!« Nun hatte sie mich.

»Wie bitte?« sagte sie.

»Nichts«, erwiderte ich. Und dann erzählte sie mir von dem

undankbaren Sohn, der niemals kam, um sie zu besuchen, und von ihren Katzen und warum sie so gern ins Kino ging.

Von dem Tag an war sie mein Gast, in der Art, wie die gutaussehenden Jungs Chrissy und Linda gehörten. Das war nicht besonders fair, aber ich wußte nicht, wie ich sie wieder loswerden sollte.

Rachel beobachtete das Kollektiv. Sie tat das ganz offen, indem sie den Tisch in der Ecke nahm und ihr gegenwärtiges Opfer anstarrte, wie eine Katze eine Maus anstarrt. Später erzählte sie mir dann, was sie dachte.

»Diesen Typ kenne ich«, sagte sie und zeigte mit einem abgebrochenen Fingernagel auf Helen. »Leute wie sie wissen gar nicht, was Schmerz ist. Ihr ist alles auf dem Silbertablett serviert worden. Wird sie von ihrem Mann unterhalten?«

Chrissy und Linda nannte sie »die Arbeiter« und respektierte sie, obwohl diese sie mit Verachtung behandelten. Sie bedienten sie ausreichend freundlich, aber wenn sie sie in ein Gespräch verwickeln wollte, dann weigerten sie sich zu antworten. Ich wünschte, ich hätte auch so grob sein können.

Michael war »dieses große Tier«. Von ihm ließ sie sich nicht bedienen. »Er nennt sich Marxist und Dichter«, sagte sie verächtlich, »aber ich habe mal eine Lesung von ihm gehört. Völliger Mist.« Peter mochte sie leiden, denn er war nett, und seine diplomatische Art gefiel ihr. Sie änderte ihre Meinung jedoch abrupt, nachdem sie ihn im Kino mit einem großen Mädchen mit blonden Haaren gesehen hatte. »Ich hätte nie gedacht, daß er ein Mann ist, der auf eine Schickse reinfällt«, sagte sie naserümpfend.

Auch mit den Leuten, die das Archiv betrieben, hatte sie ihre Schwierigkeiten, vor allem nachdem sie einem avantgardistischen jugoslawischen Regisseur in der Diskussion nach einer Filmvorführung gesagt hatte, daß er ein »untalentierter Faschist« sei. Sie war so überdreht, daß wir sie durch die geschlossenen Türen des Kinos schwadronieren hörten.

Sie kreischte immer noch, als Steve, der gutmütige Ticketverkäufer, sie rauswarf. »Du ordinärer Faschist«, brüllte sie und schüttelte ihre Faust, als sie das Kino verließ. Ich hielt die Luft an und hoffte, daß sie am Restaurant vorbeigehen und verschwinden würde. Aber nein, sie kam herein. Ich lief in den Konditorraum, in der Hoffnung, daß sie mich nicht gesehen hatte.

Sogar von dort hinten konnte ich ihre Stimme dröhnen hören. »Ich muß sofort einen Kaffee haben!« rief sie. Dann verlangte sie nach Shortbread. »Das ist zu klein«, bollerte sie, »gib mir ein größeres Stück.«

Peters Antwort konnte ich nicht verstehen, aber sie war offenbar nicht befriedigend. Dann gab es ein Krachen und ein hörbares Erstaunen der gesamten Gruppe. Und dann rief Peter: »Raus, raus, raus«, mit sich überschlagender Stimme.

Ich konnte mich nicht beherrschen, ich mußte herausfinden, was da vor sich ging. Ich ging ins Restaurant und sah Rachel, wie sie Shortbread-Stücke durch den Raum warf. »Mieser Faschist, mieser Faschist, mieser Faschist«, schrie sie jedesmal, wenn sie Peter ein weiteres helles Viereck ins Gesicht warf.

»Mach doch etwas«, brüllte Peter, als er mich sah. Ich lief hinüber und legte meine Arme um Rachel. Sie roch elektrisch, so als wäre sie ein Toaster, der einen Kurzschluß hatte. Als ich sie berührte, ließ sie die Arme hängen und begann zu weinen. »Sie haben mich dazu gebracht«, sagte sie.

»Wer?« fragte ich.

»Sie«, sagte sie, »die die Platten in meinem Kopf installiert haben.«

»Schsch«, beruhigte ich sie. Ich führte sie in den Garten hinaus und setzte sie auf eine Bank. »Schsch«, sagte ich wieder und streichelte ihren dicken, fetten Arm, »es ist schon gut.«

»Du wirst eines Tages auch merken, wie das ist«, sagte sie und preßte ihre schwabbelige Wange an meine. »Du wirst auch noch merken, wie es ist, wenn sie Platten in deinen Kopf tun und dich total unter Kontrolle haben.«

»Schsch«, sagte ich so beruhigend, wie ich konnte.

»Du wirst es schon merken, wenn du dran bist«, sagte sie wieder. Ich sagte nichts, und so fixierte sie mich mit ihren wahnsinnigen blauen Augen und zischte: »Es wird auch dir passieren.«

Ich schaute sie an und bekam es plötzlich mit der Angst. Ich versuchte wegzusehen, aber ihr Gesicht war an meines gedrückt, die Zähne zusammengebissen. Ich war dankbar, als Antoinette in ihrer roten Schürze herauskam und, als wäre es ein normaler Tag, sagte: »Ruth, könntest du bitte reinkommen? Die Leute kommen aus dem Kino.«

»Ich wollte sowieso gerade gehen«, sagte Rachel und raffte würdevoll ihre Röcke. »Ich könnte es nicht ertragen, das jugoslawische Schwein noch einmal zu sehen.« Sie stand auf und schaute mich vielsagend an. »Denk an das, was ich dir gesagt habe«, sagte sie und walzte davon. Als ich ins Restaurant zurückging, konnte ich spüren, wie ihre Schritte den Boden vibrieren ließen.

Am nächsten Abend beriefen wir eine Notfallsitzung über Rachel Rubenstein ein. Wir nahmen unsere Plätze um den großen Eichentisch ein, und Antoinette verteilte Stücke von einem Schokolade-Kürbis-Kuchen. »Probiert den mal«, forderte sie uns auf, »den sollten wir jeden Tag backen.«

»Antoinette!« sagte Linda und stampfte mit dem Fuß auf. »Wir sind nicht hier, um Kuchen zu essen. Wir sind hier, um zu entscheiden, was wir mit dieser verrückten Person machen.«

»Bitte«, sagte Antoinette mit starkem französischem Akzent. »Probieren tut nicht weh. Wir könnten jeden Tag sechzig Dollar mehr verdienen.«

»Er ist köstlich!« sagte Judith.

»Judith!« sagte Linda.

Judith hielt die Hände hoch. »Okay, okay, laßt uns über Rachel reden«, stimmte sie zu. »Aber wir könnten das Geld gebrauchen. Wir haben uns fast ein Jahr lang keine Gehaltserhöhung gegeben.«

»Sie sollte Hausverbot bekommen«, sagte Chrissy schlicht. »Das ist recht einfach. Sie vergrault uns die Gäste, und die einzige hier, die sie mag, ist Ruth.«

»Ich mag sie nicht«, sagte ich, »sie tut mir leid. Ich wünschte, ich wäre ihr nie begegnet. Aber was sollen wir tun, ein Schild aufstellen, auf dem steht: ›Kein Zutritt für Rachel Rubinstein‹?«

»In das Archiv läßt man sie auch nicht mehr hinein«, sagte Chrissy. »Sie hat also keinen Grund, hierzusein.«

Michael stand auf. Er war außer sich. »Ich höre wohl nicht richtig, Leute«, sagte er. »Was ist das hier, ein Polizeistaat? Reden wir allen Ernstes davon, jemandem Hausverbot zu erteilen?«

»Ich glaube nicht, daß du mit ihr reden würdest«, bemerkte ich.

»He, ich kann die durchgedrehte alte Schachtel auch nicht ab«, sagte er, »aber ich unterstütze ihr Recht, zu essen, wo sie will, und zu sagen, was sie will. Auch wenn ich es nicht mag.«

»Du würdest sicher nicht mögen, was sie über deine Gedichte sagt«, erwiderte ich. Das machte ihm nichts aus.

»Wenigstens ist sie zu einer Lesung gekommen«, sagte er, »was schon viel mehr ist, als einer von euch je geschafft hat.«

Judith stand auf. »Können wir bitte beim Thema bleiben«, bat sie.

Es war eine typische Swallow-Versammlung: Jeder hatte eine Meinung, niemand hatte eine Lösung. Wir redeten stundenlang, aber wir taten nichts. Die einzige Entscheidung, die wir trafen, war, Antoinettes neuen Schokolade-Kürbis-Kuchen in unser Repertoire aufzunehmen.

Rachel fing an, jeden Tag zu kommen, an ihrem Tisch in der Ecke zu sitzen und mir mit ihrem Blick zu folgen. Sie ließ sich von niemand anders bedienen, sie sagte, sie habe Angst, vergiftet zu werden. Dann saß sie den ganzen Nachmittag da, pickte langsam an einem Stück Quiche herum und aß es in unglaublich kleinen Bissen, damit es lange vorhielt. Manchmal, wenn ich das Geschirr spülte, spürte ich ihren Blick auf mir, bis ich mich endlich herumdrehte, dann stand sie in der Küchentür und starrte immer noch.

Die Sache wurde immer seltsamer. Rachel Rubenstein war überall. Wenn ich ins Hauptmagazin der Bibliothek in Berkeley ging, war sie schon da und wartete auf mich. Wenn ich zum Markt in Monterey fuhr, war sie auch schon da und drückte sich bei den Pfirsichen herum. Ich arbeitete in unterschiedlichen Schichten im Restaurant, um sie loszuwerden, aber sie fand mich immer, egal, wann ich arbeitete.

»Warte nur ab«, sagte sie jedesmal geheimnisvoll, »die Stimmen werden auch zu dir kommen.« Es war furchterregend.

Ich gab die meisten Schichten im Restaurant auf und ersetzte sie durch Catering. The Swallow betrieb ein schwungvolles Geschäft auf privaten Partys, und ich spezialisierte mich auf Hochzeitstorten. Die Zeiten waren unregelmäßig, und Rachel Rubenstein wußte nie, wo sie mich finden würde. Doch eines Abends, als ich die letzte Lage eines Kuchens aus dem Ofen nahm, tauchte sie plötzlich auf. Sie stand draußen und klopfte an das große Panoramafenster. Ich blieb in der Küche und tat so, als würde ich nichts hören, aber das Klopfen wurde immer lauter.

Schließlich ging Michael hin, um zu fragen, was los sei. Er öffnete die Tür, und ich hörte die Stimmen murmeln. Dann kam er in die Küche.

»Rachel sagt, sie geht nicht weg, bevor du mit ihr geredet hast«, sagte er.

»Laß sie nicht herein!« sagte ich. »Bitte!«

»Also, dann geh wenigstens hin und rede mit ihr«, sagte er. »Ich komme mit.« Wir beide gingen zu Tür und öffneten sie einen Spalt.

Es war eine klare Nacht. Vollmond. Rachel stand stolz im Garten. Als ich die Tür öffnete, schob sie ihr Gesicht sofort vor den Spalt und sagte: »Du kannst nicht vor mir weglaufen. Wir sind dieselbe Person. Ich bin du, und du bist ich.« Und dann drehte sie sich um und ging weg.

»Mann, ganz schön gruselig«, sagte Michael.

»Allerdings«, sagte ich. »Was meinst du, was ich tun sollte?«

Michael schaute mich lange an und trat von einem Fuß auf den anderen, als würde er mit sich selbst kämpfen. Seine Hände verkrampften sich vor Erregung. Er hatte jetzt dann doch begriffen, daß sie gefährlich sein konnte. Und er haßte die Konsequenzen, die das hatte.

»Nun«, sagte er langsam. »Vielleicht solltest du dir einfach einen neuen Job suchen.«

16
Noch eine Party

Im Sommer 1977 wurde die Stadt New York durch den schlimmsten Stromausfall in der Geschichte des Landes in völlige Dunkelheit geworfen.

Tante Birdie wurde hundert.

Und Doug hatte seinen ersten großen Durchbruch.

Er wurde zum Artpark eingeladen, einer ehemaligen Müllhalde in der Nähe von Buffalo, die jetzt in ein Freilichtmuseum verwandelt worden war. Das war eine große Ehre: Jedes Jahr wurde eine Handvoll Künstler gebeten, dort zeitgenössische Werke zu schaffen. Um das Publikum bei Laune zu halten, gab es dort auch ein Theater, eine Oper und Läden mit Handwerkskunst jeder Art, von Töpfern bis Kochen. Als Ehefrau war auch ich nachträglich noch eingeladen worden – ich wurde Küchenchefin.

Während ich mich durch die schlecht ausgestattete Küche wühlte, begutachtete Doug den Park, um den perfekten Platz für seine Skulptur auszusuchen. Als ich rostige Töpfe und Pfannen spülte, wählte er den steilen Pfad aus, der sich an der Schlucht zum Fluß hinunterwand. Ich schrieb Rezepte und streifte über Märkte, während er einen hölzernen Bogen konstruierte, der sich mit Grazie zum Niagara hinunterbeugte. Es war ein wunderschönes Stück. Und raffiniert: Doug bespannte den Bogen mit Saiten, die den Wind auffangen sollten, um so Musik aus der Luft zu pflücken. Man hörte den Klang schon bevor man die Skulptur sah. Es war magisch, als würde einem der Wind ins Ohr flüstern und einen an den Fluß hinunterziehen.

Meine Kochstunden begannen, als Doug die erste Skulptur beendet hatte und an einem Gegenstück dazu arbeitete, einer Reihe von Pfeifen, die er einfach in die Erde steckte. Wenn der Wind stark genug war, konnte ich die Pfeifen fröhlich tuten hören, sogar bis in die Küche. Das war ein schöner Kontrapunkt zum ätherischen Klang der Saiten, und Dougs musikalischer Pfad wurde zum beliebtesten Teil im Artpark.

»Skulpteur findet das Lied im Wind«, schrieb der *Courier Express* in Buffalo begeistert. Die Windharfe war solch ein Erfolg, daß plötzlich Galeristen, die Dougs Dias vorher nicht einmal angeschaut hatten, anfingen, ihn anzuflehen, daß er zu ihnen nach New York kommen möge.

»Und was machen Sie, meine Liebe?« pflegten die Typen in den Galerien höflich zu fragen, während sie meinen Ehemann umwarben. Handwerkskunst zählte nicht viel in der Hackordnung des Artpark. Ich fing an zu schmollen. Ich haßte mich selbst dafür, aber je mehr Aufmerksamkeit Doug bekam, desto schlechter wurde meine Laune. Ich konnte nichts dagegen machen. Bis eines Tages eine Reporterin vom *Courier Express*, kam, um über mich zu schreiben.

Es muß an diesem Tag nicht viele Neuigkeiten gegeben haben, denn sie brachten die Story auf der Titelseite. »Zigeunerin von Adel ist die Küchenchefin für Artpark-Besucher« lautete die Headline. »Sie sieht aus wie eine wunderschöne exotische Zigeunerin«, fing die Reporterin an, »wenn ihr schwarzes Haar im Wind weht.« Ich las das immer und immer wieder und liebte das Wort »wunderschön« im Zusammenhang mit meiner Person. Ich starrte in den Spiegel. Doch die Reporterin hatte bei allem stark übertrieben. Sie sprach von meinen »starken Armen, die daran gewöhnt sind, Brot und Teig zu kneten« und erwähnte, daß Doug und ich zwar im Van campten, daß ich aber von anderer Herkunft sei. Mein »akzentfreies Französisch«, sagte sie, hätte ich mir erworben, weil mein Vater Diplomat sei. Nun, ich konnte das verstehen – warum sollte man sich eine gute Story von der Wirklichkeit verderben lassen?

Die Reporterin schrieb, mein Essen wäre superb, und ich würde die besten Brownies backen, die sie je gegessen habe. Sie behauptete, die Leute würde um meine Rezepte betteln. Auch diesen Teil hatte sie sich ausgedacht, aber jetzt wurde er wahr: Die Leute strömten herein, um meine Vorführungen anzusehen. Ich war in meinem Element: Im Umgang mit The Superstar hatte ich gelernt, wie man Kochen unterrichtete, und nun ging es mir wunderbar.

Oder besser gesagt, es wäre mir wunderbar gegangen, wenn meine Eltern nicht gewesen wären. Jetzt war ich an der Ostküste, nicht mehr durch die große Landmasse der Vereinigten Staaten vor ihr geschützt. Und meine Mutter hatte beschlossen, Tante Birdies hundertsten Geburtstag zu feiern.

Artpark Brownies

Ergibt 12 Stück

2/3 Tasse Butter
150 g ungesüßte französische Schokolade von bester Qualität
2 Teelöffel Vanille
4 Eier
1/2 Teelöffel Salz
2 Tassen Zucker
1 Tasse gesiebtes Mehl

Heizen Sie den Ofen auf 200° vor.

Fetten und mehlen Sie eine 24 Zentimeter große Backform aus.

Lassen Sie die Butter und die Schokolade im Wasserbad über kochendem Wasser aus. Wenn beides geschmolzen ist, rühren Sie die Vanille unter und stellen die Masse beiseite.

Schlagen Sie die Eier und das Salz im Mixer. Fügen Sie den Zucker dazu und schlagen Sie das Ganze auf höchster Stufe für ungefähr 10 Minuten oder bis die Mischung ziemlich weiß ist.

Fügen Sie die Schokolade-Butter-Mischung hinzu und rühren Sie auf niedriger Stufe, bis alles vermischt ist. Rühren Sie zügig das Mehl unter, bis keine weißen Streifen mehr sichtbar sind.

Gießen Sie den Teig in die Backform und stellen Sie sie in den Ofen. Drehen Sie den Ofen sogleich auf 180° herunter und backen Sie die Brownies 40 Minuten lang. (Der normale Stricknadeltest funktioniert bei diesen Brownies nicht, denn die Stricknadel sollte sich nicht ganz sauber aus dem Teig lösen.) Lassen Sie sie nicht zu lange im Ofen – diese Brownies sollten saftig sein.

»Du kannst dir nicht vorstellen, wie es hier aussieht«, sagte mein Vater.

O doch, das konnte ich. Ich stand in der Telefonzelle im Artpark und dachte an das Chaos, das meine Mutter schaffen konnte. Ich erinnerte mich gut daran, wie unser altes Haus zwei Wochen vor Bobs Verlobungsfeier ausgesehen hatte, und versuchte mir nun vorzustellen, in welchem Zustand sich wohl jetzt das neue Haus befand.

»Hat sie schon angefangen, die Kleiderschränke auszuräumen?« fragte ich.

Dad stöhnte. »Schlimmer als das«, sagte er. »Deine Mutter hat beschlossen, die Garage für die Party zu benutzen, und deshalb hat sie die ausgeräumt. Die Auffahrt steht voll mit Sperrmüll – zerbrochene Möbel, altes Werkzeug, Ersatzreifen. Es sieht natürlich schrecklich aus, und die Nachbarn fangen schon an, sich zu beschweren. Außerdem hat sie beschlossen, daß wir einen neuen Rasen brauchen, und deshalb hat sie ein paar Leute angeheuert, alles umzugraben.«

»Ihr braucht wirklich einen neuen Rasen«, sagte ich.

»Vielleicht. Aber die Gärtner sind auf einen der Abflüsse gestoßen, und jetzt sind beide Badewannen verstopft. Habe ich schon erwähnt, daß der Geschirrspüler voll Abwasser steht?«

»Hat Mom ihr Lithium genommen?« fragte ich.

»Ja, ja«, sagte er ungeduldig. Im Grunde seines Herzens

glaubte mein Vater nie wirklich an chemische Lösungen, und er behandelte die Krankheit meiner Mutter, als sei sie sein Kreuz, das er zu tragen habe. »Deine Mutter sagt die ganze Zeit nur, daß alles in Ordnung ist und daß ich mir keine Sorgen zu machen brauche. Aber es ist gar nichts in Ordnung. Ich weiß nicht, was ich tun soll! Es sind nur noch 12 Tage bis zur Party! Kannst du nicht früher kommen?«

»Nein«, sagte ich. »Ich habe hier Verpflichtungen. Ich gebe Kochunterricht.«

Dad blieb ungeduldig. »Kochunterricht...«, sagte er. »Das hier ist eine wichtige Sache. Du solltest das Essen sehen, das deine Mutter angeschleppt hat.« Er kannte meinen schwachen Punkt, und so rief Dad nach dem Schutzengel der Gäste. Und der ging sofort in die Falle.

»Es kann aber nicht Horn & Hardart sein«, sagte ich, »die sind pleite.«

»Sie hat irgendeinen Billigladen in Bridgeport entdeckt«, antwortete er. »Jeden Tag fährt sie dorthin. Sie hat so viel Essen gekauft, daß wir die Kartons schon zusammen mit dem Sperrmüll in der Auffahrt stapeln müssen.

»Ich dachte, es sollte nur ein kleines Fest werden«, sagte ich.

Dad seufzte. »Es wird immer größer.«

»Aber wen kann Mom denn einladen? Tante Birdie ist hundert. Ihre Freunde sind alle tot.«

»Oh, sie hat neue Freunde gewonnen. Du kennst ja Birdie. Und Mom hat angefangen zu überlegen, wer gern mit ihr befreundet wäre.«

»Die Zeitungen?« fragte ich zögernd.

»Die kommen sowieso«, sagte Dad. »Eine hundert Jahre alte Frau, die noch ihren eigenen Haushalt führt, ist eine gute Story.«

»Ich werde am Abend vor der Party da sein«, versprach ich. »Dann werde ich einen ganzen Tag zur Verfügung haben, um die Sache in den Griff zu bekommen.«

»Das ist nicht genug Zeit«, sagte Dad. Er klang verzweifelt.

»Es ist nur eine Party«, sagte ich.

»Ich weiß«, erwiderte er mit leiser Stimme. Ich stellte ihn mir vor, der inzwischen leicht gebeugte Rücken, das dünn gewordene Haar, wie er bedrückt aufs Wasser hinaus starrte. Ich fühlte mich gemein und schuldbewußt, aber ich wollte in Ruhe gelassen werden.

Keine Chance. Meine Mutter fing an, anzurufen. Ununterbrochen. Jedesmal mußte die Sekretärin des Direktors herauskommen und mich in der Weite des Parks suchen, und bei jedem Anruf sah sie mehr verärgert aus. »Dies ist der zwölfte Anruf in drei Tagen«, sagte sie eines Tages, als sie mich zu dem kleinen, engen Wohnwagen führte, in dem ihr Büro war. »Es macht nicht einmal mehr Spaß zu lauschen.«

»*Ich* bin nicht mit Tante Birdie verwandt«, begann meine Mutter. »Sie ist deine Großmutter, und man sollte meinen, daß sie dir wichtig genug wäre, daß du kommen würdest, um bei ihrer Party mitzuhelfen.«

»Mom«, sagte ich, »die Party war nicht meine Idee. Tante Birdie wollte sie wahrscheinlich auch nicht einmal. Ich sehe nicht ein, warum ich plötzlich die Verantwortung dafür übernehmen soll.«

»Weil ich dich brauche«, sagte meine Mutter. »Ich bitte dich ja weiß Gott nicht oft um einen Gefallen. Man sollte meinen, daß du froh sein würdest, wenn du mir einmal alle Jubeljahre helfen kannst. Ich weiß nicht, was ich getan habe, um ein so selbstsüchtiges Kind zu verdienen, eine Tochter, die nur an sich denkt. Ich bitte wirklich nicht um viel!« Und Mom warf den Hörer auf.

»Die wären wir los!« sagte ich, aber ich zitterte.

»Sie wissen genau, daß sie wieder anrufen wird«, sagte die Sekretärin. »Könnten Sie nicht einfach in der Nähe bleiben, damit ich nicht nach Ihnen suchen muß, wenn sie wieder dran ist?«

»Ich muß arbeiten«, sagte ich und verschwand aus ihrem Büro.

Als Mom wieder anrief, war es der Direktor selbst, der kam, um nach mir zu suchen. Er stand dabei und hörte zu, als ich mit meiner Mutter stritt. Als ich schließlich den Hörer auflegte, sagte er: »Sie machen hier wirklich einen wundervollen Job, und ich könnte nicht glücklicher darüber sein. Aber wenn sie eine Woche früher wegmüssen, dann gehen Sie ruhig.« Das war nett gemeint. »Es klingt, als würde Ihre Mutter sie wirklich brauchen.«

»Das tut sie nicht!« schrie ich ihn an. Ich wünschte, ich wäre wieder in Kalifornien.

»Bitte«, sagte Dad.

»Du schuldest mir das«, sagte Mom.

»Dein Vater klingt furchtbar«, ließ sich Doug hören. »Wahrscheinlich macht sie ihm das Leben zur Hölle. Vielleicht solltest du hinfahren.«

»Oh, klasse«, sagte ich. Doch ich hatte mich in das Unvermeidliche gefügt. Ich warf mich voller Energie auf die letzten Kochstunden und genoß die letzten Tage in Freiheit.

Am Morgen, als ich den Artpark verließ, schaute ich in den Spiegel. Im schwachen Licht des öffentlichen Waschraumes entdeckte ich mein erstes graues Haar. »Daran ist sie schuld«, sagte ich mir. Mom war im Alter von dreißig Jahren schon völlig grau.

Ich hatte noch ein Jahr.

Ich war schockiert über den Anblick meines Vaters. Er stand unschlüssig auf dem Bahnsteig und schielte auf jeden, der vorbeikam. Er hatte beträchtlich an Gewicht verloren und war jetzt so groß und dünn, daß das weiße Haar, das von seinem Kopf hochstand, ihn wie einen ängstlichen Kranich aussehen ließ. Zum ersten Mal seit ich denken konnte sah er tatsächlich seinem Alter entsprechend aus. Das war schnell ausgerechnet: Dad war um die Jahrhundertwende geboren.

»Geht es dir gut?« fragte ich und schlang meinen Arm durch seinen.

»O ja«, sagte er, »mir fehlt nicht viel. Abgesehen davon macht es deine Mutter wütend, wenn ich sage, daß ich mich nicht wohlfühle. Sie sagt, sie sei die Kranke.« Er führte mich zum Auto, öffnete mir die Tür, schloß sie vorsichtig wieder und ging dann um den Wagen herum, um hinter das Lenkrad zu gleiten. »Sie hat mal wieder angefangen, mit Bob zu streiten«, sagte er, als er den Motor startete.

»Enterbt sie ihn mal wieder?« fragte ich. Meine Mutter änderte regelmäßig ihr Testament, wenn sie manisch war. Ich glaube, das gab ihr das Gefühl, reich zu sein.

Dad seufzte. »Ja«, sagte er und präsentierte mir die aktuelle Liste gefährlicher Themen. Es war nicht empfehlenswert, die Gesundheit meines Vaters, meinen Bruder Bob, Moms Freundin Estelle oder die Unordnung zu erwähnen. Ich nickte und wußte, daß es egal sein würde, was ich sagte: Wenn meine Mutter manisch war, konnte es keinen Frieden geben.

Während wir so dahinfuhren, fragte ich mich, worüber Dad und ich uns wohl unterhalten würde, wenn Mom ein normaler Mensch wäre. Natürlich würde ich schon einmal überhaupt nicht hier sein, wenn sie normal wäre – auf ihre eigenartige Weise war sie der Klebstoff, der uns zusammenhielt. Eine Familie zu sein bedeutete, mit Mom umzugehen.

Die Auffahrt sah sogar noch schlimmer aus, als Dad sie beschrieben hatte. Da es keinen Platz für das Auto gab, setzte er mich einfach am Ende der Auffahrt ab, drehte um und fuhr los, um seinen Zug zu erwischen. Er fuhr zur Arbeit. Ich machte ihm keine Vorwürfe. Ich bahnte mir einen Weg durch die Schachteln und zerbrochenen Stühle und stand an der Tür. Durch die Glasscheibe konnte ich sehen, daß das Wohnzimmer ziemlich genauso aussah wie der Rasen.

Ich drückte die Tür auf und zögerte, ich fürchtete den Augenblick, in dem ich mich selbst verlieren würde. Als ich über die Schwelle schritt, hatte ich das Gefühl, ich würde fallen oder rückwärts in der Zeit rasen. Ich versuchte verzweifelt, die Zigeuner-Küchenchefin festzuhalten, aber sie war fort, zusammen mit der Restaurantbesitzerin und der Ehefrau. Alles, was übrigblieb, war ein kleines Mädchen.

»Mein Kätzchen!« schrie Mom und warf ihre Arme um mich. »Du bist da! Laß uns einen Tee trinken!«

Sie schob ein paar Dinge beiseite, um einen Weg durch das Chaos zu bahnen, und führte mich zum Eßzimmer. Sie hatte ihr ganzes Silber hervorgeholt. »Wir müssen es putzen«, murmelte Mom und schaufelte es an das andere Ende des Tisches. Sie ging in die Küche und kehrte mit einer Platte zurück, auf der Dinge in unterschiedlichen Stadien des Verfalls lagen.

»Was ist das?« fragte ich.

»Oh, nur ein paar Reste, die ich fürs Frühstück aufgehoben hatte«, erwiderte Mom und nahm sich irgendein sahniges Ding, das mit einem verdächtigen blauen Käppchen bedeckt war. »Das hier ist Milchreis. Nimm dir etwas davon, er ist sehr gut.«

»Ich habe im Zug schon gegessen«, sagte ich eilig. »Ich glaube, ich werde nur einen Tee trinken. Hast du schon entschieden, was du für die Party zu essen machen willst?«

»Ach, wir haben später noch massenhaft Zeit, darüber nachzudenken«, sagte Mom. »Ich dachte, heute würde ich mit dir einkaufen gehen. Ich bin sicher, daß du ein paar neue Kleider gebrauchen kannst.«

»Mom«, sagte ich, »die Party findet in einer Woche statt. Ich bin nicht nach Hause gekommen, um einkaufen zu gehen. Wir müssen ein Menü aufstellen. Wir müssen das Haus putzen.«

»Ich will aber jetzt nicht darüber nachdenken«, sagte meine Mutter gereizt. »Laß uns ein wenig Spaß haben! Wir werden den Tag mit Einkaufen verbringen, und wenn Daddy nach Hause kommt, werden wir essen gehen. Morgen wird noch genug Zeit sein, über die Party nachzudenken.«

Ich hätte hart bleiben müssen, aber meine Mutter war zu stark für mich. Ich hatte nicht die Energie, mich ihr zu widersetzen. Ich folgte meiner Mutter zum Auto und verbrachte den Tag damit, in Spiegel zu starren und Kleider anzuprobieren, die ich nicht mochte und die ich nicht brauchte. »Es macht solch einen Spaß, dir Kleider zu kaufen, jetzt, wo du schlank bist!« kreischte Mom, als sie mit Schachteln beladen aus dem Geschäft marschierte. »Es geht mir so gut!«

Als wir mit Einkäufen bepackt durch die Eingangstür stolperten, war Dad schon da. Er schaute mich an und verzog das Gesicht. Ich wußte, daß ich ihn im Stich gelassen hatte, aber er sagte bloß: »Ich wasche mir noch eben die Hände, und dann können wir essen gehen.«

»Geh du nur mit Ruthie«, sagte meine Mutter, »ich glaube, ich bleibe besser hier und fange schon mit dem Putzen an. Ich bin nicht sehr hungrig.«

»O Liebling«, sagte mein Vater und verfiel in das alte Ritual, »es wird ohne dich gar keinen Spaß machen.«

»Nein, mein Lieber, geht ihr nur ohne mich. Ihr werdet es dann besser haben«, erwiderte sie.

»Bitte komm doch, Liebste«, fing Dad an. Das ging zehn Minuten so. Plötzlich hielt ich es nicht mehr aus. Ich legte meinem Vater die Hand auf den Arm und wandte mich meiner Mutter zu. »Natürlich haben wir Verständnis, wenn du nicht mitkommen willst«, sagte ich, »es war ein langer Tag.« Und ich klapperte mit den Autoschlüsseln und führte meinen entsetzten Vater die Schneise entlang, die meine Mutter durch das Chaos im Wohnzimmer geschlagen hatte, durch die Unordnung auf der Auffahrt und zum Auto.

Er stand zögernd mit seiner Hand auf dem Türgriff und wagte nicht, sich hineinzusetzen. Er sah elend aus. »Glaubst du wirklich, wir ...«, begann er und hielt dann mitten im Satz inne. Im Türrahmen erschien meine Mutter, die sich einen Pullover überwarf. »Ich glaube, ich komme doch mit«, sagte sie unbekümmert, während sie sich einen Weg durch die zerbrochenen Möbel bahnte.

In jener Nacht hatte ich einen Traum. Ich war ein kleines Mädchen mit langen blonden Locken und trug ein weißes Kleid mit einer blauen Schärpe. Die Sonne schien, und wir gaben eine Gartenparty. Wo waren wir? Hinter uns befand sich ein riesiges Haus, und der Rasen fiel sanft auf einen Fluß hin ab. Ein kleines Orchester, das ganz in Weiß gekleidet war, spielte wunderschöne Musik. Der Himmel war blau, das Gras war grün, und immer mehr Leute kamen in Pferdekutschen angefahren.

Ich kochte in einem Gebäude mit schönem Ausblick, wo ich auf einem Stuhl vor dem Herd stand. Aber ich war nicht allein: Mrs. Peavey und Alice waren auch dort. Alice tauchte Austern in eine Schüssel mit Eiern und gab sie Mrs. Peavey, die sie in Brotkrumen wendete und dann mir gab. Ich ließ die Austern in den heißen Topf rutschen und wartete darauf, daß sie Blasen werfend wieder an die Oberfläche kamen. Als sie das taten, schnappte ich sie aus dem Topf und gab sie den Kellnern, die hinter mir mit leeren Tabletts aufgereiht waren.

Hinter dem Herd versteckte sich eine Frau, die jede meiner Bewegungen beobachtete. Sie machte mich nervös. Dann stand sie auf, und ich konnte sehen, daß es Rachel Rubenstein war. Oder war es meine Mutter? Alice sah sie voller Verachtung an, und als wäre sie ein störender kleiner Hund sagte sie: »Hau jetzt ab. Husch. Geh weg.« Und die Frau verschwand einfach.

Ich langte nach dem nächsten Schwung fritierter Austern. Aber sie schwammen von mir weg und schwangen sich eine nach der anderen selbst aus dem Öl und in die Luft. Sie flogen zu einem Mann in einiger Entfernung, der einen Smoking trug. Die goldenen Kissen flogen einmal um ihn herum und senkten sich dann sanft auf das silberne Tablett ab, das er in weiß behandschuhten Händen trug.

Es war Henry. Er drehte sich um und übergab das Tablett dem Kellner hinter ihm, der einen traurig zerknitterten Anzug trug. »Mr. Izzy T sieht mit dem schwarzem Schlips lächerlich aus«, dachte ich, als Henry auf uns zukam. Er verbeugte sich ernsthaft und nahm dann Alice an einem Arm und Mrs. Peavey am anderen und führte sie weg.

Als ich erwachte, floß die Sonne wie ein sanftes Streicheln über mein Gesicht. Es strahlte unter meinen Augenlidern, alles war sonnig und golden. Ich streckte mich behaglich aus, als mich ein Gefühl des Wohlbefindens durchflutete. Ich spritzte mir kaltes Wasser insGesicht, warf ein paar Kleider über und ging hinunter.

Die Unordnung im Haus schien sich vervielfacht zu haben, während ich geschlafen hatte. »Sie war die ganze Nacht auf«, sagte Dad traurig. »Sie hat jeden Schrank ausgeräumt. Jetzt ist sie losgegangen und will den anderen Samowar in eine Lampe umwandeln lassen.« Er schüttelte vergrämt den Kopf.

»Setz dich«, sagte ich. »Mach dir keine Sorgen.« Ich machte Kaffee und Orangensaft und holte die Brötchen zum Frühstück heraus. »Die Party wird gut werden.« Ich hielt mein Glas hoch und stieß mit seinem an. »Prost«, sagte ich. »Einen schönen Tag. Ich werde dich zur Haltestelle fahren.«

Als ich zurückkam, spülte ich das Geschirr und setzte mich hin, um über das Essen nachzudenken. Ich versuchte mich an Tante Birdies Hochzeitsmenü zu erinnern und an die Gerichte, die sie am liebsten mochte. Zunächst einmal natürlich fritierte Austern. Und einen Salat. Und dann? Dann hatte es auf der Hochzeit Lachs mit Hummersoße gegeben, aber Mom besaß keine Pochierpfanne. In einer plötzlichen Eingebung rief ich beim Fischmarkt an. Natürlich, sagten sie, sie würden nur zu gern den Lachs für mich pochieren. So viel, wie ich wollte. Ich könnte ihn direkt vor der Party abholen. Wenn ich den Kuchen vorher backen und die Salatsoße machen würde, dann wäre alles, was ich am Tag der Party würde machen müssen, den Salat zu putzen, eine Soße für den Lachs zuzubereiten und die Austern zu fritieren. Es würde gut werden: Mom konnte ruhig tausend Leute einladen.

Ich fühlte mich ruhig und gesammelt und widmete mich jetzt den dringendsten Problemen. Ich rief den Klempner, um den Geschirrspüler zu reparieren, und den Gärtner, um den Rasen wiederherzustellen. Ich mietete Tische und Stühle. Ich bestellte Champagner. Und dann machte ich mich an die Auffahrt.

Ich hatte direkt Spaß bei der Sache. Und wenn Mom es nicht verdorben hätte, hätten wir eine nette Party gehabt.

Innerhalb der kommenden sieben Tage enterbte mich Mom fünfmal. Meist war es mir egal. Von dem Traum angetrieben, arbeitete ich stetig und methodisch, indem ich das Haus Zimmer für Zimmer saubermachte und Freude daran hatte, aus dem ganzen Chaos eine Ordnung hervorzubringen. Meine Mutter war außer sich.

»Das kannst du nicht weggeben!« schrie sie mich an einem Tag an und folgte mir auf die Auffahrt hinaus, wo ich einen Stapel für die Wohlfahrtsorganisation machte. »Das ist der Tisch meiner Mutter.«

»Gut«, sagte ich, »wo möchtest du ihn hinstellen?« Sie stand sprachlos da und schaute mich mißtrauisch an.

»Du hast drei Möglichkeiten«, sagte ich. »Du kannst einen Platz im Haus dafür finden. Du kannst es der Wohlfahrt geben. Oder du kannst einen Lagerraum für alles, was du behalten willst, mieten.«

»Du bist so, so, so ...«, stotterte sie.

»Ja?« fragte ich.

»So kalt!« brachte sie schließlich heraus. »Nichts rührt dich. Du hast kein Herz. Als du klein warst, liebtest du Oliven. Wußtest du das? Und Zitronen. Als du ein Baby warst, kamen wir manchmal ins Schlafzimmer und fanden dich in deiner Wiege, an Zitronen saugend. Wenn ich damals gewußt hätte, daß du solch eine saure Ziege werden würdest, wäre ich gegangen.«

»Ich bin sicher, daß du das getan hättest«, sagte ich . »Kannst du mir helfen, das Silber zu putzen? Ich würde es gern wegräumen.«

»Putz du es«, sagte sie. »Ich habe wichtigere Dinge zu tun.« Und sie rauschte ab, um zu telefonieren. »Warte nur ab«, rief sie über ihre Schulter hinweg, »du wirst schon sehen, wie das ist. Manische Depression ist erblich, weißt du. Ich war auch nicht so, als ich so alt war wie du. Wahrscheinlich wirst du genauso enden wie ich.«

»Das hier ist nicht mein wirkliches Leben«, wiederholte ich wie ein Mantra wieder und wieder für mich. »Nur noch vier Tage. Das halte ich aus.« Meine Mutter tat alles, um Chaos zu schaffen, aber zum ersten Mal in meinem Leben weigerte ich mich mitzumachen. Als sie den Fischladen anrief und den Lachs abbestellte (»Was für eine lächerliche Ausgabe!«), stritt ich nicht mit ihr. Ich ging einfach mit einem Scheck zu dem Laden und bezahlte im voraus.

»Ich dachte, du wärest so eine großartige Köchin«, rief Mom, als sie herausfand, was ich getan hatte. »Wahrscheinlich wirst du mir jetzt noch sagen, daß du den Kuchen auch bestellst!«

»Das ist billiger, als lauter neue Kuchenformen zu kaufen«, erwiderte ich. Dummerweise. Das gab Mom die Möglichkeit, mein schockierend verschwenderisches Verhalten zu diskutieren, da ich alles der Wohlfahrt gegeben hatte. »Ich bin sicher, daß in diesen Kartons auch Kuchenformen waren«, sagte sie.

Aber Moms Laune wandelte sich. Sie lebte vom Chaos, und als das Haus ordentlicher wurde, ging ihr wie einem Ballon die Luft aus, und sie wurde mit jedem Tag umgänglicher. Drei Tage vor der Party fragte sie tatsächlich, wie sie helfen könnte. Wir putzten das Silber und spülten die Platten. Wir planten Blumenarrangements. Ich dachte, wir hätten einen netten Nachmittag, aber am nächsten Tag weigerte sie sich aufzustehen.

»Du hast das alles wunderbar gemacht«, sagte Dad und strich über den frisch polierten Tisch. »Du bist sehr gründlich. Aber kannst du nicht deiner Mutter etwas mehr das Gefühl geben, an der Sache beteiligt zu sein?« Nun, da ich ihn gerettet hatte, war er nicht richtig zufrieden. Ich denke, er wußte nicht, wie sehr er an dem Tumult, den Mom schuf, seine Freude hatte.

Am Morgen der Party sagte Mom, sie würde sich einfach nicht gut genug fühlen, um aufzustehen. Sie würde ja doch nur lästig sein. Sie wanderte mürrisch an den Tischen auf dem Rasen vorbei und schaute sich den frisch geputzten Salat an. Sie berührte die panierten Austern, die darauf warteten, fritiert zu werden. Als Dad vom Fischgeschäft zurückkam, bemerkte sie, daß der Lachs wunderschön dekoriert sei. Und dann ging sie ins Bett zurück. Wir sollten uns ohne sie amüsieren, sagte sie. Sie zog sich die Decke über den Kopf und fügte elend hinzu: »Niemand wird mich vermissen.«

Dad und ich nahmen sie zwischen uns und zogen sie aus dem Bett. Als ich sie in ihr hübsches rotes Partykleid gesteckt und Dad ihr das Haar gekämmt hatte, sah sie tatsächlich wunderschön aus. Aber sie saß bloß an ihrem Frisiertisch und wünschte, sie wäre tot.

Dann kam Tante Birdie die Auffahrt hinauf, und Dad ging hinaus und steckte ihr einen kleinen Blumenstrauß an. Die Gäste kamen, und die Jungs, die ich für die Bar angeheuert hatte, fingen an, den Champagner auszuschenken. Ich begann, die Austern zu fritieren, und hörte ein anerkennendes Murmeln, als das erste Tablett im Wohnzimmer erschien. Und dann das Lachen meiner Mutter. Erleichtert, daß sie sich zusammengerissen hatte, konzentrierte ich mich darauf, jede Auster im absolut richtigen Moment aus dem Öl zu holen. Ich machte den Salat an und nahm den Lachs aus dem Kühlschrank – alles lief wie geschmiert.

Als ich ins Wohnzimmer kam, war Tante Birdie, von Bewunderern umgeben, gerade mitten in ihrer Lieblingsgeschichte. »Und dann verlangte der Busfahrer, daß ich meinen Paß rausholte, um zu beweisen, daß ich auch berechtigt war, zum Seniorenpreis zu fahren. Und als er darauf schaute, drehte er sich zu allen Leuten im Bus um und sagte: ›Können Sie sich das vorstellen? Diese Frau hier ist fast hundert Jahre alt!‹ Und der ganze Bus brach in Applaus aus.«

Sie lächelte voller Vergnügen. Dann schaute sie auf, sah mich und sagte: »Diese Austern waren perfekt. Alice wäre sicher stolz gewesen.«

Als sie sprach, sah ich uns drei – mich, Tante Birdie und Alice – ganz kurz im Geiste in ihrer warmen, vollgestopften Wohnung herumtanzen. Ich erinnerte mich, wie wir plötzlich innegehalten hatten, und hörte die Stimme meines Vaters sagen: »Sie haben sie wirklich nicht besonders gut auf die reale Welt vorbereitet.«

Und dann hörte ich Alices Stimme: »Er hat zwei davon geheiratet«, und ich schaute zu meiner Mutter und verstand. Ich ging zu Tante Birdie hinüber und küßte sie auf die Wange. Sie roch nach Flieder.

»Danke«, murmelte ich.

Tante Birdie sah erstaunt aus. »Wofür?« wollte sie wissen.

»Für alles«, sagte ich. Denn ich hatte gerade begriffen, daß, was immer mit Hortense schiefgegangen war, Alice und Tante Birdie bei mir alles richtig gemacht hatten. Sie hatten mich auf meine Welt vorbereitet.

Am nächsten Tag fuhren meine Eltern mich zum Zug. »Vielen Dank, daß du gekommen bist, mein Kätzchen«, sagte meine Mutter. »Du warst wirklich eine große Hilfe. Ich weiß nicht, ob ich die Party ohne dich hingekriegt hätte.« Sie lächelte glücklich. Und dann, als wäre ihr das eben gerade eingefallen, fügte sie hinzu: »Ich glaube, sie war fast so gut wie die Verlobungsparty, die ich für Bob gegeben habe.«

17
Immer weiter probieren

In diesem Herbst beschloß ich, einen Catering-Service aufzumachen. Doch das Schicksal spielte nicht mit. Als ich nach Berkeley zurückkam, wurde mir ein neuer Job angeboten.

Einer der Stammgäste des Swallow war Herausgeber eines neuen Magazins in San Francisco geworden. Er rief mich an und fragte: »Können Sie ebenso gut schreiben, wie Sie kochen?« Ich sagte, ich sei da nicht sicher, aber ich hätte schon immer gern geschrieben. »Schön«, sagte er, »hätten Sie Lust, es als unsere Restaurantkritikerin zu versuchen?«

Ich war nicht sicher, ob ich das könnte, aber ich wollte es gern ausprobieren. Zu meinem Erstaunen bekam ich wunderbare Unterstützung. Als ich in das La Colombe Bleu hereinkam, stand an einem Tisch ein Kellner, der einen Fisch filetierte, und ohne Vorwarnung erschien plötzlich Marielle an seiner Seite und beobachtete kritisch jede seiner Bewegungen. Maurice kam gleich hinter ihr und sprach über die Einrichtung des Restaurants. Monsieur du Croix kam gleichzeitig mit der Suppe, und als ich den Löffel zum Mund führte, hörte ich seine Stimme in meinem Ohr. Ich mußte lange auf die Vorspeise warten – zu lange –, und plötzlich mußte ich an den Coffee Shop in Indiana denken, in dem Mac und ich nicht bedient wurden. Und dann dachte ich an Henrys Restaurant-Krieg und fragte mich, ob wohl ein Rolf in der Küche stand, der uns einfach aus Prinzip haßte. Meine Freunde von The

Swallow waren auch da, Antoinette schnüffelte an dem gekauften Brot, und Judith beklagte die schlechte Qualität des Essigs. Ganz abgesehen von Nick, der in Fleisch und Blut neben mir war und einen voreingenommenen Blick auf die Preise warf. Mit diesem Chor von Stimmen im Hintergrund schrieb sich der Artikel quasi von selbst.

»Sie sind zur Restaurantkritikerin geboren«, sagte der Herausgeber, als ich den Artikel einreichte.

»Nein«, sagte ich sanft, »aber ich habe eine gute Ausbildung genossen.«

Plötzlich verdiente ich echtes Geld, mehr, als ich mir je erträumt hatte. Um das zu feiern, bestellten Doug und ich unsere erste Kreditkarte. Restaurantkritikerin zu sein machte Spaß, fand ich.

Die Sache hatte nur einen Haken: Jedesmal, wenn ich eine Weinkarte studierte, fühlte ich mich wie ein Versager. Eine Restaurantkritikerin sollte über einen kräftigen Burgunder hinausgehen können.

Und dann stolperte ich eines Tages auf der Suche nach einem chinesischen Restaurant in den Laden von Kermit Lynch. Ich öffnete die Tür, drinnen war es kühl und dunkel, und es roch nach verschüttetem Wein. Hunderte von Kartons waren vom Fußboden hoch gestapelt, und ganz hinten stand ein schmächtiger Mann mit lockigem braunen Haar und einem struppigen Bart an einem Stehpult und beobachtete mich. Ich konnte seine Augen in meinem Rücken spüren, als ich die Gänge auf und ab ging, mir den Wein in den Kartons anschaute und die Namen für mich wiederholte. Die Wörter waren wunderschön. Ich griff nach einer Flasche, nahm sie auf und strich über das Etikett.

»Das ist kein Obst«, sagte der Mann. »Man kann nicht alles ergründen, indem man darauf drückt.«

Ich errötete und versuchte verzweifelt, mein beschränktes Vokabular in Sachen Wein zusammenzubringen. Ich merkte, wie ich Wörter aus der Luft griff, und hörte mich selbst fragen: »Wieviel Öchsle hatten diese Trauben, als sie gepflückt wurden?« Ich plapperte weiter über Weinstein und Kork, und Kermit antwortete würdevoll auf alle meine Fragen, aber ich wollte mein Glück nicht überstrapazieren. So kaufte ich ein paar Zwei-Dollar-Flaschen und floh.

Zu Hause fand ich heraus, daß dieser Wein viel besser schmeckte als das Zeug, das wir zu kaufen pflegten. Und bei diesen Preisen verkniff sich sogar Nick gehässige Bemerkungen. Am nächsten Tag ging ich wieder hin, und ebenso am Tag darauf.

Kermit taute nach einer Weile auf und lenkte mein Augenmerk auf Weine, von denen er meinte, daß ich sie mögen würde. Es schien ihm nichts auszumachen, daß ich nur die billigsten Flaschen kaufte, und er gab mir mysteriösen Rabatt, den ich nie genau hinterfragte. Wein war seine Leidenschaft, und er wollte, daß andere ihn auch liebten.

»Wie entscheiden Sie, welche Weine Sie kaufen?« fragte ich ihn einmal.

»Ich habe so meine Methoden«, sagte Kermit. »Ich gehe in kleine Städte in Frankreich, sitze in Bistros und frage: ›Wer macht denn hier in der Umgebung guten Wein?‹ Mein Französisch ist nicht besonders gut, und es ist sehr anstrengend. Ganz abgesehen davon, daß ich viel herumfahren muß. Aber ich finde gute Weine, die niemand sonst importiert.«

Ich hatte niemals zuvor jemanden kennengelernt, der von seinem guten Geschmack lebte. Ich wollte ihn bei der Arbeit beobachten. Eines Abends lud ich ihn zum Essen ein, machte Boeuf à la Bouguignonne mit einer Flasche Volnay, die ich in seinem Laden gekauft hatte, und fragte ihn, ob ich ihn auf seiner nächsten Frankreichreise begleiten dürfe.

Kermit sah erstaunt aus. Dann zuckte er mit den Schultern und sagte: »Warum nicht?«

Boeuf à la Bouguignonne

Für 4 Personen

3 Tassen roter Burgunder (750 ml)
2 Eßlöffel Cognac
2 Zwiebeln, in Streifen geschnitten
2 Karotten, in Streifen geschnitten
etwas Petersilie
1 Lorbeerblatt
1 Knoblauchzehe, geschält
10 schwarze Pfefferkörner
1 Teelöffel Salz
1 Kilo Rindfleisch, in 5 Zentimeter große Würfel geschnitten
4 Eßlöffel Olivenöl
Salz
Pfeffer
125 g Schinkenspeck, in Würfel geschnitten
2 Zwiebeln, grob gehackt
3 Eßlöffel Mehl
1 Tasse Rinderbrühe
1 Eßlöffel Tomatenmark
3 Knoblauchzehen, zerdrückt
1/4 Tasse Butter
500 g Pilze, in Streifen geschnitten
Petersilie

Bereiten Sie aus den ersten neun Zutaten eine Marinade. Legen Sie das Rindfleisch hinein und lassen Sie es zwei Tage lang im Kühlschrank stehen. Wenn es soweit ist, daß es bearbeitet werden kann, heizen Sie den Ofen auf 150° vor.

Seihen Sie das Fleisch und das Gemüse aus der Marinade, heben Sie die Marinade aber auf. Trocknen Sie das Fleisch mit Küchenpapier ab.

Erhitzen Sie 2 Eßlöffel von dem Olivenöl in einer großen Pfanne und bräunen Sie die Fleischstückchen an, immer nur wenige gleichzeitig, und heben Sie sie dann mit einem Seihlöffel in eine Schüssel. Würzen Sie mit Salz und Pfeffer.

Braten Sie den Schinkenspeck, bis er leicht gebräunt ist. Geben Sie ihn mit dem Seihlöffel zu dem Fleisch. Braten Sie die Zwiebeln in der Schinkenpfanne, bis sie leicht braun, aber nicht knusprig sind. Legen Sie auch diese zu dem Fleisch.

Gießen Sie das in der Pfanne verbliebene Fett ab. Geben Sie 1/2 Tasse von der Marinade in die Pfanne und lassen Sie sie aufkochen, wobei Sie umrühren müssen, um die Reste des Fleischs vom Boden der Pfanne zu lösen. Gießen Sie alles zur übrigen Marinade.

Erhitzen Sie die restlichen 2 Eßlöffel Öl in einem Topf mit Deckel (aber ohne Plastikgriffe), fügen Sie die Zwiebeln und die Karotten aus der Marinade hinzu, und rühren Sie, bis alles gut gebunden ist. Geben Sie das Mehl hinein und lassen Sie es unter ständigem Rühren so lange aufkochen, bis es braun wird. Rühren Sie weiterhin, während Sie die restliche Marinade und die Brühe hinzufügen. Legen Sie jetzt das Fleisch und das Gemüse in den Topf, fügen Sie das Tomatenmark, die zerquetschten Knoblauchzehen und Salz und Pfeffer hinzu und bringen Sie alles zum Kochen. Schließen Sie den Topf gut und stellen Sie ihn bei 150° für 3 Stunden in den Ofen. Rühren Sie manchmal um und fügen Sie, wenn nötig, etwas Wasser hinzu.

Lassen Sie in der Zwischenzeit die Butter in einem Topf aus und bräunen die Pilze darin.

Wenn das Fleisch fertig gekocht ist, rühren Sie die Pilze hinein und lassen alles 15 Minuten lang auf dem Herd simmern. Abschmecken. Mit gehackter Petersilie bestreuen und mit gekochten Kartoffeln servieren.

In Dijon stieg ich um und tauschte den Pariser Expreßzug gegen einen kleinen alten Triebwagen mit harten Holzbänken ein. Während er langsam durch die wunderschöne Landschaft rollte, starrte ich aus dem Fenster auf Städte, deren Namen ich bisher nur in Büchern gelesen hatte: Vougeot, Nuits-Saint-Georges, Beaune.

Als ich aus dem Zug ausstieg, geriet ich für einen Moment in Panik: Kermit war nicht da. Dann entdeckte ich einen dicken, runden Mann mit einem schwarzen Bart, der ein Schild hochhielt, auf dem in ungelenken Buchstaben mein Name geschrieben war.

»*C'est moi*«, sagte ich erleichtert.

»Sie sprechen ja Französich!« rief er glücklich. Er hatte eine tiefe Stimme und einen wunderbaren rollenden Akzent. Er führte mich zu einem Zweitakter, der so abgetakelt war wie mein Volvo – die Sitze waren zerschlissen, und das ganze Auto roch, als wäre es in Wein gebadet worden. Auf dem Boden rollten Flaschen umher, die jedesmal klirrten, wenn sie an das Gaspedal schlugen.

Wir fuhren durch die engen Straßen, hüpften über Kopfsteinpflaster und steuerten um alte Häuser herum, in deren Auffahrten nagelneue Mercedes geparkt waren. »*Regardez-moi ça*«, sagte er und murrte verächtlich über die provozierend neuen Autos. Er zeigte mit seinem dicken Finger. »Jedes Jahr verdoppeln sich die Preise des Weins. So kann es einfach nicht weitergehen.« Jedesmal, wenn wir an einem neuen Auto vorbeikamen, zeigte er darauf und schaute böse.

»Wohin fahren wir?« fragte ich. »Wo ist Kermit?«

»Er erwartete Sie bei dem Duc de Magenta. Wie Sie vielleicht wissen, gibt es in Frankreich nur noch vierzehn Herzöge.«

»Wirklich?« fragte ich beeindruckt. Er nickte, musterte mich sorgsam und fragte dann: »Wissen Sie, wie man sich bei Tisch benimmt?«

Ich sagte, daß ich das annähme.

»Gut«, erwiderte er, »denn das werden Sie müssen.«

Der Herzog war eine Enttäuschung, eine zerknitterte Figur in einem zerschlissenen Rollkragenpullover. Sein Haar stand in einer Tolle nach oben ab, die mich an Dennis the Menace erinnerte. Kermit war bei ihm, beide schüttelten würdevoll meine Hand, und dann gingen wir in den dunklen, feuchten Keller hinunter. Es roch stockig.

Ein kleiner, viereckiger Mann, der die traditionelle blaue Jacke der französischen Bauern trug, wartete dort, die Füße zwischen Weinflaschen, die lediglich mit »Puligny '78« oder »Montrachet '78« etikettiert waren. In dem schwachen goldenen Licht sah er aus, als sei er gerade aus einem Gemälde von Breughel gestiegen. »Gib ihnen etwas Puligny«, sagte der Herzog.

Kermit schwenkte den Wein, schnüffelte daran, nahm dann einen Schluck und zog ihn durch die Zähne. Ich versuchte, es ihm genau nachzumachen. »Ich glaube an Weine mit geringem Alkoholanteil«, sagte der Herzog, »denn dann kann man den Wein noch spüren.« Er nahm einen andächtigen Schluck seines Weines, und dann gingen wir einer nach dem anderen in eine andere Ecke, um auf den Fußboden auszuspucken. Nachdem wir fertig waren, gossen wir das, was in unseren Gläsern noch übrig war, in das Faß zurück.

Der Herzog führte uns tiefer hinunter, in einen anderen Keller, wo auf dem Lehmboden alte Elektroheizungen standen, damit sich die Rotweine wohlfühlten. »Für gewöhnlich«, sagte der Herzog ernst, »glaube ich, daß die weißen Weine besser gekeltert sind als die roten.« Ich hatte nicht die leiseste Ahnung, was er damit wohl meinte, aber ich nickte trotzdem. Mir erschienen die Chassagne-Montrachets intensiv und die Auxey-Duresses voluminös, aber am liebsten mochte ich einen frischen Volnay, der nach Himbeeren roch.

Mehr gab es nicht zu probieren, und wir schüttelten einander einfach die Hände und gingen. So läuft das also? fragte ich mich. Es ging sehr höflich zu. Wann kamen sie aufs Geschäft zu sprechen?

»Waren die Weine gut?« fragte ich Kermit, als wir im dämmernden Herbstlicht durch die Weinberge fuhren.

»Sehr gut«, sagte er. »Der Herzog respektiert sie und läßt sie in Ruhe. Das Problem mit den Amerikanern ist, daß sie immer sagen, Burgunder seien zu dünn. Sie mögen starke Weine. Um sie zu befriedigen, fügen die Winzer einfach Zucker hinzu. Das nennt man Chaptalisation, und es erhöht den Alkoholgehalt des Weines.«

Er zeigte auf die kurzen, dicken Reben, die sich sanft abfallende Hügel hinaufrankten. »Sehen Sie«, sagte er, »hier können Sie den Unterschied zwischen den Weinbergen mit edlem Wein und den anderen sehen.« Er zeigte auf die Stelle, wo die Berge sich gerade eben erhoben, den Platz direkt in der Mitte. »Das sind die großartigen Trauben«, sagte er. Alles war viel kleiner, als ich erwartet hatte.

Während wir fuhren, zog schwarz und klar die Nacht herauf. Als wir zum Essen anhielten, war die Luft bereits so frisch, daß sie schimmerte. Ich stieg aus dem Auto und atmete tief ein – ich konnte die Kälte riechen. Ich horchte auf das Gurgeln eines nahen Baches. Wir gingen drei Stufen vom Schotterweg hinunter, und hinter uns verschwand der Wagen in der Dunkelheit. Kermit nahm meine Hand, als wir auf das Restaurant zustolperten. Dann ging die Tür auf, und der Klang von Gelächter drang nach draußen bis zu uns. Drinnen war es warm, im Kamin prasselte ein Feuer. Wir waren mitten in der Pampa, aber das Restaurant war brechend voll.

Wir bestellten eine warme Terrine mit Ente und Hechtmousse, dann studierte Kermit lange die Weinkarte. Schließlich legte er sie hin und sagte etwas zu dem Kellner. »Ich habe einen Crépy bestellt, den ich noch nie probiert habe«, sagte er.

»Immer im Dienst«, neckte ich. Er lachte nicht.

»Gott, der ist gut«, sagte er, als er den Wein probierte. Ich mochte ihn auch, er war frisch, mit einer leicht bitteren Note. Kermit fing an, vor sich hin zu murmeln, und ich konnte sehen, daß er schnell etwas durchrechnete. Während ich ihn beobachtete, mußte ich daran denken, wie unähnlich er einem Weinhändler war, mit seinem lockigen Haar und dem struppigen Bart. Aber er war in seinem Element.

»Das Restaurant verkauft den hier für dreiundvierzig Francs«, dachte er laut. »Das heißt, sie zahlen selbst ungefähr acht.« Er hielt eine Minute inne, rechnete wieder und sagte: »Großartig! Ich könnte ihn für acht Dollar die Flasche verkaufen. Damit hat sich der Tag doch gelohnt.«

»Und was ist mit den Weinen des Herzogs?« fragte ich.

»Oh«, sagte er leichthin, »die werde ich dieses Jahr nicht kaufen.«

»Ich dachte, Sie mochten sie?« rief ich.

»Das tue ich«, sagte er kurz, »aber wissen Sie, was er dafür verlangt? Dreizehn Dollar die Flasche für den Puligny. Vor Fracht, Versicherung, Gebühren, Steuern. Ich verkaufe gern Weine, die man sich leisten kann. Wie diesen.« Er nahm einen weiteren befriedigten Schluck von dem Crépy.

Dann wurde er freundlicher und fügte hinzu: »Abgesehen davon habe ich gestern ein besseres Geschäft gemacht. Sie werden es sehen: Ich werde morgen eine Flasche von Ampeaus Wein Monsieur de Montille, den wir besuchen werden, mitbringen. Das Etikett habe ich entfernt. Ich möchte sehen, was er *wirklich* davon hält.«

Monsieur de Montille schwenkte den Wein und sah zu, wie er sich bewegte. Er hielt ihn gegen das Licht. Er steckte seine große Nase in das Glas und sog den Duft ein. Er nahm einen Schluck. Er überlegte. Er war ein kräftiger Mann mit einem kahlen Kopf, der mit dem kritischen Blick eines Juristen seinen Kopf zurückwarf, wenn er den Wein probierte, und ihn in seiner Kehle ruhen ließ. Von den Wänden seines Eßzimmers, das aussah, als wäre es seit Jahrhunderten nicht verändert worden, schauten seine Ahnen milde auf uns herunter.

»Im Glas ist Sonnenlicht«, sagte er schließlich, »viel Sonnenlicht. Das ist aus einem sehr guten Jahrgang.« Er nahm noch einen Schluck, nickte und drehte sich zu seiner Frau um. Sie besprachen sich. Kein 69er, ganz sicher war er nicht so alt. Dann ein 71er, kamen sie überein.

Als Kermit ihm sagte, um was für einen Wein es sich handelte, rief de Montille: »Aber ich habe diesen Wein in meinem Keller!« Er drehte sich eifrig zu Kermit und fragte: »Hat Ampeau an Sie verkauft?«

Kermit nickte verschmitzt.

»Fühlen Sie sich geehrt«, sagte er, »und rechnen Sie nicht damit, daß es noch einmal passiert. Er ist sehr launisch.«

Kermit sah niedergeschlagen aus.

»Nehmen Sie es nicht persönlich«, warf Madame de Montille sanft ein. »Er ist ein sehr seltsamer Mann. Es wird erzählt, daß er sich sogar beim Kirchgang im Laufen anzieht. Und wenn er die Kirche verläßt, zieht er sich immer schon unterwegs aus, um keine Zeit zu verlieren. Er ist seinen Weinen ergeben.«

Kermit wollte gern zum Geschäft kommen, aber in Burgund kommt das Essen immer zuerst. Dieses war als Bühne für die Weine entworfen worden. Es begann unspektakulär mit einem gemäßigten Passetoutgrains und einem Salat, der mit Kräutern bedeckt war und reichlich Knoblauch enthielt.

Dann gab es Leberpastete. »Eine Spezialität der Gegend«, sagte Madame stolz, als ihr Ehemann um den Tisch ging und einen 64er Rugiens ausschenkte. Er nahm einen Schluck Wein und nickte befriedigt.

Den weniger starken 66er Rugiens reichte er zu dem Käse, der in der Nachbarschaft hergestellt wurde. Und dann brachte Monsieur de Montille schließlich eine schimmelverkrustete Flasche eines 57er Volnay, die zu der Tarte aux Pommes getrunken wurde. Ich nahm einen Schluck, und er tanzte in meinem Mund. Er war voller Geschmack – einen solchen Wein hatte ich noch nie getrunken. Ich schaute mich um, um zu sehen, ob die anderen ihn auch so sehr mochten wie ich. Monsieur de Montille sah glücklich aus, sogar Kermit schien beeindruckt zu sein. Dann nahm Monsieur de Montille einen zweiten Schluck, und sein Gesicht verdüsterte sich. »Wie schade«, sagte er sanft.

Ich nahm einen weiteren Schluck. Der Tanz war vorbei. »*C'est mort*«, sagte Monsieur de Montille mit Endgültigkeit.

Nach dem Essen stiegen wir in den Keller hinunter. Es war ein Raum mit niedriger Decke, der mit Fässern gefüllt war. Die nackten Glühbirnen spendeten ein schwaches, goldenes Licht. Wir probierten die Passetoutgrains, den Volnay, die einfachen Burgunder. Monsieur de Montille schüttelte den Kopf. »Wir haben in diesem Jahr einen Fehler gemacht«, sagte er traurig. »Wir haben zu viel gemacht. Es gab eine sehr reiche Ernte. Der Wein ist gut, er wird sehr korrekt sein, sehr *comme il faut*, aber …« Als wir zu den 78ern kamen, nickte er anerkennend und sagte, wie zu sich selbst: »Dies ist ein Wein mit Charakter. Die 79er werden niemals so wie die 78er sein.«

»Ich wünschte, es gäbe mehr Leute wie de Montille«, sagte Kermit, als wir zum nächsten Termin fuhren. »Es ist einfach so schwer, heutzutage ehrliche Weine zu finden. Aber ich gebe nicht auf.« Wir fuhren durch Weinberge, die direkt bis an alte Steindörfer heranreichten. Schicke neue Autos kurvten verrückt durch Straßen, die für sie viel zu eng waren. Es war dasselbe Bild in einem Dorf nach dem anderen, und dann waren wir in Rully, folgten den Schildern zur Kirche, wanden unseren Weg über die Stadt hinauf. Die Glocken läuteten, als wir dort ankamen, und ihr Klang sauste zwischen den alten Steinhäusern hin und her.

»Ich habe ein Abkommen mit dem Pfarrer«, sagte der höfliche alte Gentleman, der herauskam, um uns zu begrüßen. Er hatte rosige Wangen und silbergraues Haar. »Manchmal, wenn ich Gäste habe, bitte ich ihn, die Glocken nicht zu läuten. Ich bin hier geboren, und der Klang ist mir angenehm. Aber manche Menschen mögen ihn nicht. Kommen Sie, lassen Sie uns den Wein probieren.«

Monsieur Monassier redete weiter, während er uns aus seinem Haus heraus, über einen Hof und tief, tief in den Hügel hineinführte, in den seine Keller gegraben worden waren. »Die 79er sind zur Zeit nicht sehr angenehm. Einige von ihnen machen ihre malolaktische Gärung durch. Er entfernte den Zapfen von einem der Fässer und steckte ein langes Glasröhrchen in den Wein. Er war trüb, und sogar ich konnte feststellen, daß er schrecklich schmeckte. Wir schnüffelten, wir schwenkten, gurgelten Luft zwischen den Zähnen hindurch und spuckten den Wein auf den Zementfußboden. Dann gossen wir die Reste aus unseren Gläsern in das Faß zurück und gingen weiter zum nächsten. Dieser Wein war leicht, fruchtig, nett. Monsieur Monassier schüttelte den Kopf. »Es ist derselbe Weinberg«, sagte er. »Ich wünschte, ich wüßte, warum das passiert ist.«

Wir arbeiteten uns durch den sauberen, zementierten Keller und probierten den Wein von jedem Weinberg. »Jetzt gehen wir hinauf und probieren etwas älteren Wein«, sagte er und führte uns in die Wärme eines alten Raumes, in dem schwere Holzmöbel standen. In der Mitte des Raumes stand ein grob geschnitzter Tisch, auf dem eine Flasche, Gläser und dazu ein Tablett voller Käse, geschnittener Wurst und dicken Scheiben knusprigen Brotes standen.

Das Erlebnis begann schmackhaft. Als wir bei den 71ern angekommen waren, war der Spucknapf nicht länger in Gebrauch, und Monsieur Monassier sagte traurig, daß es zu schade sei, wenn Wein vor seiner Zeit verkauft werden müsse. »Die meisten Winzer«, sagte er, »können es sich nicht leisten, den Wein so lange zu behalten, bis er soweit ist, daß man ihn trinken kann. Mein eigenes Problem liegt woanders. Ich kann mir erlauben, den Wein erst dann zu verkaufen, wenn er fertig ist, aber mein Herz ist zu weich. Wenn mich jemand, den ich mag, um Wein bittet, kann ich nicht nein sagen.«

Kermit erlaubte sich, anzunehmen, daß Monsieur ihn vielleicht gern genug habe, um ihm etwas Wein zu verkaufen. Doch dann! Monsieur war untröstlich, ihm sagen zu müssen, daß all sein Wein in 0,73 Literflaschen war.

»Verlangt das neue amerikanische Gesetz nicht 0,75?«

So war es.

»Es tut mir so leid, aber Sie können nicht erwarten, daß ganz Frankreich wegen irgendeiner Marotte der amerikanischen Regierung andere Flaschen verwendet.«

»Verdammt!« sagte Kermit, als wir den Hügel hinunterfuhren.

»War das ein vergeudeter Nachmittag?« fragte ich schläfrig, denn ich fühlte mich satt von Wein und Sonne und Wurst.

»O nein«, sagte Kermit. »Ich habe den Kontakt hergestellt und werde nächstes Jahr zurückkommen, wenn er seinen Vorrat an Flaschen aufgebraucht und ein paar eingekauft hat, die ich importieren kann. Aber ich würde mich besser fühlen, wenn ich sie jetzt kaufen könnte.« Er sah etwas fröhlicher aus, als er hinzufügte: »Wenigstens weiß ich, daß das bei unserem nächsten Besuch nicht passieren wird. Wir fahren nach St. Valerin, um Monsieur Vachet zu treffen. Ich kaufe seinen Montagny seit langer Zeit. Ich glaube, Sie werden ihn mögen. Hier in der Gegend sagt man, Vachet sei genauso wie sein Wein: Erst verschlossen, aber am Ende freundlich.«

Wir waren auf dem flachen Land, so daß wir das Haus inmitten der Weinberge schon lange vor unserer Ankunft sehen konnten. Als wir dort ankamen, stand Monsieur Vachet, ein kleiner, hagerer Mann mit Fingern so gekrümmt wie Weinreben, schon vor seinem Haus und wartete auf uns.

Es gab keinen Austausch von Höflichkeiten. »Wir werden jetzt den Wein probieren«, sagte er und führte uns in einen kleinen alten Keller, der mit riesigen Zementtanks gefüllt war.

»Wo sind die Fässer?« fragte ich.

»Ich habe keine«, erwiderte er und kletterte auf eine Leiter, die an einen Zementtrog gelehnt war. »Ich finde, daß Wein nach Wein schmecken sollte und nicht nach Holz.« Wir probierten die Reihe von Tanks durch und arbeiteten uns so langsam zur Tür vor. »Er wird gut werden«, sagte er, mehr zu sich selbst als zu uns.

»Wollen Sie probieren, wie der Wein, den Sie letztes Mal gekauft haben, jetzt schmeckt?« fragte er Kermit und zeigte auf einen kleinen Haufen grüner Flaschen, die an einer Wand entlang trübe schimmerten. Kermit nickte. Monsieur reichte ihm ein Glas. »Das ist der, den Sie gekauft haben«, sagte er. Er gab ihm noch ein Glas. »Ich mag den anderen lieber.«

Die beiden Weine schmeckten für mich beide genau gleich. Aber die Experten konnten sich nicht einigen. Kermit schwenkte und schnüffelte und nickte vor sich hin. »Ich hatte recht«, sagte er entschieden. »Dieser hier hat mehr Tiefe. Wieviel haben Sie noch davon?«

»Ungefähr hundert Kisten.«

»Die möchte ich«, sagte Kermit.

Am nächsten Tag bedeckte Nebel das Land, ein sanfter Nebel, der alles verhüllte. Kermit fluchte leise; wir fuhren nach Beaujolais, und das war eine lange Fahrt.

Monsieur und Madame Trenel warteten schon mit einem herzlichen Lächeln. »Sie müssen letztes Jahr viel gekauft haben«, sagte ich, als wir aus dem Auto ausstiegen.

»Das habe ich«, sagte Kermit.

»Werden Sie dieses Jahr wieder viel kaufen?«

»Das hängt von dem Wein ab.« Es gab keine Formalitäten – der neue Beaujolais wartete, und Kermit nahm einen Schluck. Seine Mundwinkel sanken herab. Madame Trenel rang ängstlich die Hände, als Monsieur Trenel eine andere Flasche holen ging. Er öffnete sie, schenkte ein, und sie schielten beide auf Kermits Gesicht. Es sprach Bände: Er sah aus, als hätte er etwas Faules gegessen. »Er ist zu rund«, sagte er schließlich. Und dann bat er, die Toilette benutzen zu dürfen.

Ich saß dort mit den Trenels, was höchst unangenehm war. Ich wußte nicht, wohin ich schauen sollte.

»Er mochte ihn nicht«, zischte Madame Trenel ihrem Mann zu. »Er sagte, zwölf Komma acht Prozent Alkohol sei zuviel. Ich glaube nicht, daß er kaufen wird.«

»Doch, doch, das wird er«, beruhigte er sie. »Voriges Jahr hat er ein paar hundert Kisten gekauft. Wo wird er einen besseren finden?«

Madame Trenel wandte sich mir zu. »Wir sind nicht mehr jung«, sagte sie. »Es ist ein hartes Geschäft. Wir sind schon dreißig Jahre dabei.«

Als Kermit zurückkam, prüfte sie sein Gesicht, aber die Zeichen standen nicht gut. Kermit sah sehr unzufrieden aus. »Ich werde zwanzig Kisten nehmen«, sagte er schließlich. Eine traurige Stille breitete sich im Zimmer aus.

Draußen war es sogar noch nebliger als vorher, und als wir uns die engen Straßen hinunterschlängelten, steckte Kermit eine Blues-Kassette in seinen Kassettenrecorder und verfluchte das Wetter.

»Sie waren außer sich«, bemerkte ich.

»Gut!« sagte er vehement. »Zwölf Komma acht Prozent! Das ist unglaublich. Neuer Beaujolais sollte wenig Alkohol haben. Sie tun zuviel Zucker hinein, das haben sie gar nicht nötig.«

»Aber könnten Sie ihn nicht verkaufen?«

»Natürlich könnte ich das«, sagte er. »Es ist der beste Beaujolais, den ich gefunden habe. Aber wenn ich dieses Jahr viel ordere, werden sie nächstes Jahr vielleicht noch mehr Zucker hineintun.« Er schien wirklich ärgerlich zu sein. »Glauben Sie, daß ich nicht ernsthaft genug versuche, Wein zu finden? Ich hatte mit diesem da gerechnet. Aber ich kann nicht davon ausgehen, daß die Weine Jahr für Jahr gleich sein werden. Und wenn ich anfange, Weine zu importieren, die ich nicht achte, dann kann ich gleich in eine andere Branche wechseln.«

Kermit fuhr langsamer und sah mich an. »Verstehen Sie das nicht?« fragte er, als hätte ich die ganze Sache nicht begriffen. »Das ist der Grund, warum ich diese verdammten Reisen mache. Ich muß immer weiter probieren.«

18
Die Brücke

»Wann wirst du mal etwas Vernünftiges mit deinem Leben anfangen?«

Ich hatte einen respektablen Job. Ich verdiente richtiges Geld. Jeden Monat wurde mein Name gedruckt. Inzwischen schrieb ich sogar Artikel über Essen für New Yorker Magazine. Beeindruckte das meine Eltern? Nicht im geringsten. »Essen!« sagte meine Mutter verächtlich. »Du schreibst ja bloß über Essen.«

Ich versuchte, ihre Stimme aus meinem Kopf zu vertreiben, aber sie war immer da. Je mehr andere Menschen meine Arbeit schätzten, desto lauter wurde die Stimme meiner Mutter. »Du verschwendest dein Leben«, beklagte sie sich.

Dann kehrten die Panikanfälle wieder. Eines Tages, als ich zu einem Essen fuhr, hörte ich plötzlich mitten auf der Bay Bridge auf zu atmen. Ich schämte mich so und war so ärgerlich, daß ich es niemandem erzählte, nicht einmal Doug. Aber ich fing an, mir Entschuldigungen auszudenken, warum ich öffentliche Verkehrsmittel benutzen mußte, oder ich brachte andere Leute dazu, mich zu fahren.

»Warum?« fragte ich mich selbst. »Warum jetzt?« Ich hatte keine Antwort darauf.

Meine Angst vorm Autofahren wurde so stark, daß ich, als ich zu einer Party zu Ehren von James Beard eingeladen wurde, fast nicht hinging – sie fand nämlich in San Francisco statt, und Doug war nicht eingeladen. Am Ende entschied ich, daß das dumm wäre. Die Party war auf dem Russian Hill, und man konnte leicht mit dem Bus dorthin kommen.

Als ich ankam, bereute ich es sofort. Ich stand in einer Ecke des wundervollen Hauses, das auf den kurvigen Teil der Lombard Street schaute, und hatte das Gefühl, falsch gekleidet zu sein. Ich war mit Abstand die jüngste auf der Party. Aus lauter nervöser Schüchternheit aß ich zu viele gefüllte Eier und fragte mich, wann ich wohl mit Anstand wieder gehen konnte.

Jeder dort kannte »Jim«, und alle schwirrten unterwürfig um seine massige Figur. Ich schaute aus der Entfernung zu und vergnügte mich damit, daß ich im Kopf einen bissigen kleinen Artikel über die Party schrieb. Dann langte ein kleiner Mann mit Brille an mir vorbei nach einem gefüllten Ei, drehte sich herum und sagte: »Hallo.«

Er war sehr klein, trug dicke Brillengläser und hatte die Ausstrahlung eines Bücherwurms. Seine geschliffene britische Stimme ließ ihn wie einen ehrgeizigen Amerikaner wirken, der einmal in Oxford gewesen war. Ich dachte, er könnte vielleicht ein Professor sein, wobei mir dann auch schleierhaft war, was er hier in dieser Ansammlung von Kochfreaks machte. Als er sich selbst vorstellte, war ich so damit beschäftigt, über alle diese Dinge nachzudenken, daß ich seinen Namen nicht mitbekam. Doch ich war zu unbeholfen, um noch einmal danach zu fragen, und so fragte ich die übliche Frage: »Und was machen Sie?«

»Ich arbeite für eine Milchfabrik«, erwiderte er.

Zunächst war ich überrascht, dann aber erfreut. Er war offensichtlich nicht einer der berühmten Freunde des großen Mannes. Ich entspannte mich und plauderte mit ihm und war froh, nicht länger das Mauerblümchen zu sein. Als er sagte: »Ich gehe eben und hole Ihnen ein Glas Wein«, überarbeitete ich den häßlichen kleinen Artikel. Vielleicht war die Koch-Mafia doch nicht so schlimm, wie alle behaupteten.

Er kehrte mit zwei Gläsern Wein und einer sehr großen Frau wieder. Zusammen sahen sie aus wie Pat und Patachon. Mit ihren türkisfarbenen Augen und dem silbrig-blonden Haar, das sie in einem niedrigen Pferdeschwanz zurückgebunden hatte, war sie mit Abstand die schönste ältere Person, die ich je gesehen hatte. Ich schätzte, daß sie ungefähr sechzig war.

»Hallo, Liebes«, sagte sie und schüttelte meine Hand mit festem Griff.

»Dies ist Marion Cunningham«, sagte der Mann, »ich fand, Sie sollten einander kennenlernen.« Er gab mir ein Glas und verschwand.

Die große Blonde begann auf derart unkomplizierte und interessierte Art Fragen zu stellen, daß ich eine Weile brauchte, um zu merken, daß sie in zehn intensiven Minuten alles über mich herausgefunden hatte. Schließlich sagte sie. »Sie müssen James kennenlernen.« Sie ergriff meine Hand und stürmte vorwärts. Die Menge teilte sich, und plötzlich saß er in seiner ganzen Pracht vor mir. Ich versuchte verzweifelt etwas zu finden, was ich zu dieser berühmten Persönlichkeit sagen konnte. Ich versuchte mich an die Titel der Bücher zu erinnern, die er geschrieben hatte, oder an ein paar berühmte Rezepte, die er kreiert hatte. Plötzlich schoß mir das Wort »Tomaten-Pie« durch den Kopf.

»Mein Mann liebt den Pie mit Tomate und Mayonnaise aus Ihrem *Amerikanischen Kochbuch*«, begann ich. »Wir essen ihn ständig.«

Er bedachte mich mit einem geringschätzigen Blick. »Tun Sie das?« fragte er. Er schien grenzenlos gelangweilt. Ich suchte nach etwas anderem, was ich sagen konnte. Er hingegen schien nicht dasselbe Bedürfnis nach Konversation zu verspüren, und so fühlte ich mich wie eine Fliege, die um einen fetten Buddha herumbrummt. Er winkte irritiert, und ich verstummte. Er saß. Ich stand. Am Ende fiel mir ein zu fragen, ob ich ihm etwas zu essen bringen könne, und er sagte, daß er gern ein paar gefüllte Eier hätte. Als ich dann mit dem Teller zurückkam, war eine neue Menge um ihn versammelt, und ich konnte ihm einfach den Teller überreichen und wieder in der Menge untertauchen.

»Zu Jungs ist er viel netter«, sagte Marion freundschaftlich, als sie mich fand. »Ich hätte bei Ihnen bleiben sollen.«

»Ja«, sagte ich, »der Milchmann hat mir besser gefallen.«

Marion schaute verständnislos. »Milchmann?« fragte sie.

»Ja«, sagte ich, »der Mann, der uns einander vorgestellt hat.« Marion warf ihren Kopf zurück und lachte, ein tiefes Lachen purer Ausgelassenheit. Ich schaute zu und mußte denken, daß ich noch nie jemanden mit weniger Bösartigkeit hatte lachen hören. Ich war keineswegs unangenehm berührt, sondern wartete einfach darauf, daß sie mich an dem Witz teilhaben ließ. »Das muß er Ihnen gesagt haben, um Ihnen die Anspannung zu nehmen. Es ist Gerald Asher.«

»Der Weinkritiker? Sind Sie denn auch eine wichtige Person?« fragte ich, etwas peinlich berührt.

»O nein, Liebes«, sagte sie leichthin, »ich bin die letzte lebende Hausköchin. Gerade habe ich die zwölfte Auflage von *Fannie Farmer* durchgesehen.« Sie streckte ihren Arm aus, hielt einen vorbeigehenden Mann fest und sagte: »Lassen Sie mich Ihnen unseren Gastgeber vorstellen.«

Plötzlich waren da viele Leute, die um mich herumstanden und viel Aufhebens um einen Artikel machten, den ich geschrieben hatte, und ich begann, diese Leute wirklich sehr nett zu finden. Der häßliche kleine Artikel in meinem Kopf verschwand für immer in der Versenkung.

Marion fuhr mich nach Hause. Eine Woche später trafen wir uns zum Essen. Und in der Woche darauf noch einmal. Es dauerte nicht lange, und wir sprachen so regelmäßig miteinander, daß sie, wenn sie den Hörer abnahm, immer schon wußte, daß ich anrief.

Sie kannte jeden in der Welt des Genießens, und sie erzählte mir großartige Geschichten über Julia, James und Craig. Und Gerald. Alle diese Menschen interessierten mich. Aber keiner interessierte mich nur im entferntesten so sehr wie Marion, die sich in der Mitte ihres Lebens noch einmal selbst erfunden hatte und das nicht einmal in irgendeiner Weise bemerkenswert fand.

Marions gefüllte Eier

Ergibt 8 gefüllte Eier

4 hartgekochte Eier
1/4 Tasse Mayonnaise
1 Teelöffel Apfelessig
1 Teelöffel Senf
Salz und Pfeffer

Pellen Sie die Eier ab, schneiden Sie sie vorsichtig der Länge nach durch und geben Sie das Eigelb in eine Schüssel. Zerdrücken Sie das Eigelb mit einer Gabel, bis es weich ist.

Fügen Sie die übrigen Zutaten hinzu und rühren Sie alles gut durch. Die Mischung sollte dick und cremig sein.

Füllen Sie jede Eihälfte mit der Eigelb-Mischung. Mahlen Sie etwas Pfeffer darüber. Stellen Sie die Eihälften in den Kühlschrank, bis sie gebraucht werden.

»Es gab Zeiten, in denen ich fürchtete, die Gin-Herstellung würde aus irgendwelchen Gründen aufgegeben und ich hätte dann nichts mehr zu trinken gehabt. Um mich dagegen zu wappnen, versteckte ich im ganzen Haus Gin. Allein zu wissen, daß er da war, gab mir schon ein besseres Gefühl.«

Ich kannte Marion knapp eine Woche, als sie diese kleine Bombe platzen ließ. Wir waren auf dem Weg, ihre Freundin Celia in San Francisco zu treffen, und sie sagte es so leichthin, als würde sie vom Wetter reden. Ich war verblüfft: Es war unmöglich, sich diese Frau als hilflose Betrunkene vorzustellen.

»Oh, es war schlimm«, sagte sie, »ich konnte das Haus nicht ohne eine Flasche in meiner Handtasche verlassen.«

»Wie haben Sie aufgehört?« fragte ich. »Anonyme Alkoholiker?«

»Nein, ich habe es einfach beschlossen. Das Schlimmste war nicht, den Alkohol aufzugeben. Sondern alles aufzugeben, was damit zusammenhing. Robert, mein Mann, sagte, es würde keinen Spaß mehr machen, mit mir zusammenzusein.«

Ich versuchte zuzuhören, aber ich bog auf den Freeway ein, und vor mir erhob sich die Bay Bridge. »Ruhig bleiben«, sagte ich zu mir selbst, aber ich konnte die Panik schon in meiner Brust aufsteigen fühlen. Die Brücke war so lang.

»Du kannst immer noch runterfahren«, sagte die Stimme in meinem Kopf, »es gibt vor der Mautstation noch eine Abfahrt.« Dann segelte das Schild von der Abfahrt Powell Street vorüber, und ich war ausgeliefert. Es gab nicht einmal einen Standstreifen, auf den ich fahren konnte, wenn es wirklich schlimm wurde. Ich fühlte, wie es mir die Kehle zuschnürte, ich war erstarrt vor Angst.

Marions Stimme drang von ganz weit weg zu mir. »Unser Leben hatte sich um das Trinken gedreht«, sagte sie. Ich bemühte mich zuzuhören. »Als ich aufhörte, war alles anders. Robert war wütend.«

»Das muß sehr hart gewesen sein«, hörte ich mich sagen, während ich eifrig betete: »Bitte mach, daß ich dieses Mal nicht ohnmächtig werde.« Ich wünschte, ich hätte irgendein Kaugummi oder etwas zu essen dabei. Irgend etwas, das mich von der aufsteigenden Panik ablenken könnte.

Ich nestelte in meiner Handtasche herum und suchte Geld für die Maut. »Eine Quittung, bitte«, sagte ich. Meine Stimme klang erstaunlich normal. Dann waren wir an der Mautstation vorbei und auf der Rampe, und das Blut pochte mir in den Ohren, und ich hatte plötzlich den Eindruck, als wüßte ich nicht mehr, wie man atmete. Im Auto war es sehr warm, ich konnte den Schweiß unter meinen Achseln prickeln fühlen. Man kann immer noch bei Treasure Island abfahren, wenn es zu schlimm wird, redete ich mir selbst ein und griff nach dem Radioknopf. Ich mußte etwas mit meinen Händen machen. Ich stellte mir vor, wie ich das Steuer hart in Richtung auf das Geländer herumriß, stellte mir vor, wie der Wagen in verrückten Kreisen herumschleuderte. Ich nahm meine Hände vom Lenkrad, um gegen den Impuls anzukämpfen, und der

Wagen steuerte ein wenig nach rechts. Schnell faßte ich wieder zu. Hatte sie etwas bemerkt?

Marion redete immer noch. »Danach«, hörte ich sie sagen, als spräche sie vom anderen Ende eines Tunnels, »wurde alles viel besser. Ich fing an, Kochunterricht zu geben, und ich entdeckte, daß meine Phobien verschwunden waren. Habe ich Ihnen je von meinen Phobien erzählt?«

Sie hatte es bemerkt! Ich drehte mich um und schaute sie entsetzt an. Aber sie schien den Lärm in meinem Kopf nicht zu hören. »Oh«, fuhr sie fort, »ich hätte nie tun können, was Sie gerade tun.«

»Was tun?« fragte ich.

»Über eine Brücke fahren«, sagte sie. »Ich hätte es nicht für zehn Millionen Dollar tun können. Ich hatte Angst.«

»Wovor hatten Sie Angst?« Wovor hatte ich denn Angst?

»Ich fürchtete, in Panik zu geraten und ohnmächtig zu werden. Daß ich das Steuer loslassen würde. Daß ich das Auto plötzlich ins Schleudern bringen würde.«

Hatte sie das alles wirklich gesagt? Ich drehte mich zu ihr und schaute sie an, aber sie schien ganz natürlich. »Ich hatte vor allem Angst, was sich bewegte: Flugzeuge, Züge, Autos, sogar Fahrstühle. Sie werden es wahrscheinlich nicht glauben, meine Liebe, aber ich hatte solche Angst vor Fahrstühlen, daß ich erst Kinder bekommen konnte, als Walnut Creek ein Krankenhaus hatte, wo sich der Kreißsaal zu ebener Erde befand.«

»Ist das wahr?« fragte ich und drehte mich um und schaute ihr ins Gesicht. Sie schien das ganz ernst zu meinen. Ich sah an ihrem blauen Seidenhemd vorbei und bemerkte, daß wir gerade an Treasure Island vorbeifuhren. In dem Moment wurde mir klar, daß ich für ein paar Sekunden meine Panik tatsächlich vergessen hatte. Aber jetzt hatte ich mich daran erinnert, und sie war wieder da und breitete sich aus. Wir waren auf dem freien Stück, dem schlimmsten Teil der Brücke. Ich schaute hinüber zur Stadt und wünschte, ich wäre schon dort. Das Brummen in meinem Kopf wurde lauter. Ich kämpfte mit den Knöpfen an meiner Jacke, blätterte in meinem Notizbuch nach irgend etwas, nur um mich von der Brücke abzulenken, von der Tatsache, daß ich eine tödliche Waffe hatte und dabei war, jeden Moment die Kontrolle darüber zu verlieren.

»Ich konnte mein Haus jahrelang kaum verlassen«, sagte sie. »Und natürlich war ans Fliegen überhaupt nicht zu denken.«

»Mmmm«, sagte ich. Ich biß mir auf die Lippe, verkrampfte mich in meinem Sitz. Ich konnte die Anspannung bis in meine Fingerspitzen spüren. Wenn wir nur erst am anderen Ende wären!

»Liebes«, sagte Marion sanft, »sind Sie nicht ein wenig dicht an dem Wagen vor uns?«

Ich nahm den Fuß vom Gaspedal. Außer mir vor Angst und wild entschlossen, schnell über die Brücke zu kommen, war ich nur noch Zentimeter von der Stoßstange des blauen Saab vor uns entfernt. Das Brummen in meinem Kopf wurde lauter. Aber wir waren fast drüben, es war fast vorbei. Ich atmete aus.

»Es war mein Sohn Mark, der mir half«, sagte Marion.

Plötzlich erinnerte ich mich, daß das Schlimmste erst noch kam. Nach der Brücke kam der Embarcadero Freeway, ein furchtbarer und auch noch überdachter Brückenbogen. Und mit Kurven. Ich schloß beinahe meine Augen, als wir die erste Kurve von der Brücke herunter nahmen. Die Reifen quietschten, als wir in die Dunkelheit unter der Brücke eintauchten, als würden wir durch das Weltall sausen.

Marion sprach schneller. »Zu meinem fünfundvierzigsten Geburtstag schenkte mir Mark ein Flugticket nach Portland zu einem Kochkurs von James Beard. Ich war niemals außerhalb von Kalifornien gewesen, und ich hatte einen Horror davor. Ich war noch nie mit dem Flugzeug geflogen, war noch nie allein weggewesen. Mark brachte mich zum Flughafen und sagte: »Wenn du nicht in das Flugzeug steigst, dann wirst du niemals irgendwohin fahren, du wirst niemals irgend etwas tun, und du wirst niemals jemand sein.«

»Sind Sie in das Flugzeug gestiegen?« fragte ich.

»Ja«, sagte sie. »Das bin ich. Ich habe den ganzen Flug über geweint. Aber als ich dort ankam, hatte es sich gelohnt. Es war so ein wunderbarer Kurs. Ich bin im folgenden Jahr und in dem Jahr darauf wieder hingefahren.«

»War es danach einfacher?« fragte ich.
»O ja«, sagte sie, »viel einfacher. Mein Leben veränderte sich: James bat mich, seine Assistentin zu werden.«
»Die Angst verschwand völlig?« fragte ich.
»Oh, sehen Sie, Liebes, da ist ein Parkplatz.«
Wo waren wir? Ich machte den Motor aus und saß ein paar Sekunden lang einfach still. Wir hatten es geschafft, ich hatte mich selbst nicht bloßgestellt. Ich zitterte immer noch ein wenig, als wir aus dem Auto ausstiegen.

Cecilia Chiang stand ganz in grüne Seide gekleidet im Eingang der Restaurants The Mandarin. Sie hatte glänzendes schwarzes Haar, das sie zu einem strengen Knoten zurückgekämmt trug, was das kleine Oval ihres Kopfes betonte. Ihr glattes, wunderschönes Gesicht war eine Maske, die einem keinerlei Hinweis auf ihr Alter gab. Als sie mit ihrer manikürten Hand winkte, blitzten Gold und Diamanten in der Sonne auf. Diese Frau, dachte ich bei mir, hat niemals vor irgend etwas Angst gehabt.
»Nur ein kleines Mittagessen unter Freunden«, sagte sie und geleitete uns durch die elegante Dunkelheit ihres Restaurants an einen Tisch am Fenster. Ich schaute rüber nach Alcatraz und auf die San Francisco Bay und versuchte, nicht an die Rückfahrt zu denken.
»Ich habe meinen Küchenchef gebeten, ein paar besondere Gerichte zuzubereiten, die nicht auf der Karte stehen«, sagte Cecilia und bedachte uns mit einem großzügigen Lächeln.
Sie nahm ein Paar mit Silber verzierte Eßstäbchen aus Elfenbein auf und gab jeder von uns ein Stück »betrunkener Jungvogel«. Ich nahm einen Bissen: Der Vogel war durchtränkt von dem Geschmack des Weins, in den er eingelegt gewesen war, und das zarte Fleisch ließ mich ein wenig schwindeln.
»Für mich nicht«, sagte Marion.
»Es ist nicht genug Wein darin, um dir etwas zu tun«, sagte Cecilia brüsk. Der Ton ihrer Stimme machte deutlich, daß sie Abstinenz für absurd hielt. Dennoch nahm sie eine weite-

re Platte und reichte sie Marion. Was immer darauf war, schwamm an der Oberfläche wie Stücke von komplizierter Spitze. »Gewürzte Schweineniere«, sagte Cecilia. »Sehr schwer zu machen.«

Ich schluckte. Nieren sind eines der zwei Gerichte auf der Welt, die ich nicht mag. Und in diesem Moment schloß ich einen Pakt mit Gott: Ich würde die Nieren essen, wenn er mich ohne Probleme wieder über die Brücke bringen würde.

»Die Nieren«, fuhr Cecilia fort, »müssen in sehr, sehr häufig ausgewechseltem Wasser eingelegt werden, um sie rein zu waschen.« Ich nahm einen winzigen Bissen. Und dann noch einen. Es war, als würde man duftende Wolken essen. Cecilia strahlte mich an.

»Wußten Sie, daß Cecilia mit in den Saum ihres Kleids eingenähtem Gold aus China kam?« fragte Marion.

»O ja«, sagte Cecilia nüchtern, »mit meiner Schwester, während der Revolution. Wir hatten großes Glück, daß wir davongekommen sind.«

»Und dann kamen Sie hierher?«

»Viel später«, sagte sie. »Wir gingen erst nach Taiwan. Dann heiratete ich und zog nach Japan. Nehmen Sie etwas von dem eingelegten Schweinefleisch.« Sie goß einen scharfen schwarzen Essig in kleine Schüsselchen. »Den habe ich in China gekauft. Man taucht das Fleisch so ein.« Sie zeigte es und fügte hinzu: »Er ist sehr gut.«

»Du solltest diesen Essig importieren und verkaufen«, sagte Marion. »Es schmeckt wie chinesischer Balsamico. Du hättest ihn in einen deiner Koffer tun können.«

Hörte ich da einen etwas gereizten Ton in ihrer Stimme? »Koffer?« fragte ich.

Marion drehte sich zu mir. »Zwölf, um genau zu sein«, sagte sie. »Voriges Jahr nahm Cecilia Alice Waters, mich und zwölf Koffer mit nach China.«

Ich stellte mir kurz die drei Frauen in einer Reishütte, umgeben von lauter Koffern, vor. In meiner Vorstellung waren es sämtlich pinkfarbene Samsonite-Koffer, alle verschlossen.

»Die ganze Zeit, während wir in China waren, fragten Alice und ich uns, was wohl in ihnen war«, erzählte Marion weiter. »Cecilia öffnete sie niemals, sie erwähnte sie nicht einmal. Alice nannte sie die Phantom-Koffer. Doch als wir schließlich nach Hongkong kamen und in unserem Hotel eincheckten, warteten dort fünf Schneider auf Cecilia. Sie hatte Stoff mitgebracht!«

»Ich muß meine Kleider irgendwo machen lassen«, sagte Cecilia ungerührt. Sie schaute mißbilligend über den Tisch und sagte: »Marion hatte nur einen kleinen Koffer dabei. Und sie bestand darauf, ihn selbst zu tragen.«

»Ich will einfach von niemandem abhängig sein, wenn ich reise«, sagte Marion. »Ich habe lange genug gebraucht, um überhaupt mal von zu Hause wegzukommen. Ich fühle mich gern unabhängig.«

»Nehmen Sie etwas Haifischflosse«, sagte Cecilia.

»Hast du die auch in den Koffern zurückgebracht?« fragte Marion. Sie sah mich an. »Sie waren natürlich voll, als wir zurückkamen, aber ich habe nie herausfinden können, womit Cecilia sie gefüllt hatte.«

»Dies war in einem der Koffer«, erwiderte Cecilia. »Ich kaufe immer Haifischflosse, wenn ich in Hongkong bin. Sehr teuer. Ich habe einen besonderen Schrank dafür in meiner Wohnung in San Francisco und einen weiteren in meinem Haus in Beverly Hills.«

Der Kellner stellte eine große Terrine vor sie hin, und sie nahm eine Kelle und begann, durchsichtige gezackte Formen in zarte Porzellanschüsselchen zu löffeln. Die Flossen waren knusprig und wie Gelatine und schmiegten sich so eng an die kleinen Fischbällchen, daß sie sich in nichts auflösten, als mein Mund sich um sie schloß. Die Suppe war äußerst köstlich, und als wir dasaßen und ihren Duft einatmeten, schwiegen wir einen Moment lang.

»Als Cecilia 1961 das erste Mandarin eröffnete«, sagte Marion schließlich, »hatte keiner von uns je zuvor nordchinesisches Essen gegessen. Es war umwerfend: eine völlig neue Art von Essen.«

»Der Fleischer wollte mir nicht glauben, als ich sagte, ich wolle Lammfleisch«, lachte Cecilia. »Er sagte, in chinesischen Restaurants stünde kein Lamm auf der Speisekarte.«

»Hat Ihr Mann Ihnen geholfen?« wollte ich wissen.

»O nein«, sagte Cecilia verächtlich. »Er blieb in Tokio. Ich habe die Kinder bei ihm gelassen und kam allein hierher. Er ist immer noch dort. Meine ersten Tage in Amerika waren ein ziemlicher Schock. Ich hatte noch nie zuvor ohne Dienstboten gelebt. Aber ich habe es gelernt. Haben Sie schon einmal Haar-Gemüse gesehen?« Sie hielt einige lockige schwarze Fäden hoch, die genau wie etwas dickere Haare aussahen. »Das habe ich auch aus Hongkong mitgebracht.«

Das Gemüse war um Pilze, Gurken und köstliche kleine Tofustücke gewickelt, die mit in Minze und Ingwer eingelegten Shrimps gefüllt waren. Ich ließ sie in meinem Mund sitzen und genoß die Art, in der die glatte Ebenmäßigkeit des Tofu durch die zähe Konsistenz des Gemüses verstärkt wurde. Ich hielt meinen Teller für eine weitere Portion hin.

Marion schaute sich in dem großen, eleganten Restaurant um. Es war gut besucht. Kellner eilten mit Platten voller Essen vorbei, und ab und zu rief Cecilia den Restaurantvorsteher zu sich, um ihn auf ein Problem hinzuweisen, das nur sie gesehen hatte. Plötzlich fragte Marion: »Wünschst du dir manchmal, du wärest bei deinem Mann geblieben?« Ich war entsetzt über die Direktheit der Frage. »Hat es dir je leid getan, daß du hierher gekommen bist?«

Cecilia schien weder überrascht noch verletzt zu sein. »Nein«, sagte sie. »Nachdem ich China verlassen hatte, hätte ich nie zu meinem alten Leben zurückkehren können. Es war, als würde ich in eine andere Welt kommen. Es tut mir leid, daß die Frauen, mit denen ich zusammen aufwuchs, nicht die Möglichkeit haben festzustellen, daß auch sie für sich selbst sorgen könnten.«

Marion nickte.

»Und du?« fragte Cecilia. »Du hast deinen Kindern gefehlt, als du für James gearbeitet hast. Hast du je bereut, fortgegangen zu sein?«

Marion schüttelte den Kopf. »Nein«, sagte sie bestimmt. »Meiner Familie hat es vielleicht nicht gefallen, aber ich glaube, daß ich schließlich der Mensch geworden bin, der ich werden sollte.«

Cecilia hielt eine Platte mit schneeweißem Essen hoch. »Sehr chinesisch«, sagte sie und wies darauf hin, daß die Hühnerbrust in Würfel von genau derselben Größe wie die von ihren Fäden befreiten Sojasprossen geschnitten waren. Als sie uns vorlegte, sagte sie in Gedanken versunken: »Manchmal komme ich spät am Abend in das Restaurant, wenn niemand mehr hier ist. Und dann schaue ich auf den Fußboden und sehe, daß er nicht richtig gescheuert worden ist. Dann lasse ich mich auf meine Knie nieder und mache es selbst. Das ist ein gutes Gefühl. Meine Mutter hätte das nie gekonnt.«

Das Huhn war so zart, daß es sich in meinem Mund auflöste, und die Sojasprossen schienen flüssig zu sein. Cecilia hielt eine hoch. »Man muß sie präzise zurechtschneiden«, sagte sie. »Die meisten chinesischen Restaurants servieren sie heute mit den Fäden noch dran. Keiner will sich mehr die Arbeit machen.«

Danach gab es eine Seeschildkrötensuppe, das Fleisch war wie Samt und hing an Knochen, die so glatt wie Steine waren. »Seeschildkröten sind in San Francisco sehr schwer zu finden«, sagte Cecilia. Sie lächelte befriedigt. »Aber man findet alles, wenn man lange genug sucht.«

»Ist das der letzte Gang?« fragte Marion. Ich hoffte verzweifelt, daß das nicht der Fall sei. Ich war zwar nicht mehr hungrig, aber ich war noch nicht soweit, daß ich wieder über die Brücke fahren konnte.

»Nur noch ein paar Oliven und ein wenig Melone«, sagte Cecilia. »Ich habe dir ja gesagt, es ist ein kleines Mittagessen.« Sie reichte eine Platte mit großen glatten Oliven herüber, die anders aussahen als alle, die ich je gesehen hatte. »Chinesische Oliven«, sagte Cecilia stolz.

Ich biß in eine hinein. »Lawrence Durrell«, sagte ich und fragte mich, ob ich seinen Namen wohl richtig aussprach, »sagte, daß Oliven so alt wie klares Wasser schmecken.« Ich rollte den stumpfen Stein im Mund herum und dachte, daß wenn ich auf nur eine einzige derart gute Beschreibung kommen würde, ich mich Autorin nennen könnte.

»So alt wie klares Wasser«, sagte Marion nachdenklich. »Genauso ist es, nicht wahr?« Sie schaute mich bewundernd an, als wäre es schon etwas Besonderes, diesen Satz zu kennen.

Der Kellner brachte die Melone und dann eine Kristallkaraffe mit einem alten Cognac. Cecilia füllte drei Schwenker.

»Du weißt, daß ich das nicht trinken werde«, sagte Marion bestimmt.

»Es wird so sein wie in China«, erwiderte Cecilia. »Ich werde für dich trinken.«

Marion lächelte und drehte sich zu mir. »Wo immer wir in China hingingen, wurden wir mit Cognac begrüßt. Alice war schwanger und konnte nicht trinken, und so mußte Cecilia für uns alle drei trinken.«

»Wir konnte ja nicht unser Gesicht verlieren, indem wir das Getränk zurückwiesen«, erklärte Cecilia.

»Eines Abends«, sagte Marion, »trank sie zweiunddreißig Cognacs, ohne betrunken zu werden. Ich werde nie erfahren, wie sie das gemacht hat.«

»Das ist ganz einfach«, sagte Cecilia. »Du beschließt einfach, dich davon nicht beeinflussen zu lassen. Und dann ist das auch so. *Gambei!*« Sie erhob ihr Glas und schüttete den Cognac herunter.

Ich wollte den Cognac nicht, aber ich wußte nicht, wie ich das sagen sollte. Ich wollte mein Gesicht nicht verlieren. »*Gambei!*« sagte ich und erhob mein Glas.

Doch dann durchfuhr es mich, daß ich ihn wirklich nicht trinken wollte und daß ich es auch nicht mußte. Ich stellte das Glas ab und schüttelte den Kopf. »Ich muß noch fahren«, sagte ich. Cecilia bedachte mich mit einem Blick, den ich nicht einordnen konnte. Ich werde nie erfahren, ob es Respekt oder Enttäuschung war. Und dann dankten wir ihr und gingen zum Auto.

Ich stieg ein, schloß die Tür, steckte den Schlüssel ins Zündschloß, und für einen Augenblick kam alle Angst zurück.

Und dann drehte ich den Schlüssel herum, und der Motor sprang an. Ich ordnete mich in den Verkehr ein und fuhr auf den Embarcadero Freeway zu. Als ich die Rampe hinaufglitt und die erste Kurve nahm, schaute ich zur Brücke, die vor mir glitzerte. Sie war wunderschön.

Dann war ich auf der Brücke, und die Sonne schien, und Marion sprach über die Mahlzeit, die wir soeben eingenommen hatten. Der alte, klare Geschmack der Oliven erfüllte wieder meinen Mund. »Wissen Sie«, sagte Marion, »chinesische Frauen verlassen ihre Männer nicht. Cecilia hat alles nur durch ihre Willensstärke erreicht. Ist sie nicht eine erstaunliche Frau?«

»Wie fühlte sich das an, Alkoholikerin zu sein?« fragte ich.

Marion überlegte einen Augenblick. »Als ob es nicht genug Gin auf der Welt gäbe«, sagte sie schließlich.

»Sie sind auch eine erstaunliche Frau«, sagte ich.

Marion winkte mit ihrer schlanken Hand, als würde sie den Gedanken von sich weisen. »O Liebes«, sagte sie, »keiner weiß, warum manche von uns besser zurechtkommen und andere gar nicht.«

Ich dachte an meine Mutter. Und dann schien sie plötzlich sehr weit weg zu sein. Die Brücke war stark. Doug wartete auf der anderen Seite. Ich hatte keine Angst. Wenn ich wollte, konnte ich einfach weiterfahren.

Ich trat aufs Gaspedal.

Danksagung

Jeder Mensch, den ich je kannte, hat mir geholfen, dieses Buch zu schreiben. Aber für praktische Hilfe und Rat möchte ich den folgenden Personen danken:

Paula Landesman und Jerry Berger, die unglaublich ermutigend waren.

Frank Assumma und Karen Kaczmar, die mir ein eigenes Zimmer auf dem Land verschafften.

Ann Vivian und Andy Dintenfass für das Cottage im Weinberg.

Meiner Agentin Kathy Robbins, die ein Angebot auf einen Tisch legte und dann voller Sorge darum herumlief.

Betsy Feichtmeir, die einfach aus Spaß die Rezepte ausprobierte.

Und meine Lektorin Ann Godoff, die immer sagte: »Machen Sie weiter.«